はじめの一歩

THE FIRST STEP!

訴訟をするならこの1冊

弁護士
國部 徹［監修］

自由国民社

はじめに

江戸時代、お金の貸し借りの争いがあまりにも多いので、江戸や大阪の町奉行所の扱いは別口になっていました。金銭事件はお奉行様ではなく、スタッフの与力が裁いてしまうか、大抵は町名主の玄関先で解決させることがほとんどでした。当時の経済が小さく、債権額も大きくなかっただけではなく、借り主である職人は手に職がある限り、仕事の稼ぎで返すという処理が出来たからでした。

今日でも似た現象はあります。少額訴訟の制度や民事再生手続きの新設がそれで、本書でもそのしくみについて触れられています。

貸す側の回収も大変です。貸金などの債権が焦げ付けば、船が沈没したときと同じくサルベージの費用がかかります。焦げ付き債権は沈没した船と同じです。これをどう生かすかが、債権回収の問題です。といって、回収する側に行き過ぎがあれば、債務者もキゼンとして立ち向かわざるを得ません。債務者といえども、手酷い取立てや違法な高利からは守られる権利をもっています。

債権回収の問題だけをとってみても、法律のいろんな分野が関連してきます。刑法も入ってきます。

お金の貸し借りには限りません。日常の暮らしや取引きにおいて、さまざまな利害の対立があります。それどころか、ときには自分や家族が犯罪に巻きこまれ、身心に重い傷を負うことがあるかもしれません。このようなとき、自分や家族を守ってくれる法律の規定や手続きを何も知らずにいては、ただ泣き寝入りをするしかないことになります。

本書では、民事事件、家事事件の訴えの仕方から、労働事件、刑事犯罪への対抗法まで、幅広く役に立つ知識を解説してあります。今回の改訂では、最近の法改正・判例を踏まえて該当する項目の記述を修正しました。さまざまな法律問題に直面した人のためのものとして、本書を御活用いただきたいと思っています。

令和三年二月

監修者　弁護士　國部　徹

もくじ

CONTENTS

第2部 相手をどう訴えればいいか――民事・刑事の裁判と解決手続きのしくみ

PART 1 日常トラブルへの対処法がよくわかる 民事事件の上手な解決法と手続き

PART 2 家庭内や職場の紛争を解決する手続き

生活の基盤を襲う苦難から抜け出せる

PART 3 犯罪被害にあったとき訴える手続き

犯罪被害に泣き寝入りしない知識を得る

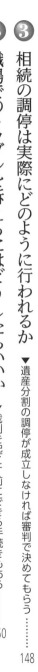

PART 4
強制手段でしっかりと権利をつかむ

権利の確保に役立つ裁判前後の手続き

第1部

このトラブルはこう解決せよ！

ケース別・解決のセオリー

◆トラブルにはさまざまなタイプがあり、それぞれに対応して打つ「定石」としての対応策が考えられます。まずは、どう動くべきか。どういう手段が取れ、どういう落としどころがあるのか。

◆あらかじめ対応策がわかっていれば、イザというとき、あわてず的確な手を打ち、問題の解決へと進んでいけるでしょう。

CASE 1 金銭貸借のトラブルはどうすればいいか

▼貸した金額のいかんによって訴える方法が変わってくる

■金銭貸借でモメる主な原因は、金銭を貸したという事実関係、証明する証拠の有無、債務者が期限に返さない、すでに返したという虚偽の主張などです。最終的には、訴訟によらなければならないでしょうが、その前に取るべきいくつかの方法があります。

1 貸金を返してもらいたいが借用書を紛失した

お金の貸し借りは、法律上は金銭消費貸借契約（借りた金は消費してしまうが同じ金額を返せばよいという契約）といいます。貸主がお金を借主に貸し渡すことで契約は成立します。後になって、借りた覚えはない、返したはずだなどのトラブルを避けるために、金銭消費貸借契約書や借用書を通常は作成します。

借用書が無くても、契約は成立しているのですから、貸した金を支払うよう請求できます。借用書を紛失していることを相手が知らなければ、「内容証明郵便」で○月○日までに返済するようにとの請求をします。相手から、もう少し待ってくれ、○月になれば支払うなどの返事がくれば、それが立派な証拠となります。

相手が払ってくれれば、領収書を渡して、それで終わりです。借用書の返還請求権はありますが、話をつければよいことです。問題は、借用書がないのを知り、これ幸いと、「借りた覚えはない」などとシラを切られた場合です。この場合には、金銭の受け渡しの場に立ち会った人、銀行に振り込んで貸したのであれば預金通帳など、証人や証拠を集めて、金銭消費貸借契約が成立したことを、裁判で立証するしかありません。

ですから、人に金を貸す場合には、必ず貸した証拠となるもの（メモでも、名刺の裏の走り書きでもよい）を取っておくことが不可欠です。

2 期限を定めずに金を貸してしまったが

金銭貸借契約書（借用書でも同じ）に最低限書かなくてはならないことは、①○月○日に、貸主何某は金○

◆借金の取立てができる法律手続き

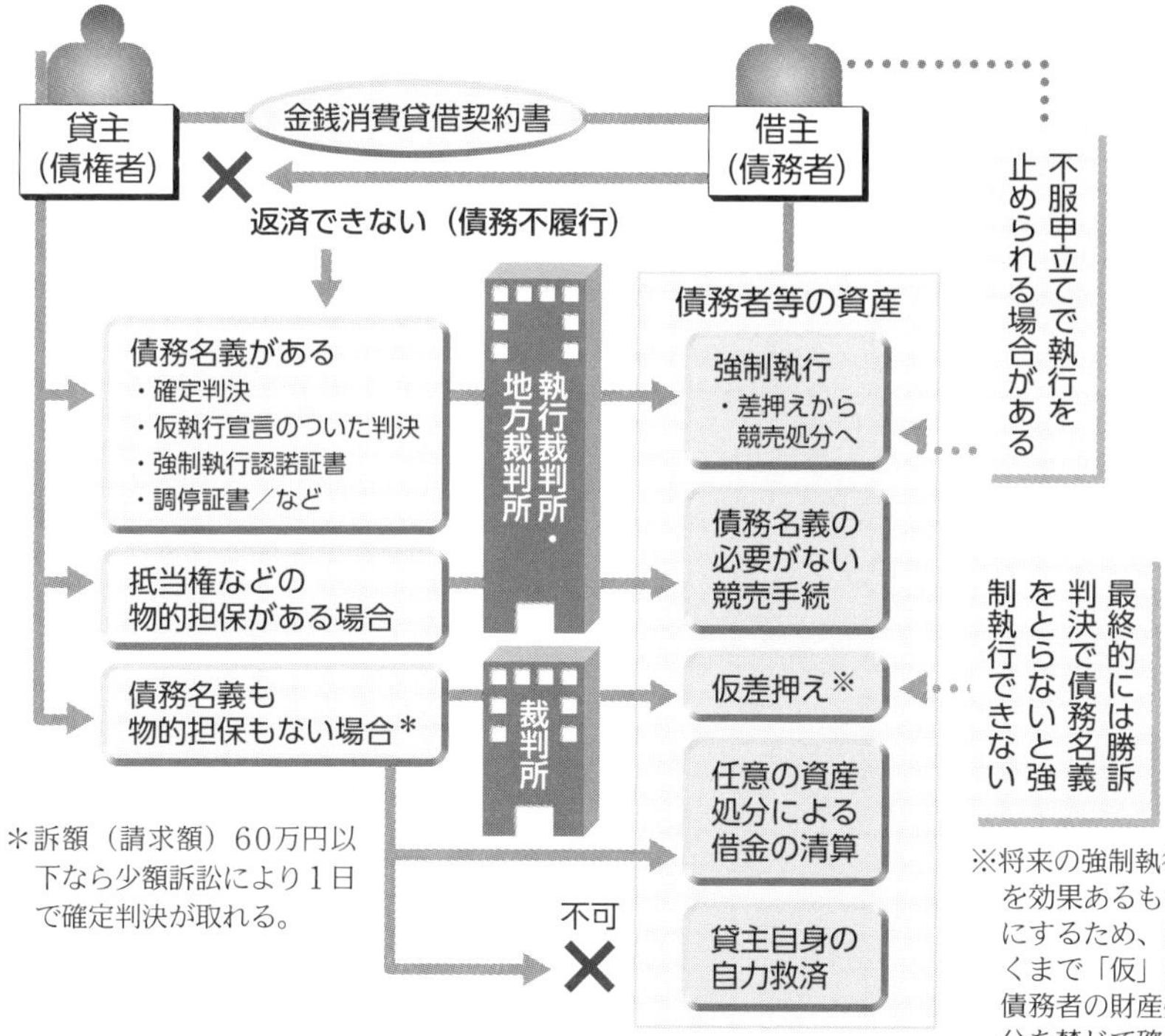

＊訴額（請求額）60万円以下なら少額訴訟により1日で確定判決が取れる。

※将来の強制執行を効果あるものにするため、あくまで「仮」に債務者の財産処分を禁じて確保しておく手続きのこと。

・この借金に連帯保証人がいる場合には、債権者は債務者が返済できない場合は、連帯保証人に対し、債務者に代わって返済するよう請求できる（法律手続きもほぼ同じ）。

〇円を借主何某に貸し渡し、何某はこれを受け取ったこと、②返済する期日、③当事者の住所、氏名、押印です。もちろん、利息、担保などがあればその旨、書き入れることも必要となります。

民法では、消費貸借の返還の時期を定めなかったときは、貸主は相当の期間を定めて返還の催告をすることができると定めています。すなわち、通常ですと1~2週間後に支払うよう請求せよということです。借主は、その期間が経過すると履行遅滞の責任、すなわち延滞利息を支払わなければならなくなります（民法591条、412条3項）。

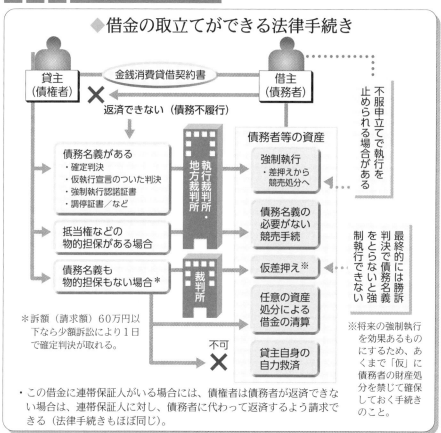

なお、この催告も、後になってそんな催告は受けてないなどとモメることのないように「内容証明郵便」（配達証明付きがよい）で請求すべきです。

もちろん、訴訟を起こして裁判所から訴状を送達してもらったり、支払督促の申立てをして支払督促状を出してもらっても構いませんが、費用はかかりますし、そこまで最初から大げさにすることもないでしょう。

3 借主が費用倒れを見越し裁判を起こせと開き直った

こうなると話し合いによる解決は無理と思われますので、裁判で決着をつけるしかないでしょう。

相手が費用倒れというくらいですから、何百万円、何千万円という金額ではなく、おそらく100万円以下の貸借と思われます。

訴訟費用のうちで一番高くつくのは弁護士費用です（詳細は86ページ参照）。訴額が140万円以下（簡易裁判所が取扱う事件）くらいの訴訟で、金銭貸借契約書や借用書など証拠が揃っているのでしたら、思い切って自分で訴訟を起こすことも選択肢の一つです。これを「本人訴訟」といっています。なお、簡易裁判所の事件（訴額が140万円以下）は認定司法書士も訴訟代理人になれます。

弁護士費用以外の訴訟費用は、民事事件では敗訴した側が負担することになっています。ですから、本人訴訟をすれば、費用倒れの心配はないことになります。本人訴訟をする場合にも、訴状だけは司法書士に頼んで作成してもらうのも一つの方法です。

また、貸した金額が60万円以下なら、1日で判決の出る少額訴訟の制度もありますので、利用してください（116ページ参照）。

4 友人の保証人になったら貸金の請求を受けたが

絶対に迷惑はかけないと頭を下げられ、友人からの保証人の依頼を断るのは勇気のいるものです。

通常、金銭貸借の保証人は、「連帯保証」です。連帯保証人になると、債務者が支払いをできない場合には、かわりに支払いの責任を負わなければならず、その支払いができなければ、強制執行を受けなければならないほど、責任が重くのしかかってきます。

これが連帯のつかない「単なる保証契約」の場合には、保証人に先に請求が来たときには、自分より先に債務者に請求してくれという抗弁権（催告の抗弁権）や、先に債務者の財産に強制執行をしてくれという抗弁権（検索の抗弁権）があります。しかし、連帯保証にはこれらの抗弁権はありませんので、連帯保証人は否応なく支払いをしなければなりません（前ページ図表参照）。

ただし、連帯保証人が債務者に代わって支払いをしたときには、その分を債務者に対して請求する権利（求償権）を取得します。

債務者に財産があれば、訴訟を起こして判決をもらい、強制執行をして回収を図ることになりますが、財産がなければ泣き寝入りするしかありません。

5 催促をすると債務者が自己破産するとおどすが

破産とは、債務者が支払不能や債務超過の経済状態になったとき、裁判所の力で債務者の全財産を換価して、そのお金を債権者に平等に分配する手続きを言います。

破産（手続開始）の申立ては、債権者からも債務者自身からも行うことができますが、債務者自身のする破産手続開始の申立てが「自己破産」です。

自己破産をする、と言われた場合に債権者がすることは、債務者が言うように債務者が破産状態にあるのかどうか、これを調べることです。

その結果、支払不能とまで言えない場合には、「逆にこちらから破産手続開始申立てをしましょうか」、と逆襲してみるのも一つの手です。

いずれにせよ、こうした返済されるかどうかが危うい状況では、早急に相手（債務者）の資産を調査し、場合によっては連帯保証人や抵当権設定などの担保手続きをとっておく方がよいでしょう

調査の結果、支払不能とわかれば、自己破産をされても仕方がないでしょう。少々の配当に甘んじるしかないのです。

この場合、訴訟を起こして、勝訴判決をもらっても、画に描いた餅となってしまいますので、費用が無駄となります。

●内容証明郵便⇩２０２ページ参照
●自己破産⇩１３２ページ参照

ポイント

金銭貸借トラブルの解決法

◎誠意ある相手には
まず柔軟な対応から

金銭貸借のトラブルは、返済義務者の心根や資産状況について、よく調べるのが先決です。

誠意と返済見込みのある相手なら、多少の期限猶予や分割返済に応じるのも一手です。

悪質な相手には、内容証明による請求から訴訟、破産手続開始の申立てまで、あらゆる手段を取るしかありません。

ただし、回収額と回収費用のバランスシート、消滅時効の進行には気をつけましょう。

なお、債権回収では取立て方法をめぐって詐欺だ、脅迫だ、名誉毀損だ、などともめるケースが多くあります。

こうした相手に対してはあまり交渉で深入りせずに、調停など裁判所を通した債権回収がよいでしょう。

最近では、裁判所の敷居も低くなっています。

CASE 2 消費者金融とのトラブルはどうすればいいか

▼トラブルを抱え込んだら早目に弁護士に相談を

■今日、生活費の一部として、気軽に貸してくれる消費者金融のお世話になるケースは珍しいことではありません。しかし、返済の滞納、悪質な取立て、借金の整理など、トラブルは跡を絶ちません。

1 違法な高利で借りたが利息も全部払う必要があるか

お金の貸し借りの利息については、利息制限法で上限が定められています。元本が10万円未満は年2割、10万円以上100万円未満は年1割8分、100万円以上は年1割5分（返済が遅れた場合の遅延損害金は1・46倍まで）となっています。

利息制限法に違反した場合には、制限利息を超過した分が無効となります。ただし、利息制限法の利率を超えて支払った超過利息部分は、元本に充当されるというのが最高裁の判例です（昭和39年11月18日判決）。また、返済完了後に債務があることを知らずに支払った金額については返還を請求できる（昭和43年11月13日判決）としています。

現行の消費者金融などの貸金業者の金利の上限は、利息制限法と同じです。ただし、年20%を超える金利の契約をすると刑事罰の対象となります。かつては貸金業法の「みなし弁済規定」により一定の条件を満たした貸付であれば年29・2%まで有効としていました。しかし、これについては、最高裁判所が認めないとする判例が出され、これを受けて、貸金業法および出資法が改正され同規定は廃止となり、平成22年6月18日に施行されました。

また、「みなし弁済規定」を最高裁判所が認めないとする判決後、実際に支払った額から利息制限法により計算した額を差し引いた過払い金の返還請求が相次ぎました。過払い金の返還請求権は完済後10年で時効になりますが、現在も返済を続けている人は10年以上前の分についても返還してもらえます（判例）。保証人についても同様です。

消費者金融を利用している人は、ほとんどの人が返還請求あるいは返済額の減額ができると思われますの

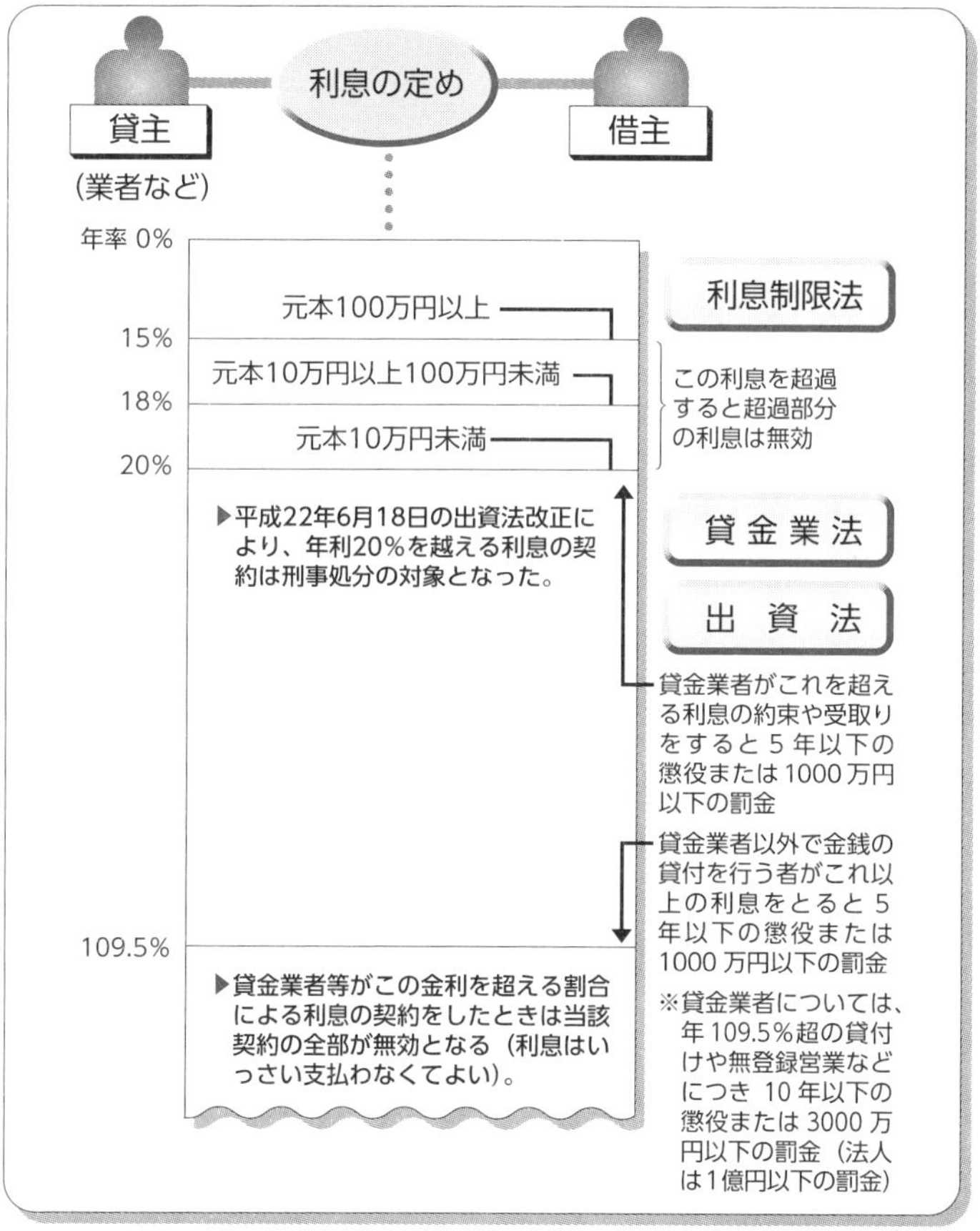

利息の定め
貸主
(業者など)
借主
年率 0%
元本100万円以上
15%
元本10万円以上100万円未満
18%
元本10万円未満
20%
利息制限法
この利息を超過すると超過部分の利息は無効
▶平成22年6月18日の出資法改正により、年利20%を越える利息の契約は刑事処分の対象となった。
貸金業法
出資法
貸金業者がこれを超える利息の約束や受取りをすると5年以下の懲役または1000万円以下の罰金
貸金業者以外で金銭の貸付を行う者がこれ以上の利息をとると5年以下の懲役または1000万円以下の罰金
109.5%
▶貸金業者等がこの金利を超える割合による利息の契約をしたときは当該契約の全部が無効となる(利息はいっさい支払わなくてよい)。
※貸金業者については、年109.5%超の貸付けや無登録営業などにつき10年以下の懲役または3000万円以下の罰金(法人は1億円以下の罰金)

で、弁護士会の法律相談センターなどで相談してください。

以上のことを頭に入れ、業者と交渉し、埒があかなければ特定調停を申し立ててみるのも一つの方法です。

なお、貸金業法等の改正では総量規制が導入され、原則として年収の3分の1を超える貸し出しは禁止されました。

2 返済が滞ったため悪質な取立てを迫られている

返済が滞ったからといって、業者側がどんな取立てをしてもよいわけではありません。「貸金業法に関する法律」(貸金業法)では、貸金業者または取立ての委託を受けた者は、人を威迫し、または私生活や業務の平穏を害するような言動で困惑させるような取立てをすることを禁止しています(21条1項)。

具体的には、

①正当な理由がないのに、社会通念に照らし不適当と認められる時間帯として内閣府令で定める時間帯(午後9時~午前8時)に、債務者等に電話をかけ、若しくは、ファクシミリ装置を用いて送信し、又は債務者等の居宅を訪問すること、

②債務者等が貸金業者に弁済し、または連絡し、もしくは連絡の時期を

申し出た場合において、その申出が社会通念に照らして相当であると認められること、その他の正当な理由がないのに、前記①で定める時間帯以外の時間帯に、債務者等に電話をかけ、もしくはファクシミリ装置を用いて送信し、又は債務者等の居宅を訪問すること、

③正当な理由がないのに債務者等の勤務先その他居宅以外の場所に電話をかけ、電報を送達し、若しくはファクシミリ装置を用いて送信し、又は債務者等の勤務先その他の居宅以外の場所を訪問すること、

④はり紙、立看板その他何らの方法をもってするを問わず、債務者の借入れに関する事実その他債務者等の私生活に関する事実を債務者以外の者に明らかにすること、

⑤債務者等に対し他の貸金業を営む者から金銭の借入れその他これに類する方法により貸付けの契約に基づく債務の弁済資金を調達することをみだりに要求すること、

⑥債務者以外の者に対し債務者等に代わって債務を弁済することをみだりに要求すること、

⑦債務者等が貸付けの契約に基づく債権に係わる債務の処理を弁護士等に委託し、又は裁判所における民事事件に関する手続をとり、その旨の通知があった場合に、正当な理由がないのに、債務を弁済することを要求し、これに対し債務者等から直接要求しないよう求められたのに、更にこれらの方法で当該債務の弁済を要求すること、などが禁止されています。

違反者は2年以下の懲役または300万円以下の罰金（併科あり）、と厳しく対処しています。

法律に違反した取立てには、警察や検察庁に刑事告訴する方法の他にも、金融庁や都道府県の貸金業指導係に行政処分の申立てをする方法もありますし、悪質取立てで精神的な被害を被った場合には慰謝料を請求する方法もあります。まずは最寄りの消費生活センターで相談してみてください。

3 根保証契約だからと当初の5倍の借金返済を迫られた

「連帯保証」では、貸金業者は借りた本人に請求しても連帯保証人に請求してもよく、また、どちらの所有している財産に対しても強制執行ができます。

また、「根保証」は、本人（借主）が当初借りた金額とは別に保証限度額（極度額）が定めてあり、この限度額まで保証人が保証しなければならない恐ろしい契約です。

根保証契約については、商工ローンなどで問題となったことから、平成16年の民法改正において、貸金等根保証契約の規定が設けられ、極度額を定めて書面で契約すること、保

証責任は元本、利息、違約金などすべて極度額を限度にすることが新設されました（465条の2）。また、令和2年4月1日施行の民法改正では、個人根保証として、賃貸借、継続的売買契約などにも適用を拡大しています。

また、個人貸金等根保証契約の元本確定日について、①元本は、根保証契約の締結の日から3年を経過する日（契約で定める場合は5年以内）に確定する、②確定事由は、主たる債務の元本は債権者が主たる債務者・保証人の財産について強制執行または担保権の実行を申し立てたとき、主たる債務者・保証人が破産手続開始の決定を受けたとき、および死亡したときに確定する、としています（465条の3）。

4 子どもの借金や夫の借金に妻は責任を負うのか

契約の効力は、契約を結んだ当事者間にしか及ばず、当事者の一方の子だから、あるいは夫だからという理由で、当事者以外の人が契約の内容を履行する責任（返済）を負わされることはありません。

借金をした子どもが未成年であれば、未成年者が法定代理人の同意なしにした法律行為は取り消せますので（民法5条2項）、親に無断でした借金は取り消せばすみます。

子どもが成人であれば、親が保証人にでもなっていない限り、親は子どもの法律行為について何らの責任を負うことはありません。

また、妻の借金について夫に催促すること（またはその逆）はあるようですが、その借金が普通の生活費や食費などにあてるために借りた（これらを日常家事債務と言います）場合以外は、何ら返済責任はありません。ただし、妻が夫の名で借金をすれば、業者から詐欺罪で告訴される危険はあります。

しつこく催促してくるようでしたら、貸金業者であれば金融庁や都道府県庁の貸金業担当課、クレジット業者であれば経済産業省に対して苦情申立てをするか、消費生活センター、警察での相談も考えてください。

ポイント

消費者金融とのトラブル解決法

◎借金で首が回らなくなったら専門家に相談しよう

借金をしている身でも、法律で守られていることを忘れないでください（利息制限法、貸金業法、出資法）。ことが脅迫や暴行まで及ぶのなら、警察の保護も求めることができます。

返済の努力を尽くすべきは当然ですが、無理な額なら自己破産という手もあります。多くの弁護士会の法律相談センターでは無料で相談に応じ、ほとんどの借金トラブルが解決していますので、遠慮なく利用しましょう。

CASE 3 不動産（売買・賃貸）のトラブルはどうすればいいか

▼裁判の他に民事調停や借地非訟手続きがある

■買った建物に欠陥（契約の内容に適合しないもの）があった、借家を勝手に増築した、更新しない約束なのに期限が来ても居座っているなど、不動産の売買や賃貸のトラブルは、当事者の権利と権利のぶつかりあいです。その紛争内容は様々ですが、不動産問題は生活の基本をなす住の問題であり、かつ資産としても高額であり、紛争が泥沼化すれば厄介です。

1 ひどい欠陥のある住宅を、何の説明も受けないまま買わされた

一般の人にとって、不動産購入は結婚同様人生の一大イベントです。その買い物が、キズものの欠陥住宅だったとしたら、損害もさることながら精神的なショックも大きいでしょう。

欠陥住宅には、①建築基準法などの法令に違反している、②売買・請負契約に違反している、③通常の品質・性能に比べ劣っている、④経済的な交換価値が損なわれているものなどあります。具体的には、手抜き工事が原因で、床が傾く、雨漏りがする、耐震強度が不足している…など、が挙げられるでしょう。

このような欠陥があることを知らずに住宅を買わされた場合、買主は売主に対し、そのキズ（契約の内容に不適合）の修繕や代金減額請求損害賠償を求めることができ、場合により契約解除もできることになっています（民法５６２条～５６４条）。ただし、誰が見てもわかるような欠陥は隠れた瑕疵とは言えず、買主はこれらの請求は原則としてできません。

なお、目的物の種類または品質に関する担保責任の保護期間は２年（宅地建物取引業法40条）ですが、平成12年４月から、新築住宅の基本構造部分（土台など）や雨水漏れ防止部分（屋根など）について、売主は10年間の担保責任を義務付けられています（住宅の品質確保の促進等に関する法律95条）。

ところで、欠陥住宅については、いきなり裁判にすることもできますが、相手が交渉に応じる可能性があ

◆不動産のトラブルと解決法

ケース	解 決 法
●不動産売買の問題	
売買契約を解除された場合	・手付金の受渡しがあり履行着手前の場合には、買主は手付金を放棄し、売主は手付金の2倍を返せばよい。 ・契約目的を達せられない（買主からの契約解除）。 ・特約の解約事項に該当する。 以上の正当な理由がないと、契約解除者は債務不履行で損害賠償責任を負う。
二重売買をされた場合	・買主は所有権移転登記をしないと第三者には対抗できない。ＡがＢとＣに二重売買した場合Ｃが先に登記すればＣが正当な所有者になる。 ・ＢはＣに対しては何の権利も主張できないが、売主Ａには売買代金の返還と損害賠償請求ができる。
所有権移転登記に応じない場合	・買主の単独登記はできないので、売主相手に所有権移転登記手続きを求める裁判を起こし確定判決を取るしかない。 ・二重売買を防ぐため、まず仮登記仮処分命令か、処分禁止の仮処分命令を裁判所に申し立ててその命令を登記簿に記載してもらう必要がある。
●不動産賃貸の問題	
地代や家賃を賃借人が支払わない場合	・内容証明などで督促しても払わない場合は、貸主は借主を相手に賃料請求訴訟を起こせる（未払い１回で解約の特約は無効）。 ・この場合、同時に明渡し請求をするとよい。60万円以下の賃料なら少額訴訟を活用できる（明渡し請求は少額訴訟ではできない）。
地主が転貸や増改築を認めないという場合	・借地人は地主の同意に代わる裁判所の許可を得ればよい。 ・この場合、当事者の主張をたたかわせる通常の民事裁判ではなく、裁判所が職権で証拠調べや審問を行う借地非訟手続きによる。
家主が相続を認めない場合	・借家権は、同居の相続人なら無条件で承継できる（内縁の妻も原則可）。 ・家主が認めない場合は、そのままでも住み続けることはできるが、名義変更をしたい場合は、裁判所に調停を申し立てる方法もある。

る場合は、民事調停を申し立てて調停委員などの専門家に入ってもらい、話し合いにより解決するのも時間の節約になりよいでしょう。

2 買った土地を実測したら契約面積より少なかったが

契約上（登記簿上）の面積と実際の面積とが違うことは、土地の売買ではままあります。この場合、１坪いくら、など坪単価による契約であることが明らかな場合には、買主は売主に対し、不足分の土地面積に相当する金額を返してくれるよう請求できます。坪単価等による価格の設定でない場合には、代金の一部を返してもらうのは難しいでしょう（原則）。

なお、取得面積が不足しては目的が達成できない場合（予定の建物が建てられない、など）は、契約の解除もできます（民法５６５条、５６４条）。

売主が返金に応じなければ裁判を起こすしかありませんが、悪質な相手だとその間に資産を隠してしまいます。保証金はかかりますが、民事裁判を起こすと同時に、相手の資産を仮差押えをすることも必要です（担保保証金が必要で差押え資産の2〜3割程度）。

このように不動産売買をめぐる裁判手続きは煩雑ですし、プロの業者が相手のケースもあります。できれば弁護士に依頼することです。

3 敷金・保証金の返還で家主とトラブルになった

賃貸マンションやアパートを借りる際、借家人（賃借人）から家主（賃貸人）に渡される敷金は、借家人の家賃未納や物件の破損など賃貸借契約上の債務を担保するもので、契約終了後は家主が借家人に返還しなければならない性質のものです（保証金も同じ）。ただし、特約で償却分（たとえば敷金の2割）を決めておけば、その分は返さなくてもすみます。

かつては、通常許される使用方法をしているのに、自然に痛んだり汚れた部分の回復費用まで敷金から差し引く家主もいました。法律的には、このような経年による自然の痛みや汚れまで、特約も付けずに敷金を償却することは問題です。国土交通省の「原状回復に関するガイドライン」で、自然損耗は原状回復の対象外となり、状況は以前より改善されていますが、それでも昔のままの感覚の家主がいることは否定できません。

家主が理由なく敷金を返してくれないという場合、借家人は敷金返還請求ができます。簡易裁判所に支払督促を申し立てるか、訴額が60万円以下なら少額訴訟を起こせばいいでしょう。また「裁判はイヤだ」という人は、敷金返還の調停を申し立てるのもよいでしょう。

なお、更新料については、契約で更新料を支払う約束があれば、更新料の支払義務があるとされていました。しかし、判例には消費者契約法に違反し無効とするものが現れ、最高裁の判断待ちでしたが、違反しないということで決着しています。

4 税金をまかなえないほど安い家賃なので値上げしたい

借地借家法では「土地や建物に対する租税負担が増えたとき、土地や建物の価格が高騰したとき、周囲の同じような物件と比較して家賃が不相当に低くなったとき、そして一定期間家賃増額をしない特約をしていないとき」は、家賃の値上げができると規定しています（32条1項）。

周囲の物権と比較して不相当に安いというのであれば、値上げはできるでしょう。値上げ幅は、周辺の同程度の物件の家賃を参考にするとよいでしょう。しかし、賃借人になかなか納得してもらえない場合には、不動産鑑定士などの専門家に決めてもらうと、借家人も納得するのではないかと思います。

　借家人が値上げに応じない場合は、家主は民事調停法に基づき、まず民事調停の申立てをしなければなりません（調停前置主義）。調停がまとまらなければ、最終的に正式裁判をするしかありませんが、当事者が調停委員会の決定に服する旨の書面による合意をしている場合（要は、相手の言い分を認める気はないが、裁判所の調停委員会が妥当な額を決めてくれるなら、それに従うという合意）には、調停委員会が適切な調停条項を決めて、調停成立とみなすことができます。

5　老朽化した家屋を建て替えたいが借家人が立ち退いてくれない

　家主が借家人に建物の明渡しを請求できるのは、①家主に正当な事由がある場合（借地借家法28条）、②定期建物賃貸借（契約期間の満了で契約は終了し、更新のない建物の賃貸借契約…同法38～39条）の場合、③賃料未払いなど契約を解除できる場合、です。②と③であれば、明渡し請求訴訟を起こせば問題なく明渡しが認められると思います。

　本例の場合は、老朽化した家屋の建替えが、解約の正当事由に当たるかどうかです。この場合、相手方がこの家屋を必要とする事情の程度にもよりますが、一般的には、老朽化がはなはだしい場合には相当の立退料を提示することで正当事由を補完できるのではないでしょうか。

　それでも立ち退いてくれなければ明渡しの訴訟をするしかありませんが、裁判の前にまず民事調停を申し立てるのも方策です。

ポイント

不動産（売買・賃貸）のトラブルと解決法

◎不動産トラブルの解決ではさまざまな解決法が利用できる

　不動産売買のトラブルは最終的には訴訟で解決するしかありません。この場合、弁護士に依頼すると手続きや審理がスムースに進みます。

　一方、不動産賃貸のトラブルは様々な解決法が利用できます。

　訴訟をする前に民事調停や借地非訟手続きをする規定がある場合も多く、金銭的請求なら少額訴訟や支払督促といった簡便な手続きを使うこともできます。

　不動産問題でやっかいなのは、トラブルとなっても、余程の金持ちでもない限り移転はできず、その土地家屋に住み続けなければならないということです。

　こうした事情が紛争をエスカレートさせているというケースもあります。

CASE 4 男女・夫婦のトラブルはどうすればいいか

▼まず、家庭裁判所に調停あるいは審判の申立てをする

■婚約・結婚・離婚など、男女の問題はこじれると、感情的な対立にまで発展していきます。こうした男女（婚約不履行など）あるいは家庭の問題の多くは、家庭裁判所の調停あるいは審判で解決することになります。

1 単なる同棲と思っていたのに婚約不履行で訴えられた

婚約はお互いが真摯に将来結婚することを約束することで成立するとされています。したがって、同棲していたからといって婚約が成立しているというものではありません。婚約が成立したことの証として、結納をすることが多くありますが、こうした結納がある場合には、一般的には婚約したものとみなされます。

こうして婚約が成立した場合に、正当な理由がなく不当に婚約を解消したときには、その行為は不法行為（民法709条）に当たり、婚約を破棄された人は損害賠償の請求をすることができます。

なお、損害賠償は慰謝料（精神的な打撃に対する償い）だけでなく、他にも結婚式場の予約をした費用、職場を退職した場合の損害なども請求できます。

話し合いで解決できない場合には、家庭裁判所に「婚約不履行の調停の申立て」をすることになります。

2 別れたボーイフレンドからのストーカー被害にあっているが

執拗に相手を付け回したり、電話を何度も掛け続けるなどの、いわゆるストーカーの被害が相次ぎました。こうした状況を受けて、「ストーカー規制法」が誕生し、平成12年11月24日に施行されています。

この法律によれば、ストーカー行為とは「つきまとい等の行為」を指し、具体的には、特定の者に対する恋愛感情その他の好意の感情、またはそれが満たされなかったことに対する怨恨の感情を充足する目的で、当該特定の者またはその配偶者、親族ら密接な関係を有する者に対して、次のいずれかの行為をすること

◆男女・夫婦のトラブルと解決法

ケース	解決法
●男女のトラブル	
同棲に関する問題	同棲したからといって婚約したことにはならない。
婚約解消の問題	婚約解消に正当な事由がない場合には、慰謝料の請求ができる。結婚の強制はできない。
ストーカー被害の場合	ストーカー法の成立。警察に相談すること。告訴が必要（親告罪）。
性犯罪の場合	警察に相談。強制性交等、強制わいせつなどがある。犯罪者は告訴しなくても起訴される（非親告罪）。慰謝料を請求できる。
●夫婦の問題	
お金を家庭に入れない場合	家庭裁判所に対して婚姻費用分担の請求ができる。離婚が可能な場合もある。
配偶者の借金の場合	夫のギャンブルの借金などは、妻に支払義務はない。ただし、日常家事債務は別。
別居した場合	婚姻費用分担の請求ができる。長年の別居で、別居した側からの離婚請求を認めた例がある。
離婚したい場合	協議で合意すれば離婚できる。話し合いがつかなければ調停・裁判離婚の方法がある。
離婚で財産分与・慰謝料の問題	財産分与はいままでの夫婦財産の清算で、離婚原因を作った側ももらえる。慰謝料は精神的な償いで、離婚原因を作った側が支払う。財産分与の平均額は100万円～300万円（司法統計年報・平成31年／令和元年）。
離婚で子どもがいる場合	子どもの親権者を決めなければ離婚できない。養育費・面会交流権などの問題もある。話し合いがつかなければ、家庭裁判所の調停・審判。
行方不明（失踪）の場合	3年経てば離婚ができ、7年経てば失踪宣告により相続の開始。手続きは家庭裁判所で。
夫婦間の暴力（DV）の場合	警察・地方自治体の婦人相談室などに相談。場合によっては告訴（警察）・離婚請求（家裁）。
内縁解消の場合	内縁解消でも財産分与・慰謝料の請求が可能。家庭裁判所に申し立てて行う。ただし、内縁関係の継続を請求することはできない。

をいう、とされています。

①つきまとい、待ち伏せし、進路に立ちふさがり、住居、勤務先、学校等の付近で見張り、または押しかける。②行動を監視していると告げる。③面会、交際その他の義務のないことを要求する。④著しく粗野または乱暴な言動をする。⑤電話をかけて名前も告げず、または拒まれたにもかかわらず、連続して電話をかけたりファックスやメール・ＳＮＳを送ったりする。⑥汚物、動物の死体などを送る。⑦名誉を害することを告げる。⑧性的羞恥心を害することを告げ、または性的羞恥心を害する文書、図画を送る、など。

こうしたストーカー行為をしたものは、被害者の告訴がなくても1年以下の懲役または１００万円以下の罰金に処せられます。また、警察の警告に従わず公安委員会の禁止命令等に違反してストーカー行為をした者は、1年以下の懲役または２００

万円以下の罰金に処せられます（これ以外の禁止行為違反は6か月以下の懲役または50万円以下の罰金）。

とにかくストーカーの被害にあったら警察に相談することです。告訴（166ページ参照）するかどうかも検討してください。

3 夫婦関係がうまくいかないので離婚したいが

夫婦がお互いに離婚する意思がある場合には、離婚届を市区町村役場に出すだけで協議離婚が成立します（民法763条）。ただし、未成年の子がいれば、子の親権者をどちらにするか決めなければなりません。

お互いの話し合いで離婚することに合意できない場合には、家庭裁判所へ調停の申立て（140ページ参照）をすることになります。この調停では、離婚原因があるか、財産分与、慰謝料などの離婚に際しての給付金をいくらにするか問題となり、離婚原因（後述）が相手方にあるかなどが検討され、離婚の合意についての話し合いがなされ、場合によっては調停案が提示されます。離婚の調停案が出され、双方がこれに応じれば調停調書が作成され、離婚は成立します（離婚届は後日提出）。

調停案にどちらかが不服の場合には調停は不成立で、それでも離婚したいのであれば訴訟（97ページ参照）ということになります。訴訟では離婚原因の有無が問題となります。

民法770条の裁判上の離婚原因には、①配偶者に不貞な行為（浮気）があったとき、②配偶者から悪意で遺棄されたとき、③配偶者の生死が3年以上明らかでないとき、④配偶者が強度の精神病にかかり回復の見込みがないとき、⑤その他婚姻を継続し難い重大な事由があるとき、と定められています。

離婚原因が自分にある（有責配偶者という）側からの離婚請求は、別居の期間も長く、婚姻生活が事実上破綻している場合でも、最高裁判所は一切認めていませんでした。しかし、昭和62年9月2日の判決で初めて、別居期間が長い（25年）、未成熟子がいない、相手が離婚によって過酷な状態に置かれないなどの条件で離婚を認めました。現在、この25年の別居期間は短くなっています（10年程度で離婚を認めたものもある）。

なお、離婚ではこの他に、子どもの親権・養育費問題、財産分与・慰謝料の問題もあります。

4 夫の暴力でケガが絶えないが

家庭内で夫婦の一方から受ける暴力をドメスティック・バイオレンス（DV）と呼んでいます。本来、暴力は刑法で処罰の対象になっていますが、夫婦間の問題はデリケートであり、警察も積極的には関与してきませんでした。

しかし、DVは表に出にくく、放置すればどんどんエスカレートして重大な結果を招きかねません。被害者がぎりぎりまで我慢してしまい、長く苦しみ続けることも多いのです。

たとえ夫婦の間柄でも、暴力を振るったり傷つけたりすれば犯罪です。告訴すれば、暴行罪、傷害罪で罰することができます。また、度を超せば離婚の請求も認められます。

ただ、親族間のことですから、訴えて処罰したり、離婚してしまうのがベストの解決とは言えない場合も多いのです。そこで、被害者の保護やカウンセリング、自立支援などを行って、よりよい解決に導くための法律――「配偶者からの暴力の防止及び被害者の保護に関する法律」（**DV防止法**）が制定され、平成13年10月13日に施行されました（正式の夫婦のみならず、婚姻届を出していない「事実婚」も対象）。

同法に基づき、DVの被害者（夫が加害者の場合が多いですが、妻による暴力の例もあります）は、警察や配偶者暴力相談支援センター（都道府県が設置する婦人相談所や委託を受けた民間シェルターなどの施設で相談の受付け、カウンセリング、被害者及び子供など同伴者の一時保護を行う）に相談し保護を求めることができます。夫の暴力に悩んでいるなら、まずはここに相談をしてみるといいでしょう。

同法は平成16、19、25年に改正され、①離婚・事実婚解消後に暴力を受け続けている者も含む、②具体的な暴力のみならず、罵詈雑言や脅しなどの精神的暴力や性的暴力も含む、③生活の本拠を共にする交際関係にある相手からの暴力も含むなど、適用対象が拡大されています。

ポイント

男女のトラブルの解決法

◎考え込まずに相談機関に相談すること

なによりもまずストーカー被害の相談先は警察です。

また、婚約不履行、離婚などの問題について、法的手段をとろうと思う場合には、家庭裁判所の家事手続案内を利用するとよいでしょう。ただし、調停手続きなどの相談には応じますが、離婚できるかなどの相談には応じてくれません。この場合は弁護士に相談してください。家庭内の問題だからといって、できるだけ内密にしたいと思っていると悲劇を招くことがありますから、問題をオープンにする必要がある場合もあります。

夫婦間暴力（DV）については、DV防止法に基づき、公的機関（配偶者暴力相談支援センターや警察）で相談や保護に応じています。最終的には離婚、刑事告訴の決意を要するケースもあるでしょう。

CASE 5 親子をめぐるトラブルはどうすればいいか

▼親子関係・少年事件はともに家庭裁判所が取り扱う

■家庭内暴力、子どもに対する虐待など、家庭崩壊が頻繁に報じられています。ここでは、未成年者とりわけ、幼児や児童との親子関係をめぐるトラブルをどう解決したらよいかを取り上げました。

1 子どもが生まれたが自分の子ではない

婚姻関係のある夫婦から生まれた子を嫡出子といい、嫡出子は推定される嫡出子と推定されない嫡出子とに分かれます。嫡出子の推定を受ける子は、①妻が婚姻中に懐胎した子、②婚姻成立の日から200日を経過した後または婚姻の解消もしくは取消しの日から300日以内に生まれた子の場合です（民法772条）。

嫡出子と推定される子の場合、夫が自分の子でないと争う方法は、嫡出否認の訴えによることになります（民法775条）。嫡出推定については、現在制度を見直す方向で議論が進められています。

この嫡出否認の訴えは、夫が子の出生を知ったときから1年以内に起こさなければ、その子が自分の本当の子でなくても否認できなくなります（民法777条）。また、夫は、子の出生後に嫡出子であると承認した場合、その後は否認できません（民法776条）。

嫡出否認の方法は、家庭裁判所に調停の申立てをします。そこで、妻が夫の子でないと認めれば審判（合意に相当する審判）が下されますが、認めない場合には、家庭裁判所に訴訟を起こさなければなりません。この場合、親権者である母がいないときは、家庭裁判所が、子を代理して応訴する特別代理人を選任します（民法775条）。

他方、嫡出子の推定を受けない子の場合、親子関係不存在確認の訴えを起こすことができます。しかし、その前に家庭裁判所に調停を申し立てなければなりません。なお、訴えを起こす期間や、訴えを起こす人に制限はなく、利害関係のある人ならば誰でもできます。嫡出子の推定を受けないケースは、夫に生殖能力がないのに出生した場合などがありま

◆親子のトラブルと解決法

ケース	解決法
●子どもの出生の問題	
自分の子でない場合	子の出生から１年以内に、嫡出否認の調停申立てを家庭裁判所にする。嫡出子の推定を受けない子の場合は親子関係不存在の調停申立てとなる。
子からの認知請求の場合	家庭裁判所に子から実父を相手とする認知請求の調停を申し立てる（強制認知）。不調なら家庭裁判所に認知請求訴訟を提起。死後認知（父死亡後３年以内なら子本人や母親が認知請求の訴えを起こせる）もある。
子の姓や名前の変更	子の氏の変更許可の審判の申立て、子の名の変更許可の審判の申立てを家庭裁判所に行う。
●養子縁組の問題	
養子縁組をする場合	養子制度には、普通養子と特別養子とがある。特別養子は実親との親子関係がなくなり、戸籍にも養子とは記載されない。未成年者を養子にする場合（特別養子は原則15歳未満）裁判所の許可が必要。
養子縁組を解消するとき	養親と養子との合意があればよいが、合意がなければ、家庭裁判所に養子縁組解消の調停の申立てをする。特別養子は原則、離縁はできない。
●子どもの非行・暴力の問題	
子どもの非行・犯罪	警察などで相談に応じている。少年が犯罪を犯した場合、通常、家庭裁判所で処分が決まる。
家庭内暴力	早めに専門家に相談することが必要。度を越し犯罪を犯せば少年事件として家庭裁判所で処分される。
●子どもの事故の問題	
学校事故	体育の授業などで傷害あるいは死亡した場合には学校の監督責任を問える場合がある。国公立の学校なら、国や自治体を相手に訴訟を起こす。
いじめ	いじめの加害者（本人ないし保護者である親）に損害賠償を請求できる場合がある。度を越えていれば加害者は刑事犯罪（少年事件）として処分される。

す。

2 子どもの家庭内暴力に困っている

この数十年間、家庭内暴力の子どもに関する事件が増加しています。暴れた子どもが親を殺す、あるいは親が暴力をふるう子を殺すなど悲惨な事件が後を絶ちません。

警察での少年相談は、少年または保護者などからの相談や依頼を受けて始まります。警察には、少年補導所や少年補導センター、あるいは各地の警察署の少年係に、少年相談所が置かれていて、①教育相談、②児童相談、③更生保護、④精神衛生、⑤補導などにあたります。相談を受理すると、相談員は、面接指導、助言指導、継続指導等、いずれかの方法を講じ、なおかつ家庭内暴力が治まらない場合は、他の関係機関に送致・通告して、より適切な措置を講じることが行われます。

14歳以上20歳未満の少年の場合には、虞《ぐ》犯少年（保護者の正当な監督に服しない性癖のあるなどの場合）として家庭裁判所に送致されます。14歳未満の少年で刑罰に触れる行為をしたものは、都道府県知事、または児童相談所長から送致を受けたときに限り家庭裁判所の審理を受けます。なお、14歳以上の少年には刑事処分が科されることがあります。

家庭裁判所では書類を受理したあとに、裁判官の調査命令によって担当調査官が調査を開始し、対応策を導き出します。

家庭内暴力の要因には、家族の機能上の障害（親の養育態度の歪み、家族の葛藤、家族の権力構造の混乱）、少年の進路（受験・就職）上の障害、薬物中毒、精神疾患などがありますので早めの対応が肝心です。

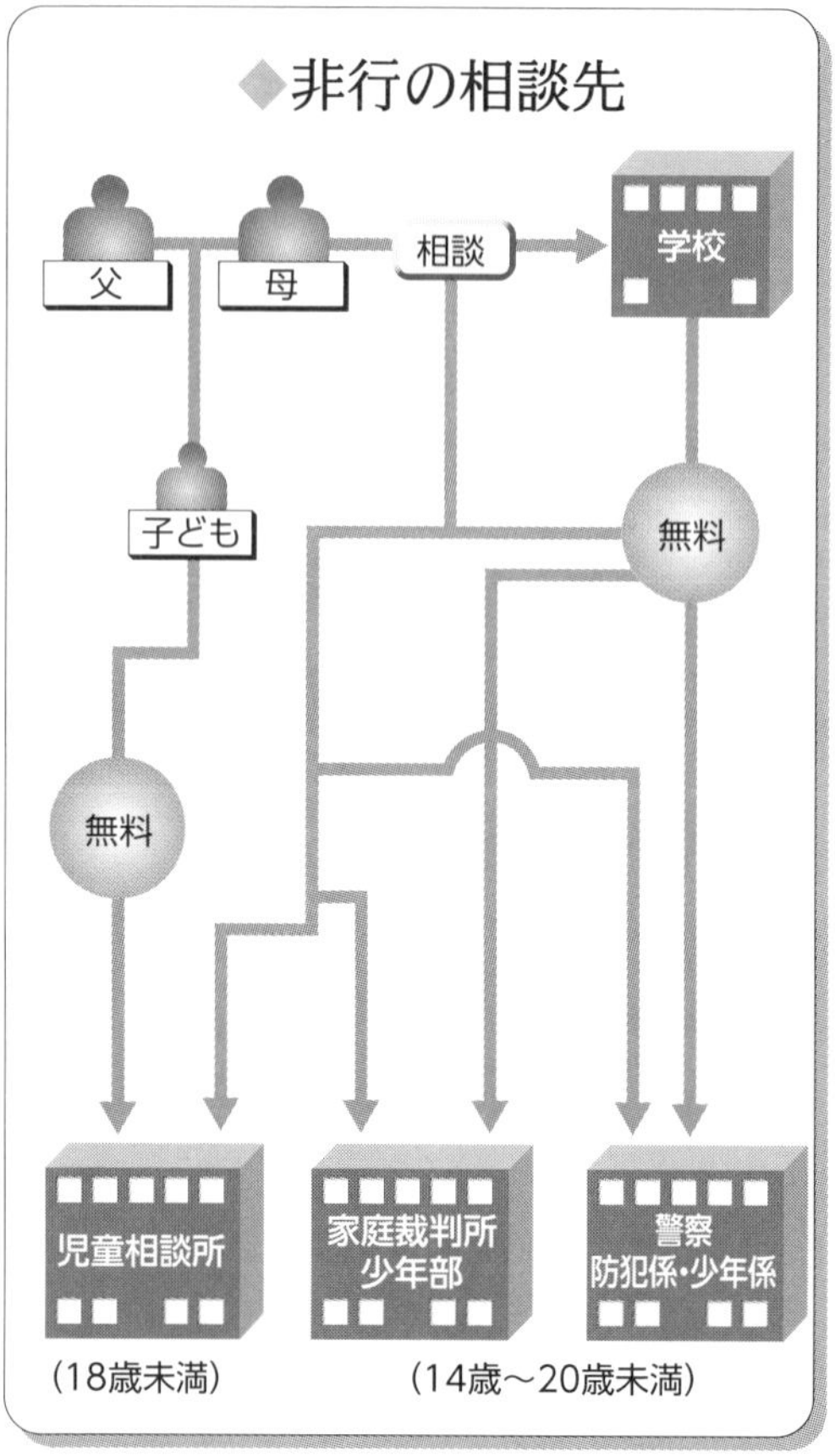

3 近所で幼児を親が虐待している

厚生労働省発表によれば、令和元年度の全国の児童相談所の受け付けた児童虐待に関する相談件数は19万3780件で過去最多を記録し、増加傾向にあります。

民法では、親権を行う者（親）は「監護及び教育をする権利を有し義務を負い」「必要な範囲で自らその子を懲戒することができる」と定めています（820・822条）。

ただし、民法では懲戒の方法については定めていません。その子の年齢、知能、体力その他あらゆることを考慮して、それにあった方法をとることが求められているのです。

懲戒権の範囲をこえると親権の正当な行使とはいえず、親権の濫用として、子の親族または検察官の請求によって、家庭裁判所はその親の親権の喪失・停止を宣告できます。また、親権の濫用で刑事罰が科される場合もあります。事件例としては、盗癖を矯正するために両手を針金で縛り押入れに2日余り閉じ込めた事件では逮捕監禁罪とした判決（水戸地裁・昭和34・5・25）、小学1年生の女児が両親から長時間にわたり暴行を受け死亡した事件では、「しつけに値しない陰惨な犯行」とし、両親にそれぞれ懲役6年と4年の判決（水戸地裁・平成12・3・27）、長男（2歳10カ月）等を閉じ込め餓死（次女は栄養失調で入院）で、保護責任者遺棄致死などの罪により夫に懲役9年6月（千葉地裁・平成23・9・20）、妻に懲役7年（同平成23・5・26）の判決等があります。

こうした増加する児童虐待に対処するために、平成12年5月に『児童虐待防止法』が制定されています。

この法律で、児童に対して、暴行を加える、わいせつな行為をする、著しい減食や長時間の放置などの虐待行為をすることを禁止し、国や地方公共団体に、児童虐待の早期発見と適切な保護を行うことを義務づけました。早期発見については、学校の教職員、児童福祉施設の職員、医師、保健師、弁護士などに努力義務を課すと共に、児童相談所に通告する義務を定めています。

また、この法律は平成17年に改正され、現実に児童虐待が行われている、また、行われるおそれのある行為を発見した者についても、児童相談所に通告するようにとの新たな条文が加えられました。この通告をした場合に、事実とは違っていても、通告者は刑法上、問題にされることはありません。

都道府県知事は、虐待のおそれがあると認めるときは、児童委員または児童福祉に携わる職員に児童の家に立入検査や質問を行わせることができます。また、この際、必要があると認めるときには、警察官の援助を求めることができます。

ポイント

親子のトラブルと解決法

◎増加する児童虐待と対策

虐待等に関する相談は、全国の児童相談所が専門的に対応しています。児童相談所に対する通告・相談は全国共通ダイヤルがあり（TEL189〈いちはやく〉）、電話があると管轄の児童相談所に転送する仕組みとなっています。

昨今、虐待事件は増加の傾向にあり、児童相談所の権限が強化されています。裁判所の令状に基づく家庭への強制立入調査や保護者に対し児童との接見禁止や通信制限などを命じることができます。また、地域によっては、虐待防止のために親の心を癒すための取り組みがなされています。

CASE 6 遺産をめぐるトラブルはどうすればいいか

▼遺言がある場合とそうでない場合は手続きが異なる

■相続のトラブルの特色は、相手が兄弟や親などの親族である点です。コジれると冠婚葬祭以外は交際断絶という事態にもなりかねません。できるだけ話し合いによる円満な解決が望ましいのですが、それができない場合は、家庭裁判所に調停の申立てをして、話し合いで解決を図るべきです。

1 行方不明者がいるときの相続は

相続人の一人が生きているか死んでいるか分からないなら、遺産分割が行えないままになります。それを避け、民法上で死亡したものとして取り扱う制度が、失踪宣告です。

失踪宣告は家庭裁判所がする審判（97ページ参照）で、利害関係人の請求によって行われます。被相続人の失踪宣告では死亡したとみなされ、相続が開始します。

失踪宣告は、①不在者の生死が7年間不明のときは、その期間満了のとき、②戦地や沈没した船舶に乗船していたり、その他の死亡の原因となる危難に遭遇した者が、危難の去った後1年間不明のときは、危難の去ったとき、に死亡したとみなされるというものです。

なお、相続人の1人が行方不明(7年を経過していない）の場合も考えられます。調査して不明の場合、家庭裁判所に財産管理人の選任を請求し、この管理人と分割協議をすることになります。

2 被相続人が多額の借金を残して死亡したが

被相続人が借金を残して死亡した場合、その借金も相続財産で、相続人が借金を相続することになります。しかし、民法はこうした場合のために、相続放棄（915条）あるいは限定承認（922条）の制度を設けています。相続放棄は、文字通り相続の権利を放棄することで、一部の財産は相続したいなどということはできません。相続放棄は家庭裁判所に単独で申述して行います。

限定承認は、遺産のうちプラスの

◆相続のトラブルと解決法

ケース	解決法
●相続人に関するトラブル	
相続人が行方不明	まず調査をし、それでも不明の場合は家庭裁判所に財産管理人の選任をしてもらい遺産分割をする。
婚姻外の子で認知なし	父親に認知されていない婚姻外の子も認知の請求を家庭裁判所に対して行い、認められれば相続できる。相続分は嫡出子と同じ。
被相続人の子でない疑いあり	利害関係人が家庭裁判所に親子関係不存在の調停を申し立てる。
相続人がいない場合	特別縁故者（内縁の妻など）に遺産は分与される。特別縁故者もいない場合には遺産は国庫に帰属。
●相続できるか・するかどうかの問題	
相続欠格	被相続人を殺した者などは相続することはできない（民法 891 条）。
推定相続人の廃除	被相続人を虐待・侮辱したり、著しい非行のある推定相続人は被相続人が家庭裁判所に申し立てて廃除できる（民法 892 条）。
相続放棄	被相続人の遺産に借金が多いときなどに相続放棄をするとよい（民法 938 条）。ただし、その借金は他の相続人にいくことになるので要注意。
限定承認	遺産の中身が、資産が多いか借金が多いか分からない場合に活用（民法 922 条）。ただし、共同相続人全員で申し立てる必要がある。
●遺産分割のトラブル	
遺産分割ができない場合	遺産分割の審判あるいは調停の申立てを家庭裁判所に対して行う。
相続人の１人が遺産を独りじめ	遺産分割の審判あるいは調停の申立てを家庭裁判所に対して行う。
●遺言のトラブル	
遺言書が出てきたとき	遺言書の検認の申立てを家庭裁判所に対して行う（1004 条）。公正証書遺言、法務局の遺言書保管制度による遺言は不要。
違反の遺言が出てきたとき	民法が規定（967 条～ 984 条）する遺言の方式に違反するのは無効。
遺言が複数出てきたとき	後の遺言が有効で、前の遺言を撤回したことになる（1023 条）。
遺留分を侵害する遺言のとき	侵害した者に対して、遺留分侵害額の請求をすることができる（民法 1046 条）。

財産がマイナスの財産（借金など）より多かった場合にのみ相続するというものです。この限定承認も家庭裁判所に申述して行いますが、相続人の全員で行う必要があります。

また、相続放棄も限定承認も、自分のために相続開始があったことを知ったときから３か月以内にする必要があります（民法９１５条）。

3 遺産分割をどのようにすればいいのか分からないが

遺産分割は各相続人の持つ相続分の割合に応じ、具体的に誰がどの財産を受け取るかを決めることです。

まず遺産を確定します（財産目録を作成）。遺言等による被相続人の別段の指定がない場合、現実に残された遺産の額に、特定の相続人が被相続人からもらった生前贈与の額（特別受益分）を加算（持ち戻し）し、その「みなし」分も含めた相続財産の総額を求めます。そして、寄与分（被相続人の資産形成に貢献した者や療養看護に努めた者に与えられる部分・民法904条の2）があれば差し引きます。計算後の金額を各相続人が各自の相続分に応じて受け取ることになります（特別受益者の受益分は受益者の額から引き、寄与分を持つ人にはその額を加えます）。

このとき、遺産には不動産や車など、物理的に分けて受け取れないものもありますので、具体的にどう分配するかを相続人全員で協議して決めるのです。なお、相続人全員が認めれば、法定相続分の割合（遺言がある場合はその指定）と異なった分け方をすることも可能です。

話合いがつかないときには、家庭裁判所に調停の申立て（140ページ以下参照）をすることになります。

◆法定相続人と相続分

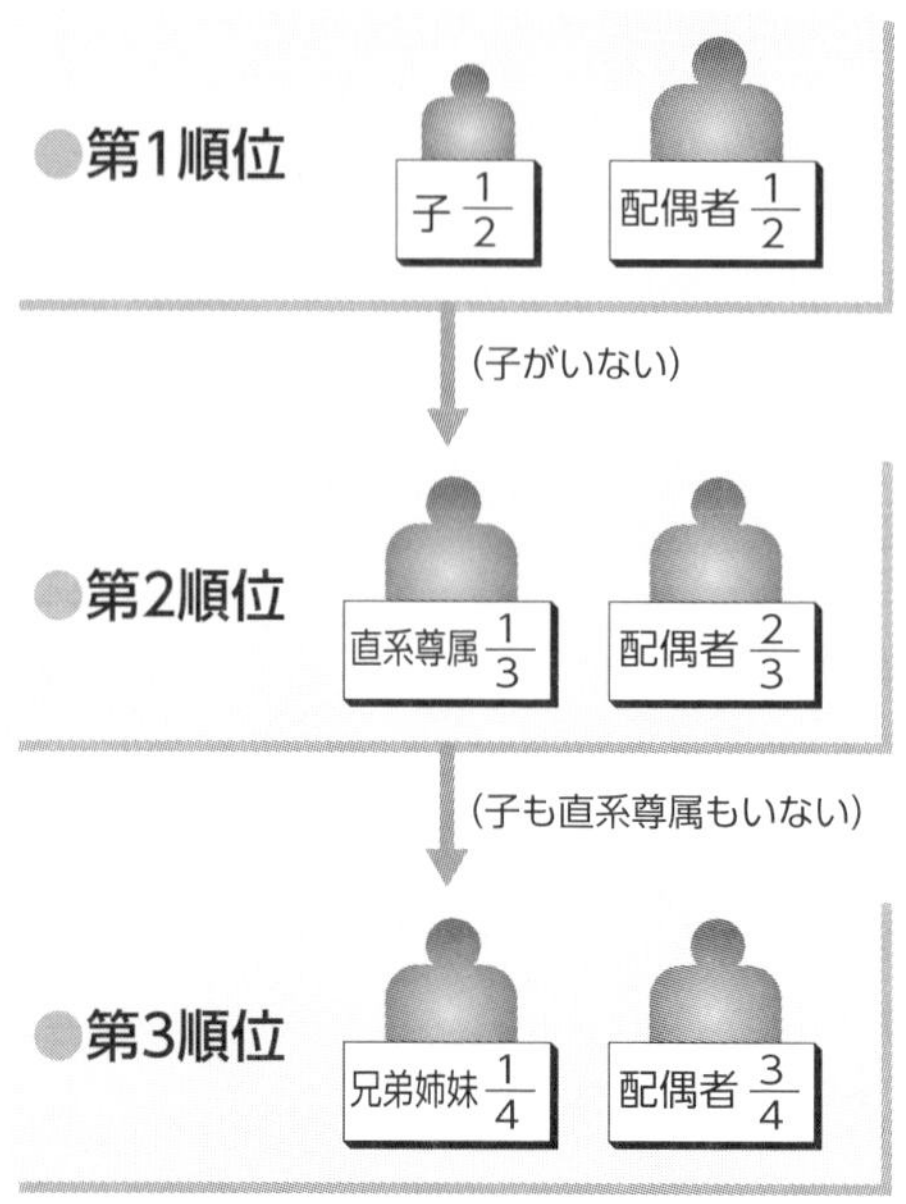

〔注〕
①被相続人の配偶者がすでに死亡しているときは、例えば第1順位の相続では子が全遺産を相続する。
②被相続人の子がすでに死亡していてその子（被相続人の孫）がいる場合には、その子が代襲相続をする。

なお、令和2年4月1日施行の改正民法では、配偶者居住権、特別の寄与分などの遺産分割に関する規定が新設されました。

4 被相続人の死亡後に愛人の子が現れたが

財産相続のポイントは遺産分割ですが、問題は、遺産分割の協議が終わったあとで、新たに相続人が出てきた場合、あるいは協議に参加したものが相続人でないことがわかった場合です（愛人の子が現れたケースなど）。

ポイントは、その愛人の子が認知されているかです。すでに認知されている、あるいは遺言で認知されているならば、相続人としての権利（嫡出子と同等の相続分）があります。

また、遺産分割終了後に認知を求め、相続人として遺産の分け前を要求してくる場合もあります。認知が家庭裁判所によって認められ、その子が相続人であることが確定した場合、嫡出子と同等の相続をすることになります。しかし、すでに遺産分割が終了し、処分されてしまっているような場合は、認知によりあらたに相続人として確定した者は、相続分の価額を計算して金銭による支払請求ができるだけで、現物の再分割は要求できません（民法９１０条）。

これとは逆に、被相続人の実子とされていた人が、実は実子でない場合があります。養子縁組をしていれば実子と同様の扱いがなされますが、こうした手続きがない場合には、親子関係不存在の審判の申立てを家庭裁判所にすることになります。

5　相続財産の評価でもめて遺産分割ができない

被相続人が死亡した場合に、相続人が複数いるときは、その相続財産はいったん共同相続人の共有（民法８９８条）となり、共同相続人間でいつでも遺産を分割できます。

この遺産分割について、たとえば遺産のうちの何を誰が相続するか、あるいは、共同相続人間で遺贈、贈与、寄与分等のことでなかなか折り合いがつかず協議が整わないとき、または協議をすることができないときは、各共同相続人は家庭裁判所に対し、遺産分割の調停または審判の申立てをすることができます（民法９０７条1項、2項）。

遺産分割は、遺産に属する物または権利の種類および性質、各相続人の年齢、職業、心身の状態および生活の状況、その他一切の事情を考慮して行います（民法９０６条）。

調停の申立人は、共同相続人や包括受遺者（遺言でたとえば3分の1というように割合を示して遺産を与えられた者）等がなります。

ポイント

相続をめぐるトラブルの解決法

◎まずは調停から始める

相続に関する紛争は、家庭裁判所が扱います。

家庭裁判所が扱う事件は家事事件手続法別表第1事件（審判を行う）と同法別表第2事件（審判でも調停でもよい）とに分かれます（141ページ参照）。

審判事件では審判官（裁判官）により決定が下され、不服なら高等裁判所に即時抗告ができます。

また、別表第2事件の調停では、調停案に不服の場合には、調停は不成立となり、解決のためには審判へ移行するか、審判事件でない一般事件については訴訟を起こすことになります。

遺産分割の紛争は、通常、前もって家庭裁判所の調停（140ページ以下参照）を経なければ訴訟はできません（これを調停前置主義といいます）。

CASE 7 交通事故のトラブルにはどう対処すればいいか

▼示談交渉前に相談所などで基礎知識を得ておくこと

■交通事故が起きた場合、加害者は民事上の責任（損害賠償）・刑事上の責任（過失運転致死傷罪など）・行政上の責任（反則金・免許の停止・取消しなど）を負うことになります。被害者にとってみれば、最大の問題は損害賠償です。

1 加害者が強制保険に加入しておらず資力もない

自賠責保険は強制的に車の所有者を保険に加入させて、交通事故の被害者が損害賠償金を取りやすくするための制度です。死亡の場合3000万円、傷害の場合に120万円、後遺障害が残った場合には3000万円（常時介護を要する場合は4000万円）を上限に支払われます。

この強制保険にも加入していない場合には、加害者本人に損害賠償を請求することになりますが、資力がなければ支払ってもらうことが困難です。こうしたケースでは、示談の場合に月賦払いにするなどの方法をとるとよいでしょう。また、訴訟を経ずに強制執行ができるように示談書を公正証書（210ページ参照）にしておくとよいでしょう。

なお、轢き逃げされて加害者が不明の場合や、加害者が強制保険にも加入していない車に轢かれた場合には、国から補償（強制保険と同じ限度額で立替払い）を受けることができます（政府保障制度…自動車損害賠償保障法72条）。

2 保険会社が提示してきた金額に納得がいかない

損害賠償額は、法律でいくらと定まっているわけではありません。示談（話し合い）あるいは調停や裁判で決まると考えてください。

しかし、一定の支払基準はあります。この基準には3つのものがあり、裁判所の判例、弁護士会（（公財）日弁連交通事故相談センター）の基準、各保険会社の基準です。

こうした基準を参考にして、加害者の提示した額を検討し、交渉することをおすすめします。

◆交通事故の損害賠償のトラブルと解決法

ケース	解　決　法
●損害賠償の請求相手は誰か	
未成年者の場合	親が車を買い与えたような場合、親に運行供用者責任、監督責任を問える可能性がある。強制保険のみでも、その余の請求を親に対してできる。
加害者に資力がない場合	無保険車の場合、政府保障制度（自賠責保険の限度額まで政府が立替払い）が活用できる。また、加害者と月賦払いなどによる示談をする方法もある。
加害車両が会社の車の場合	被害者は会社に対しても運行供用者責任を問える。また、使用者責任も問える。
盗難車の事故と所有者の責任	車の鍵をつけて放置していた場合などは所有者に責任があるが、そうしたことがなければ所有者の責任なし。
●損害賠償額に関するトラブル	
提示金額が低い	保険会社の提示金額は、裁判上の判決や（公財）日弁連交通事故相談センターの基準より低い場合が多い。争うときは民事調停・訴訟など。
過失割合がおかしい	過失割合認定基準表でお互いの過失割合を検討する。
後遺障害の等級がおかしい	後遺障害等級表で、何級に該当するか検討する。
示談後に後遺障害が出た	示談が終わっていても、その後に出た後遺障害については請求できる。
●その他のトラブル	
車の欠陥による事故	メーカーに損害賠償の請求ができる。製造物責任（ＰＬ）法による責任追及も可。
加害者の刑事責任	加害者は過失運転致死傷罪に問われる場合も。示談をすれば減刑されることが多い。

また、最近では示談代行付の自動車保険が主流で、したがって損害賠償の交渉相手は保険会社の交渉係の場合がほとんどです。

その際、保険会社が提示してくるのは、自社の保険会社の支払基準を基にした損害賠償額です。通常、この基準は裁判所の判決や（公財）日弁連交通事故相談センターの基準より低くなっていますので、交渉の余地があります。

被害者としては、弁護士会などの被害者の立場に立った基準に基づいて、堂々と交渉してよいのです。

加害者や保険会社の損害賠償額の提示にどうしても納得がいかない場合、民事調停や訴訟といった法的手段をとることになります。

3 保険会社が査定した後遺症の等級に納得がいかない

交通事故にあい後遺障害が残った

場合には、後遺障害の等級（1～14級）に応じて、労働能力が喪失した部分について補償を請求できます。補償項目としては、逸失利益（死亡事故の場合、将来得られたであろう利益の喪失分）、慰謝料（精神的苦痛に対する償い）があります。

後遺障害の算定では、後遺障害の何級に該当するかで、損害賠償額が大きく異なります。したがって、この等級をめぐる争いは多くあります。

後遺障害の認定は、医師の診断書を添えて、自賠責保険（強制保険）の後遺障害補償請求を保険会社に対して行います。これを受け取った保険会社は損害保険料率算出機構の自賠責損害調査事務所に書類を送付し、損害調査を依頼します。調査事務所では自賠責請求書類に基づき、事故発生状況、支払いの的確性（保険適用となる事故か、事故と傷害の因果関係など）、損害額等を公正かつ中立的な立場で調べ、第何級と査定して保険会社に報告し、後遺症障害等級が決まることになります。

この等級認定に不服のときは、自賠責に加入している保険会社に異議の申立てをし、再度の審査を受けることができます。

それでも審査に不服の場合には、平成14年に新設された自賠責保険・共済紛争処理機構に紛争処理を申し立てることができます。客観性・専門性を確保するため専門医も参加します。いずれにせよ、最終的には訴訟などの法的手段をとることになります。

4 示談に応じ賠償の保険金をとった後に後遺症が出た

示談が終わった後で後遺症が出て、相当の治療をしなければならず、また後遺障害が残る場合に誰がこの費用や逸失利益を負担するかは、以前にはしばしば争われました。というのは、示談では、通常、「今後、いかなる事情が生じても双方とも本件に関し、一切の異議申立てをしない」という契約条項を入れるからです。

従来、こうした示談ができていれば、後で後遺症が出ても、損害賠償を請求できないとされていました。ところが、昭和40年に、示談後の後遺症について、示談当時予想できなかった後遺症については損害賠償の責任がある旨の判決が東京地方裁判所から出ました。さらに、昭和43年には同旨の判決が最高裁判所でなされ、示談後の後遺症による損害は、示談の対象となった損害とは別の損害とみて、請求ができるとされました。

5 保険会社が言っている過失割合が納得いかない

過失割合の認定も、もめるケースの多いものです。過失割合は加害者と被害者の責任に応じて過失の割合を出し、それぞれの過失の割合に応じて、事故の損害を各自が負担するというもので、少しの割合の違いでも金額的には大きなものとなります。たとえば、被害者の全損害額が1000万円（加害者の損害は0円）、加害者の過失8割、被害者の過失2割とした場合、被害者は加害者に対して800万円の請求ができますが、過失割合が1割違えば100万円異なることになります。

この過失割合については、「民事交通事故訴訟損害賠償額算定基準」（公財）日弁連交通事故相談センター東京支部、「民事交通事故訴訟における過失相殺率の認定基準」（判例タイムズ社）に、過失割合認定基準が掲載されていますので、これを参考にするとよいでしょう。

保険会社等の提示する過失割合に不満な場合には、示談あっせんや民事調停、訴訟等の法的手段により解決することになります。

6 示談の交渉でモメている場合には

示談代行付保険が主流となり、示談交渉に来るのは加害者ではなく保険会社の示談担当者です。

相手は年間何十件と事件を扱っているセミプロで、自社の支払基準により賠償額を提示してきます。自分で損害額を算定してみて、専門家にチェックしてもらうとよいでしょう。

交渉がまとまらない場合、弁護士に依頼して訴訟を進めてください。裁判の判決で出される損害賠償の基準額の方が保険会社の基準額より高額で、弁護士費用も認容額の10％程度は認められるのが通例です。

ポイント

交通事故の紛争の解決法

◎軽微な物損事故なら少額訴訟、高額なら訴訟も視野に

人身事故に比べ物損事故の方が数多く発生しています。この物損事故の損害をめぐってモメるときは、損害額が少なければ少額訴訟が解決に役立ちます。これは一日で判決が出される便利な訴訟で、簡易裁判所が取り扱います。手続きについては簡易裁判所の窓口で教えてくれます。ただし、訴訟金額が60万円以下という制限があります。

交通事故に関する損害賠償等の法律知識や損害賠償額の相場等については、日弁連の交通事故相談センター（全国各地の弁護士会等にある）が、無料で相談に応じます。また、保険会社との間で損害賠償額についてモメている場合には交通事故紛争処理センター（全国の高等裁判所のある地域にある）がいいでしょう。同センターでは斡旋もしてくれ、被害者はこれに不服であれば訴訟することもできますが、保険会社はこれに従うという約束となっています。

CASE 8 隣近所のトラブルにはどう対処すればいいか

▼近隣紛争の解決には互譲の精神で臨むことが大切

■隣近所のトラブルの特徴は、地域に密着した紛争である、という点です。声の大きい人は、声高に権利を主張しますが、大概の人は円満な生活を維持するために、泣き寝入りするケースが多く、そのためイライラと辛い日々を送ることになります。

1 アパートでピアノや子供の足音がうるさい

隣近所の紛争は大きく二つに分けることができます。

一つは、個人生活、家庭生活をめぐって起こる摩擦です。いわゆる地域社会の中で発生する問題です。他の一つは、境界、道路、塀、日照、建築など、いわゆる民法上の相隣関係のトラブルです。

前者に当たるケースは、ごみ出しのルールを何度注意しても守らない、夜中までテレビの音がうるさい、出鱈目の噂を振りまくなど、いろいろなパターンがあります。

また、当事者も大人だけとは限りません。子供が窓ガラスを割ったり、盆栽を壊すケースもあれば、隣の飼い犬に噛まれたなど、子供やペットが当事者となる例もあります。

たとえばアパートでピアノの音や子供の足音がうるさい場合、いきなり訴訟を起こすというわけにもいきません。裁判所の考え方は、社会生活上受忍限度（我慢すべき限度）を超えたかどうかで被害の救済を図っています。

どうしても騒音が我慢できなければ、アパートの大家さんを交えて話し合いをし、ピアノの練習時間を決めてもらう、子供には親から注意してもらうようにしてください。

それでも相手が無視するときは、警察から注意してもらうことです。軽犯罪法では「公務員の制止をきかずに、人声、楽器、ラジオなどの音を異常に大きく出して静穏を害し、近隣に迷惑をかけた者」を拘留または科料に処する、とあります（1条14号）。また、隣家が嫌がらせ目的で大音響を出し、強度な不眠やＰＴＳＤ（心的外傷後ストレス障害）など著しい精神的苦痛を受けた場合は、被害届を出したり、刑法204条の傷害罪で告訴すればいいでしょう。実際に、隣人が逮捕され、有罪判決の出たケースもあります。

近隣紛争は、まず話し合いによる解決を目指すべきですが、泣き寝入りする必要はありません。

2 日照を阻害する建物が間近に建つ計画がある

一口に相隣関係といっても、個人の所有する土地や建物が問題になる場合と、地域の集団がかかわって問題が発生する場合とがあります。前者は、境界、道路、へい、通行権などの紛争で、後者は、建築公害、マンションによる日照権の被害、工場による悪臭、ばい煙、騒音・振動などによる被害があります。

境界、私道、へいなどのトラブルの場合には、民法（209条〜238条）で基準を定めていますので、どちらの言い分が正しいか弁護士会や市区町村の法律相談所で相談されることを勧めます。その上で、話し合いによる解決を目指すべきで、話し合いが無理なら裁判所へ調停を申し立てるのがよいでしょう。なお、土地の登記上の境界（筆界）については、法務局に筆界特定手続きを申し立てることもできます（67ページ）。

後者の日照権の被害、騒音や振動などの被害の場合には、個人的に解決を図るのは困難です。まず、市区町村役場などに行って相談してみることから始めてください。そして、被害にあっている人を糾合して、被害者の団体を作り、加害者側と団体交渉をして解決を目指します。この場合には、加害者が被害者側の主張を無視するようでしたら、建築禁止の仮処分などあらゆる法律手段をとって訴訟を起こすことも考えて、対処すべきです。

ポイント
隣近所トラブルの解決法

◎調停や裁判に持ち込まず、まず話し合いで解決しよう

トラブル解決には、譲り合いの精神と信義誠実な態度で臨むべきですが、被害に対し、泣き寝入りする必要はありません。なお相手との話し合いにあたっては感情的にならず、法律のルールを議論の前提とした上で、第三者を間に立てるなどして、まず冷静に話し合いを重ねてみましょう。

当事者同士の直接の話し合いがまとまらない場合にも、いきなり訴訟にはせず、民事調停を利用する方が、その後も続く隣近所との関係を考えると、得策です。

なお、平成19年4月1日から裁判外紛争解決手続利用促進法（ADR法）が施行されました。これにより、調停や訴訟だけでなく、法務大臣の認証した事業者（弁護士会など）を利用して話し合いを進める方法も考えられます。

CASE 9 消費者トラブルにはどう対処すればいいか

▼悪質商法の被害にあったら8日以内ならクーリングオフを

■キャッチセールスや投資詐欺が悪質商法の代表格といえますが、その勧誘の仕方はセールスマンが個々の家庭を訪問したり、街中で声かけする手口から、ネットでの勧誘にも拡がっているようです。悪質な勧誘や契約の手口で被害を受けた場合、泣き寝入りをしてはいけません。

1 服をネット通販で買ったがあわないので解約したい

悪質商法を取り締まる主な法律は、消費者契約法、割賦販売法、そして特定商取引法です。特定商取引法は、訪問販売・電話勧誘販売、通信販売（ネット販売はここ）、連鎖販売取引（マルチ商法）、特定継続的役務提供取引（エステ、学習塾、結婚紹介所など）、業務提供誘引販売取引（内職商法）の他、訪問業者が消費者から貴金属や宝石を安く買いたたく訪問購入も対象としています。消費者契約法は業者が勧誘の際、消費者が誤認したり、脅迫的言動で困惑させるような不当な行為をした場合、消費者が原則1年間は契約を取り消せると定めています。

また、割賦販売法や特定商取引法は一定期間内（訪問販売や電話勧誘販売は法定の契約書面交付の日から8日間）なら消費者が無条件で解約できるクーリング・オフ制度があります。消費者が立証責任を負う消費者契約法を使うより簡単で便利です。悪質商法にあったと気づいたらすぐクーリング・オフをしてください。なお、クーリング・オフは書面ですると決められていますが、業者に「解約通知を受け取ってない」などと反論させないためにも、必ず内容証明郵便で出してください（e内容証明もある）。

通信販売はクーリング・オフ制度の対象ではありませんが、特定商取引法では、業者が広告に売買契約の解除や返品に関する特約（返品特約表示）を記載していない場合、消費者は商品を受け取った日から8日以内であれば、契約を解除できると定めています。あなたの場合には、ネット業者が特約を設けていれば、その返品規定期間内に、また特約がなければ商品受け取りから8日以内であれば、契約を解除して服を返品することは可能です。ただし、通販の場合には、返品費用は消費者負担になります（クーリング・オフ制度が使える場合は費用は業者持ち）。

ネット通販を利用する場合、返品特約があるかどうか、また返品解約期間がどうなっているかを、業者のホームページなど広告画面上で必ず確認してから購入することです。

2 クーリング・オフが使えない場合もある

クーリング・オフができる商品やサービスの範囲は法律で決められています。たとえば、訪問販売や電話訪問販売、割賦販売は、ほぼすべての商品やサービスが対象です（通販の対象も同じ）。ただし、次の場合には、クーリング・オフができません。

①３０００円未満の現金取引
②契約までにある程度時間のかかる自動車の購入（リースも含む）
③化粧品や洗剤など消耗品（使用・消費した場合）
④営業目的の取引

また、クーリング・オフは、法律で決められた期間（訪問販売は8日、マルチ商法は20日日など）が過ぎると使えません。ただし、業者が書面を交付しない、クーリング・期間内に通知したのに、「サービスを受けたからもう解約できない」などとウソを言って、クーリング・オフを妨害した場合には、その期間は延長されます。この場合、業者が再び書面を交付した時から改めてクーリング・オフ期間が始まるのです。

なお、日常生活で通常必要とする分量を著しく超えて買わされた場合には、電話勧誘販売では、申込みの撤回や解約が1年間できます。

ポイント　消費者トラブルの解決法

◎悪質商法だと気づいたら迷わずクーリング・オフ

クーリング・オフは、被害者の強い味方です。業者が消費者のクーリング・オフを妨害した場合、制限期間（訪問販売は契約書の交付から8日間、マルチ販売は20日間）が延長されます。いずれにしても悪質商法の被害にあったら、できるだけ早くクーリング・オフをすることです。なお、クーリング・オフできない場合も諦める必要はありません。消費者契約法による契約の取消し、民法の錯誤や脅迫、公序良俗違反による契約の無効、詐欺や強迫による契約の取消しなどによる解約も考えられるからです。またクーリング・オフをすると、消費者と接触を図ろうとする業者もいますが、消費者が業者と直接交渉するのは危険です。その場合、消費者生活センターなどに相談してください。

CASE 10

SNSで根拠のない悪口を言い触らされた

▼いたく名誉を傷つけられたら弁護士に相談して裁判を

■「人の口に戸は立てられない」「人の噂も七五日」など、噂話に関する格言はたくさんあります。面白がって流される噂話も、それが自分の悪い噂となると笑っていられません。噂を流した相手には、断固、法的措置を取るべきです。

1 SNSで根拠のない悪口を言い触らされた

他人から公然と名誉を毀損された場合には、相手方に謝罪などを要求できます。自分の名誉回復のため、断固とした態度で交渉しましょう。

それでも相手が応じない場合、弁護士と相談した上で、法的措置（慰謝料など損害賠償請求、刑事告訴）を検討してください。

なお、私生活や個人情報を無断で暴かれるプライバシー侵害も大きな問題です。この場合も、名誉毀損と同様、謝罪や慰謝料請求はできますが、プライバシーは一度侵害されると名誉毀損のように回復できません。また、その法的保護も十分とはいえないのです（個人情報保護法に該当するものを除けば刑事告訴は難しいし、民事訴訟でも謝罪広告の要求はなかなか認められない）。

ところで、どんな方法であれ、他人の名誉を傷つける行為は許されるものではありません。他人を中傷するようなビラを配ったり、根も葉もない噂話を流したりする行為などは、名誉毀損になります。最近では、SNSで根拠のない悪口を投稿されることも多く、すぐに拡散するため被害は大きくなりがちです。

名誉毀損とは、公然と事実をあげて特定の人の社会的評価を低下させる行為で、事実の有無を問いません（公務員など例外あり）。民法上は不法行為（７０９条）による権利侵害として損害賠償（慰謝料）の対象となり、謝罪広告など名誉回復の手段を裁判所に命じてもらうことができます（７２３条）。また刑法では、人の名誉を毀損した者は3年以下の懲役または禁錮もしくは50万円以下の罰金に処すると規定しています。

ただ問題は、噂話というのは誰が最初に流したものかつかみがたく、また噂が流れるに従って尾ひれがつくものです。大事なことは、誰がその噂を流したか、張本人を確定させることです。間違って告訴すると虚偽告訴罪に問われるおそれも生じます（刑法172条）。

また、被害者が商店の経営者で、噂の内容が店の商品に関する嘘の情報であった場合には、業務妨害罪として、3年以下の懲役または50万円以下の罰金となります（233条）。

2 無実なのに犯人として通報されあれこれ調べられた

人は名誉を重んずる動物であると言われます。名誉を傷つけられたため、死を以て抗議するという例もあるくらいです。自分が何も犯罪とは関係ないのに、他人の告発（他人が犯罪の被害者の場合は告訴）によって、警察の取り調べを受けたという事実は、名誉毀損となります。

確かな証拠もないのに、他人の言葉を信じて告訴・告発し、警察での取り調べの結果、犯人でないということが判明した場合には、告訴・告発した者に、注意義務違反（過失）があったことになり、不法行為に基づく損害賠償（慰謝料）請求ができます（ただし、名誉毀損罪になるかどうかは別です）。

また、前にも触れましたが、人に刑事処分または懲戒処分（公務員などの場合）を受けさせる目的で、虚偽の告訴、告発または申告をした者は、3月以上10年以下の懲役に処するという、虚偽告訴罪に該当し、この刑事責任を問うこともできます。

なお、実際にありもしない犯罪の事実を公務員に申し出た者は、軽犯罪法で処罰されます（1条16号）。この場合も、訴訟にするかどうか、弁護士に相談して対処の仕方を決めてください。

ポイント

名誉棄損トラブルの解決法

◎感情的になりやすいので、冷静な判断で対処しよう

名誉を毀損され、その噂で精神的苦痛を受けた場合、噂を流した発信者を相手取り謝罪と慰謝料を請求する民事訴訟を起こせます。悪質な場合は告訴し、刑事罰を与えることも可能です。ただ、ややもすると感情的になりやすいので、訴訟や告訴をする場合には、弁護士に相談するといいでしょう。

また、最近では、SNSを含むネット上の掲示板での誹謗中傷が大きな社会問題になっています。しかし、ビラや手紙などいわゆる怪文書は、名誉毀損以上に発信者の特定が難しいようです。このネット上の書込みは、サイトの管理者にその削除を請求してください。管理者が正当な理由なく削除を拒絶した場合は、管理者を相手取り書込みの削除と損害賠償を求める訴訟を起こす方法もあります。

CASE 11 医療過誤をめぐるトラブルにはどう対抗すればいいか

▼医療技術のことはわからなくても泣き寝入りしないこと

■患者の取違え、医師の判断ミス、薬の投与ミスなどによる医療事故をめぐるトラブルは、今日珍しいことではありません。しかし患者やその家族が、医療事故の真相を知ることや病院側に医療過誤を認めさせることは、裁判を起こしても「密室の壁」に阻まれ難しいのが現実です。

令和2年、全国の地方裁判所で判決など結論の出た「医療行為による損害賠償」の裁判821件のうち、一部でも請求が認められた事件は、わずか42件でした（棄却203件。和解473件）。

1 納得いかなければ専門家に相談を

医師などの医療の担い手は医療を提供するに当たり、患者やその家族に適切な説明を行い、患者側の理解を得るよう努めることを義務付けられています（医療法1条の4第2項）。いわゆるインフォームド・コンセント（説明と同意）です。

医療を受けた結果が、事前の説明と違って病状が重くなったり、改善されなかった場合は医療過誤の疑いがあります。では、そういう疑いを持ったら、患者側はどうしたらいいでしょうか。

担当医に直接問い合わせるとか、文句を言うことは、適切な方法とは思えません。カルテの改ざん、看護師などを含めての口裏合わせなど、証拠隠しが行われないとも限らないからです。

患者側は疑問があれば、セカンドオピニオンとして別の医師や専門家の意見を聞くといいでしょう。その上で明らかに医療過誤だと思われる場合には、医療事件を手がけたことのある弁護士に相談してください。医療事件の証拠は、病院や医師の側にあります。証拠保全の措置を取ることが急務だからです。

なお、医療事故救済の公的機関としては、「医療安全支援センター」があります。このセンターは、安全で安心できる医療の構築を目指す政府が、医療に関する患者と患者の家族などからの相談や苦情に迅速に対応するため、都道府県などに設置しているものです。令和2年4月現在、全国393か所にあり、相談は専門の医師や看護師が対応しています。

たとえば東京都の場合、月曜日～金曜日の9時～12時、13時～17時に電話相談（東京都患者の声相談窓口03・5320・4435など）で相談に応じます（土日、祝日、年末年始は休み）。

2 医療事故に遭ったら損害賠償を請求できる

医療事故に遭った患者やその家族（遺族）は医師本人や病院に対し、事故原因などの詳しい説明や謝罪を求めたり、事故による経済的損失や精神的苦痛に対する慰謝料の支払いを請求できます。話合いによる解決がベストですが、患者側が本人だけで交渉する場合には、病院側はまず医療事故だったと認めません。説明自体を拒否したり、話合いそのものに応じないなど門前払いのケースもあると思います。最終的に裁判まで考えているなら、弁護士など専門家に交渉も頼む方がいいでしょう。

なお、令和2年には、全国の地方裁判所が受け付けた医療行為による損害賠償請求訴訟の件数は810件でした。医療過誤の立証は容易ではありませんが、その半数以上が和解で解決しており、裁判を起こすと、病院側が折れてくることも期待できます。諦めることはありません。

実際、死亡事故や重度の後遺症が残った重大な事故でなくても、説明不足やたらい回しなどで病状が悪化したとして、簡易裁判所（請求可能な金額は140万円まで）に訴えを起こす患者もいるようです。

また、裁判にする前に、弁護士会の紛争解決センターなど医療ADRを利用する方法もあります。

ポイント 医療過誤のトラブルの解決法

◎他の医師や弁護士に相談し泣き寝入りはしないこと

事故が起きる前から、医師には納得のいくまで治療の目的や効果について説明を求めておくことが大事です。くどく尋ねると嫌な顔をしたり、怒り出す医師もいますが、患者やその家族の不安を取り除く説明もできない医師は信用に値しません。病気やケガは患者側と医師が協力して治すものです。十分な説明もできない医師の治療は受けないというのも、医療事故から身を守る手段かもしれません。なお、不幸にして事故が起きてしまった後は、客観的・専門的な所見を聞いて事態を理解することが必要になります。担当医や受診した病院の説明を鵜呑みにせず、別の医師や専門家の説明や意見も聞いてください。また一刻も早く、医療過誤訴訟の経験のある弁護士を訪ねることです。

CASE 12 不当なリストラにはどう対抗すればいいか

▼まず、社内の組合や労政事務所などに相談すること

■労働者にとって突然のリストラは、どんな理由でも認めるわけにはいきません。しかし近年、会社側に合理的な理由なしに、労働者の解雇や退職強要をするケースが増えています。

また、契約社員や派遣社員など非正規労働者の解雇や雇止めも大きな社会問題です。

1 突然、今までのキャリアとは関係のない部署に配置転換された

配置転換は会社側が自由に行えるものではありません。配転（命令）が有効であるためには、以下の点のクリアが必要です。

①労働契約上、配転命令権の根拠があり、配転命令権の範囲内であること——労働者は職種や勤務場所に関する労働契約の範囲内では応じる義務があるが、範囲外の場合には、労働者の同意を必要とするとされる。特殊の技術、技能、資格を有する者（医師・看護師等）の場合には、職種が限定されている。

②法令に違反しないこと——不当労働行為や思想信条による差別等にあたらないこと。

③労働協約違反、就業規則違反がないこと——労働協約等の人事協議条項や同意条項に違反してなされた配転命令は、無効とされる。

④権利濫用でないこと——配転が業務上必要でなく嫌がらせの退職強要が目的の場合など。

なお、配転命令に従わない場合、会社は業務命令違反として懲戒解雇などの手段に出ることがあります。無効な配転命令の場合には、解雇は無効となりますが、生活がかかっていますので、専門家の意見なども聞いて慎重に対処すべきです。

2 仕事が与えられず狭い部屋に一日中、居させられる

退職強要の手段として、その労働者の人格を著しく損なう「いじめ」が業務命令という形で行われることがあります。こうしたケースでは、一切仕事を与えない、過大なノルマを課す、職場内で他の者と分離して

孤立化させる、遠くに配転するなど、その方法は多様です。

こうした業務命令は、①業務命令の内容（仕事）が本来必要ではないもの、②退職強要目的などの不当な動機・目的に基づいてなされたもの、③通常、労働者が甘受すべき程度を著しく超えている場合は違法です。

職場にいたたまれなくさせ自主的に退職を決意させる意図でなされた元管理職の受付業務への配転命令は裁量権の逸脱で違法と認定されています（東京地裁・平成7年12月4日判決）。また、一切仕事を与えず勤務中1人だけ隔離した場所にいるよう命じた業務命令は、甘受すべき程度を超える著しい精神的苦痛を与えるもので業務命令権を逸脱して違法であると判示しています（東京地裁・平成4年6月11日判決）。違法なら、その業務命令は無効です。

なお、不況によるリストラ（整理解雇）が有効であるための要件は、①人員削減をする経営上の必要性、②整理解雇を回避する努力を尽くしたか、③解雇者の選定基準の合理性、④解雇手続きの相当性・合理性です。

不当なリストラを受けたら、最終的には裁判で解雇無効や地位保全、未払い賃金支払いを会社側に求めるしかありませんが、裁判には時間と費用がかかります。まずは手続きが簡単な個別労働紛争解決制度の利用がお勧めです。都道府県労働局長の助言、指導、あっせんなどで円満な解決が図れますので、総合労働相談コーナーなどで相談してください。

また、非正規社員の解雇も、客観的で合理的な理由を欠き、社会的に相当と認められない場合は、権利の濫用で無効です（労働契約法16条）。有期契約を雇止めするには、過去に契約更新をしたことがあり、続けて1年以上働いている労働者の場合、合理的な理由が必要です。

ポイント

労働問題の紛争の解決法

◎労働審判制度が便利

総合労働相談コーナーに相談があった解雇や賃金未払いなど民事上の個別労働紛争は、令和元年度27万9210件（前年比4・8%増、全相談は118万8340件）でした。

このような個別労働関係の民事紛争を円満に解決する制度として、平成18年4月から始まったのが労働審判制度です。これは、紛争を迅速に処理し、解決することを目的としたもので、当事者が地方裁判所に申し立てると、相手方の意向に関わらず原則として調停または労働審判で解決します。審理は、裁判官（労働審判官）一人と労働関係の専門的知識経験のある労使から選ばれた労働審判員二人で行い、通常三回以内です。なお、当事者が審判内容を受諾し、確定すると、裁判上の和解と同一の効力を持ちます。

CASE 13 セクハラや性的暴力にはどう対処すればいいか

▼こうした卑劣な行為には泣き寝入りしないこと

■セクハラは男女雇用機会均等法、配偶者間の性的暴力は配偶者からの暴力の防止及び被害者の保護等に関する法律（DV法）に被害者の保護規定が設けられています。

なお、最近では、元交際相手のポルノ画像をネット上に公開するリベンジポルノが新たな性的暴力として急増中です。このリベンジポルノの加害者を処罰し（ネット上へ公開した者は3年以下の懲役または50万円以下の罰金）、被害者からの申出でプロバイダーが一方的に画像削除できるまでの期間を2日間に短縮するなど、リベンジポルノ防止が目的の私事性的画像記録の提供等による被害の防止に関する法律（リベンジポルノ防止法）が平成27年施行しました。

1 職場でしつこく上司から交際を迫られている

これは、典型的なセクハラ（セクシャルハラスメント）ですが、セクハラには次の二つがあります。

①地位利用型のセクハラ　言うことを聞けば昇給・昇進させてやるなど、仕事上のメリットを持ち出し、また職場における権力関係（上司の立場、取引に影響を及ぼす取引先の立場）を利用して性的関係を要求したり、身体的な接触を強要する。

②環境型のセクハラ　被害者の性的な噂を流す、職場でポルノ写真などを拡げたり、掲示する。

ご質問は①で、上司もセクハラと認識しているはずですが、②の環境型は加害者がそれと気づかないことも多く、職場の取組みが大事です。

会社（使用者）にはセクハラ防止義務があり、相談窓口を設ける必要があります。ただ、相談で解決できない場合は損害賠償請求などの法的手段を取るしかありませんし、性的暴行や傷害などの犯罪被害を伴う場合は、刑事告訴も可能です。

なお、使用者責任を初めて認めたセクハラ訴訟では、遊び好きだなどと性的言動を流布した上司と、放置した会社に、慰謝料等１６５万円を連帯して支払うよう命じました（福岡地裁・平成４年４月16日判決）。

2 恋人のセックス要求を断ると無理強いされた

恋人でもセックスの無理強いは、法律上、強制性交等の罪（刑法177条）が問題になります。互いの関係や場所、時間など具体的な事情にもよりますが、その成立は必ずしも女性が反抗できないほどの暴力や脅迫は必要なく、著しく反抗するのが困難な程度でよいとされ、法改正で今日、親告罪でもなくなりました。

なお、セクハラそのものを処罰する法律はありませんが、身体的な接触や性的関係の強要は、刑法の強制わいせつ罪（176条、6月以上10年以下の懲役）や強制性交等の罪に当たる可能性があります。

また、ストーカーは、ストーカー行為等規制法で、つきまといやストーカー行為を止めるよう警告や禁止命令を出してもらえます。

このほか、夫婦ゲンカとして処理されることの多かった夫婦間の暴力にもDV法が適用され、加害者には2か月間の自宅退去や被害者周辺の徘徊や付きまといを6か月間禁ずる保護命令が出されます。

セクハラにしろ、またストーカーやDV、リベンジポルノにしても、被害者はこうした卑劣な行為を受けたら泣き寝入りはいけません。被害届や告訴状を出す、慰謝料など損害賠償を求める訴訟を起こすなど断固とした態度を取るべきです。とくに、リベンジポルノの場合は放っておくと、ネット上に公開された写真などが拡散してしまいます。気づいたらすぐ、プロバイダーやサイト運営者に削除要請をすべきです。

なお、相手との直接交渉は避け、弁護士や警察、NPOの被害者救済センター（名称は異なる）、市区町村の相談窓口に相談してください。

ポイント
セクハラ・性的暴力のトラブルと解決法

◎刑事告訴・民事賠償の両方で責任を問える

セクハラや性的暴力の問題は、その根底には男性の女性に対する差別意識がある場合が多いようです。こうした卑劣な行為に対しては、被害者は断固とした態度で望むことです。

セクハラそのものを処罰する法律はありませんが、法律上の対抗法としては、刑事事件（強制性交・強制わいせつ・暴行・傷害など）として告訴する方法があり、また民事事件として損害賠償（慰謝料など）を請求することができます。ストーカー行為等規制法やDV法も利用できます。警察や最寄りの役所、弁護士会などに、遠慮なく相談に出かけることです。

この損害賠償についての額は、近年高額化し、岡山地裁では1000万円を超える賠償命令が出ています（平成11年5月24日判決）。

CASE 14 学校でのいじめや事故のトラブルはどうしたらいいか

▼刑事告訴・損害賠償請求という手段がある

■学校のいじめは深刻です。周囲の大人が、その事実に気づかず、また気づいても「よくあること、大したことにはならないだろう」と安易に考えて対策が後手に回ると、被害者の子どもが自殺に追い込まれるような悲惨な結果が生じる場合も少なくありません。

平成25年9月、「いじめ防止対策推進法」が施行、国や地方自治体に「いじめ防止対策基本方針」や「いじめ問題連絡協議会」設置が義務づけられ、いじめ防止、いじめの早期発見、いじめへの対策を積極的に図ることになりました。

1 子どもがいじめられて自殺した

文部科学省によれば、令和元年度中に全国の小中高・特別支援学校で発生したいじめは計61万2496件（前年度比12・6％増）で、小学校と中学校でその96・5％が起きています。また、いじめ発見のきっかけは、学校の取組み（アンケート調査など）54・2％、本人の訴え17・6％、学級担任の発見10・4％で、被害者の相談相手は80・8％が担任といいますから、いじめ防止に果たす学校の役割は小さくありません。重大ないじめ事件が起きるたびに、学校や教育委員会の隠ぺい体質や閉鎖社会であることがことさら指摘されますが、学校が保護者や行政と協力することで、いじめやいじめの被害者をなくしてほしいものです。

なお、いじめの内容が暴行・脅迫など犯罪行為に当たる場合は、加害者の責任を追及できます。ただし、小中高校生は未成年ですので、家庭裁判所で少年事件として扱われるのが普通です（刑事処分ではなく非行行為として審判で保護処分となる。194ページ参照）。

また、いじめの被害者（死亡した場合は遺族）は、加害者に不法行為（民法709条）による損害賠償を請求できます。不法行為とは、故意または過失により他人の権利を侵害することですが、「いじめ」の場合は慰謝料（精神的苦痛に関する償い）を、加害者（監督責任を問える場合は親にも）に請求することが可能です。この他、学校側（教師）に監督義務者としての義務違反がある場合は、学校にも同様に損害賠償を請求できます。しかし、この不法行為責任を追及するには、被害者側が不法行為であること（いじめの事実など）を立証しなければなりませんが、現実問題として、立証が困難な場合が多々あります。

いじめが主な自殺原因だと認め、加害者の親に賠償を命じた事件でも、裁判所は、その責任はいじめ自体にとどまり自殺まで予見できなかったと予見可能性については認めませんでした（東京高裁・平成6年5月20日判決）。

2 学校のプールで飛び込み、頭を底に打ちつけ重傷を負った

中学生や高校生が体育の授業や課外クラブの活動中に事故にあうことがあります。そうした事故の中で多いのが水泳の練習中の事故で、プールで飛び込み、プールの底に頭を打ちつけ重傷を負うケースです。

このような事故の場合、学校側の責任が問題になり、学校側に過失があれば損害賠償の請求ができます。

学校側の損害賠償責任を認めたものには、

◆指導教諭の過失（監督責任を果たしていないなど）を理由とするもの（大阪高裁・平成4年7月24日判決、横浜地裁・平成9年3月31日判決など）

◆プール自体の規格が標準に達していないとの工作物責任を認め、プールの設置管理に瑕疵があるとして損害賠償請求が認容されたもの（浦和地裁・平成5年4月23日判決、神戸地裁・平成10年2月27日判決など）

に分かれていますが、その多くは指導教諭の過失を認めるものです。

ポイント
学校でのいじめや事故のトラブルと解決法

◎学校と相談し、被害を最小限に食い止める必要がある

学校での暴力事件は、その行為者は少年事件として処分されます。被害者側としては、その事実を学校側に伝え、学校側がなんの対応もしなければ、警察等に相談するなどの対応策があります。

また、こうしたいじめや学校の事故は、民事事件として損害賠償の請求ができる場合が多くあります。いじめでは加害者の監督義務者である親、および学校（たとえば、県立学校であれば県）を相手に訴訟を起こすのが通常です。

子どもがいじめや暴力事件の当事者だと気づいたら（被害者の場合だけでなく加害者の場合もある）、すみやかに学校と相談し、被害の拡大を食い止め、事実の解明をすべきです。なお、学校側が非協力的な場合、弁護士に相談するといいと思います。

◆主な民事のトラブルと解決手続き

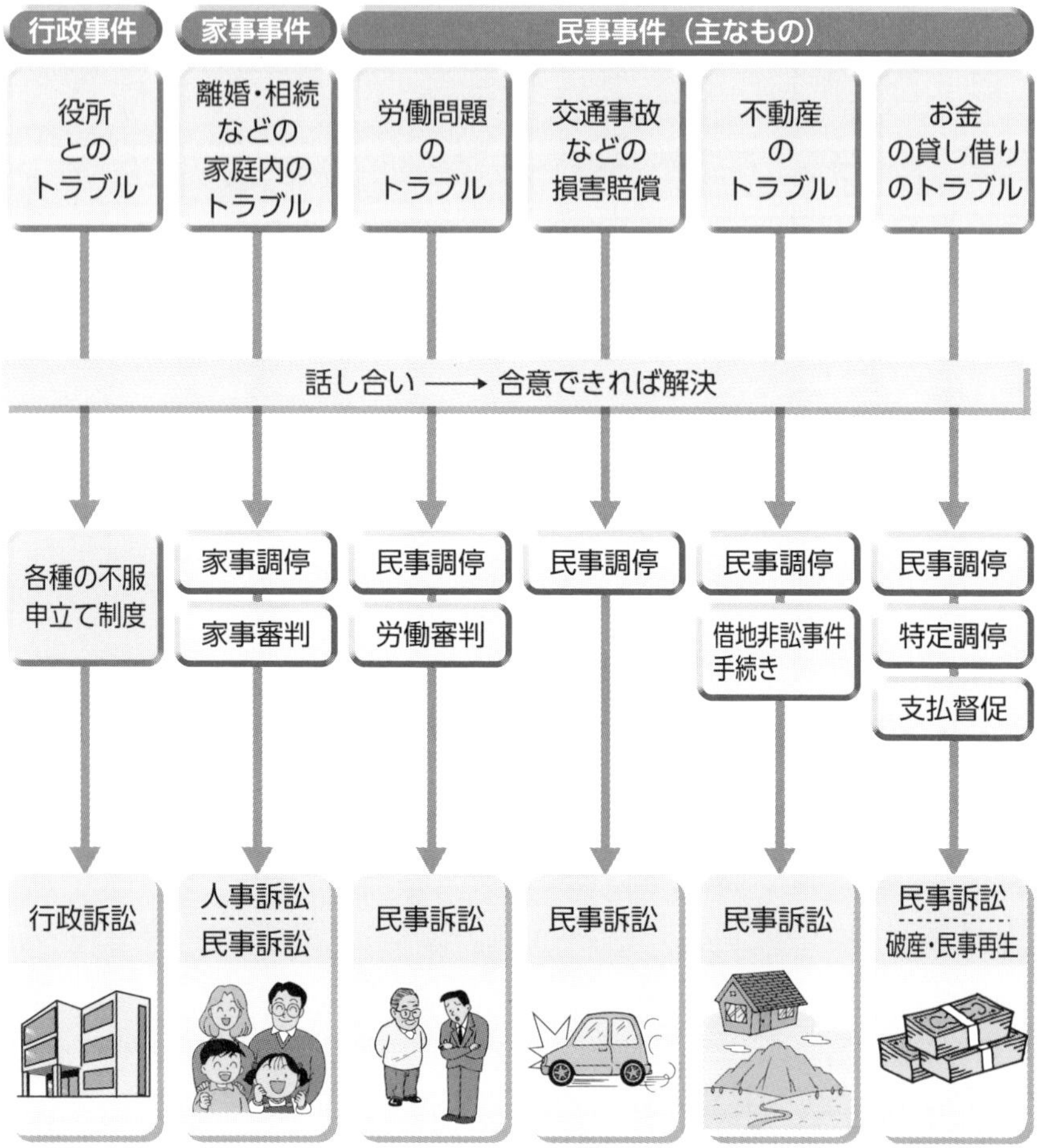

【法令】	【法令】	【法令】	【法令】	【法令】	【法令】
・行政事件訴訟法 ・行政不服審査法	・人事訴訟法 ・民事訴訟法 ・家事事件手続法	・民事訴訟法 ・民事調停法 ・労働審判法	・民事訴訟法 ・民事調停法	・民事訴訟法 ・民事調停法 ・非訟事件手続法	・民事訴訟法 ・民事調停法 ・破産法 ・民事再生法

※以上のほか、ADR（裁判外紛争解決機関）によるあっせん仲裁などもある（仲裁法）。

第2部
PART 1

民事事件の上手な解決法と手続き

民事訴訟・その他の手続きで権利を守るしくみ

◆民事訴訟は私人間の紛争を解決するための法的手続きです。本章では、この民事訴訟を中心に、民事調停、過大な負債を整理するための民事再生や破産の手続きについて解説しました。

◆どんなとき・どんな手続きをとればよいのか、具体的なトラブルをベースに解説してありますので、よりよい解決法を選択してください。

紛争解決のための法的手続き

民事訴訟のしくみ

◆私人間の紛争を解決する法的手段が民事訴訟です。民事訴訟は裁判所に訴状を提出することによって開始します。本人で訴訟を提起することも可能です。

●民事訴訟のしくみと手続きの流れ

訴訟以外でもトラブルを解決する方法がいくつかあります。訴訟を選ぶか訴訟外の手続きを選ぶかは当事者の自由です。しかし、離婚請求や借地や借家の賃料の増減額請求などのように、一定の種類の事件については、訴訟を起こす前に必ず調停の手続きを取らなければならない場合もあります（64・140ページ参照）。

訴訟の訴額が140万円以下の場合には簡易裁判所に、140万円を超える場合には地方裁判所に提起します。

また、どこの場所にある地裁・簡裁に訴えるかは、訴える相手の住所や事件の内容によって異なります（96ページ参照）。

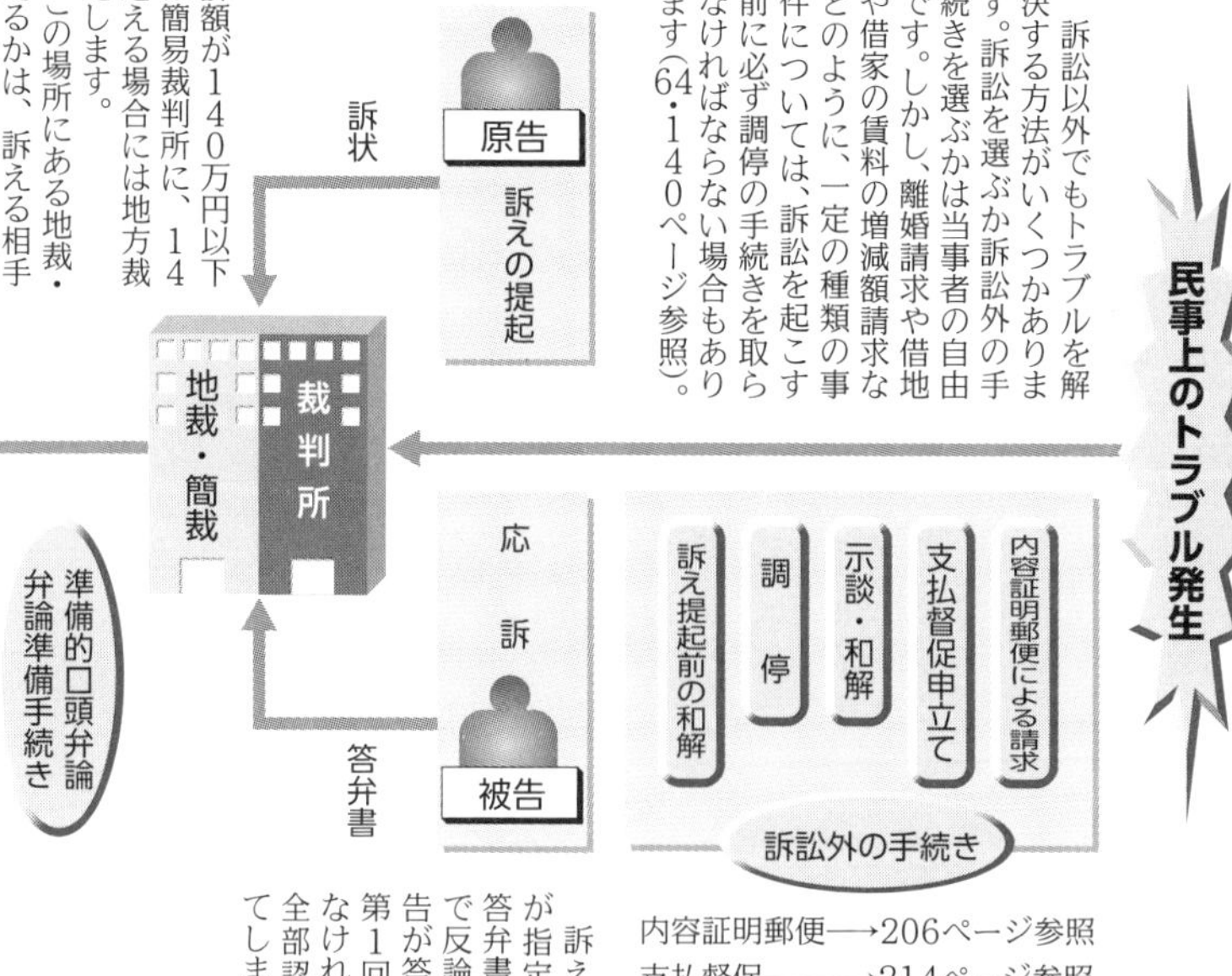

訴えられたら裁判所が指定した期日までに答弁書を提出し、その中で反論を述べます。被告が答弁書も提出せず、第1回期日に出廷もしなければ、原告の主張を全部認めたことになってしまいます。

内容証明郵便―→206ページ参照
支払督促―――→214ページ参照
示談――――――→ 60ページ参照
和解――――――→ 60ページ参照
調停――――――→ 72ページ参照
訴え提訴前の和解→ 64ページ参照

■**民事訴訟とは**

民事訴訟には、給付訴訟・確認訴訟・形成訴訟の3種類があります。

給付訴訟とは、原告(訴える側)が被告(訴えられる側)に対して、物の給付を求める訴えです。たとえば、被告に対して「貸した金銭を返せ」「物を引き渡せ」「登記を移転しろ」などの判決を求める訴訟がこれにあたります。

確認訴訟とは、原告に何らかの権利があること、または義務が無いことを判決で確認してもらう訴えです。たとえば、原告に特定の土地の所有権があることの確認を求めたり、原告が負う債務は存在しないことを求める場合がこれにあたります。

形成訴訟とは、これまでなかった法律関係を判決によって新たに形作ることを求める訴えです。原告が被告と締結した契約を取り消す場合や原告と被告との離婚、株主総会決議の取消しなどが、その例です。

■**なんでも訴訟…とはいかない**

トラブルが起きたら、さあ訴訟だ、と考える人もいるかも知れませんが、必ずしもそうはいきません。たとえば、借地借家の地代家賃紛争では調停を先にしなければなりません(**調停前置主義**)。相続紛争や離婚などの家庭内の紛争では家庭裁判所の調停あるいは審判をする必要があります。

なお、訴え提起前の和解は、あらかじめ話し合いがついたことについて、履行を確保するために利用される場合がほとんどです。

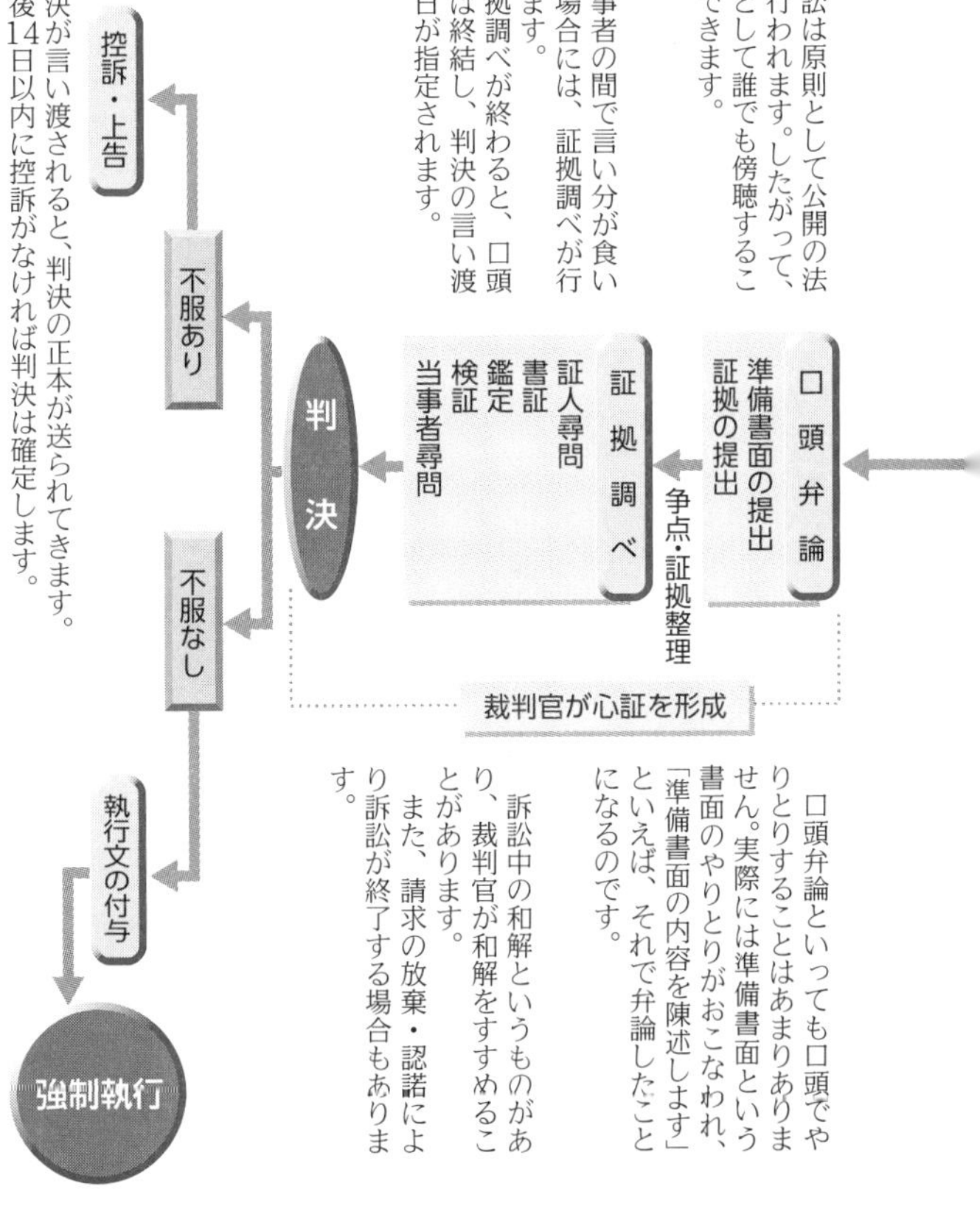

訴訟は原則として公開の法廷で行われます。したがって、原則として誰でも傍聴することができます。

当事者の間で言い分が食い違う場合には、証拠調べが行われます。

証拠調べが終わると、口頭弁論は終結し、判決の言い渡し期日が指定されます。

判決が言い渡されると、判決の正本が送られてきます。その後14日以内に控訴がなければ判決は確定します。

口頭弁論といっても口頭でやりとりすることはあまりありません。実際には準備書面という書面のやりとりがおこなわれ、「準備書面の内容を陳述します」といえば、それで弁論したことになるのです。

訴訟中の和解というものがあり、裁判官が和解をすすめることがあります。

また、請求の放棄・認諾により訴訟が終了する場合もあります。

★訴訟は目的を達成するための手段

例えば、相手がお金を返してくれないので、裁判を起こしたとします。勝訴判決を得て、相手が支払ってくれれば問題はないのですが、そうでない場合もあります。こうした場合、判決を守らないのは犯罪だ、といって、刑務所に入れてくれ、などということはできません。できることは、まわり道になりますが、勝訴判決（債務名義という）をもとに、強制執行をして債権回収ができるのです。しかし、勝訴判決を得て、強制執行をしても、相手に資力がない場合は債権回収はできません。このような場合、勝訴判決は「画に描いた餅」にしか過ぎないのです。

訴訟は、民事事件の最終的な解決手段ですが、必ずしも万能でないことを知っておいてください。

民事事件の訴え方 1

■各種相談先・ADR（裁判外紛争解決手続き）機関

トラブルになった…さて、どうしたらいいか

▼裁判の前にいろいろな相談先・仲裁制度が利用できる

■今日、権利意識の向上に伴いトラブルは増加の傾向にあるようです。ただし、いたずらに訴訟をすることは、その後のお互いの関係を崩壊させることにもなりかねません。各紛争には、それぞれに適した解決法があるのです。

いきなり裁判をするのがベストとは限らない

トラブルが起こったからといって、いきなり訴訟を起こすのが最良の解決方法とは限りません。訴訟をする場合には、原則として自分の主張を根拠付ける証拠を集める必要があり、また訴訟が開始しても、判決が出るまでにはかなりの時間がかかります。その間の精神的負担はかなりのものです。

また、民事訴訟は本人自身が行うことができますが、自分では正しいと思って訴えても、裁判官を納得させられるかどうかは別の問題です。訴訟に勝つためには専門的な知識や法的判断をする能力が必要です。弁護士に依頼すれば着手金と成功報酬がかかります。訴訟に勝っても、最終的には費用倒れもあり得るのです。

さらに訴訟は原則として公開の法廷で行われますから、個人のプライバシーや企業秘密にかかわるような事件には向いていません。裁判を起こす前にまず、さまざまな相談先や専門家に相談したり、示談あっせん仲裁制度の利用をお勧めします。

仲裁とはトラブルの当事者が、その解決を第三者にまかせてその仲裁者の判断に服することを合意するものです。仲裁は訴訟と異なり迅速性、秘密性そして専門性があるため、トラブルの内容によっては非常に有効な解決方法です。

ただし、平成16年1月に仲裁法が施行され、仲裁手続によりなされた裁定は原則として判決と同様の効力を持ち、不満があっても訴訟等でやり直すことはできませんので注意が必要です。なお、各地の主な弁護士会には仲裁センターができています（59ページの図表参照）。

◆自分でできる簡易・迅速なトラブル解決法

（一定の金銭の支払いを請求する場合）

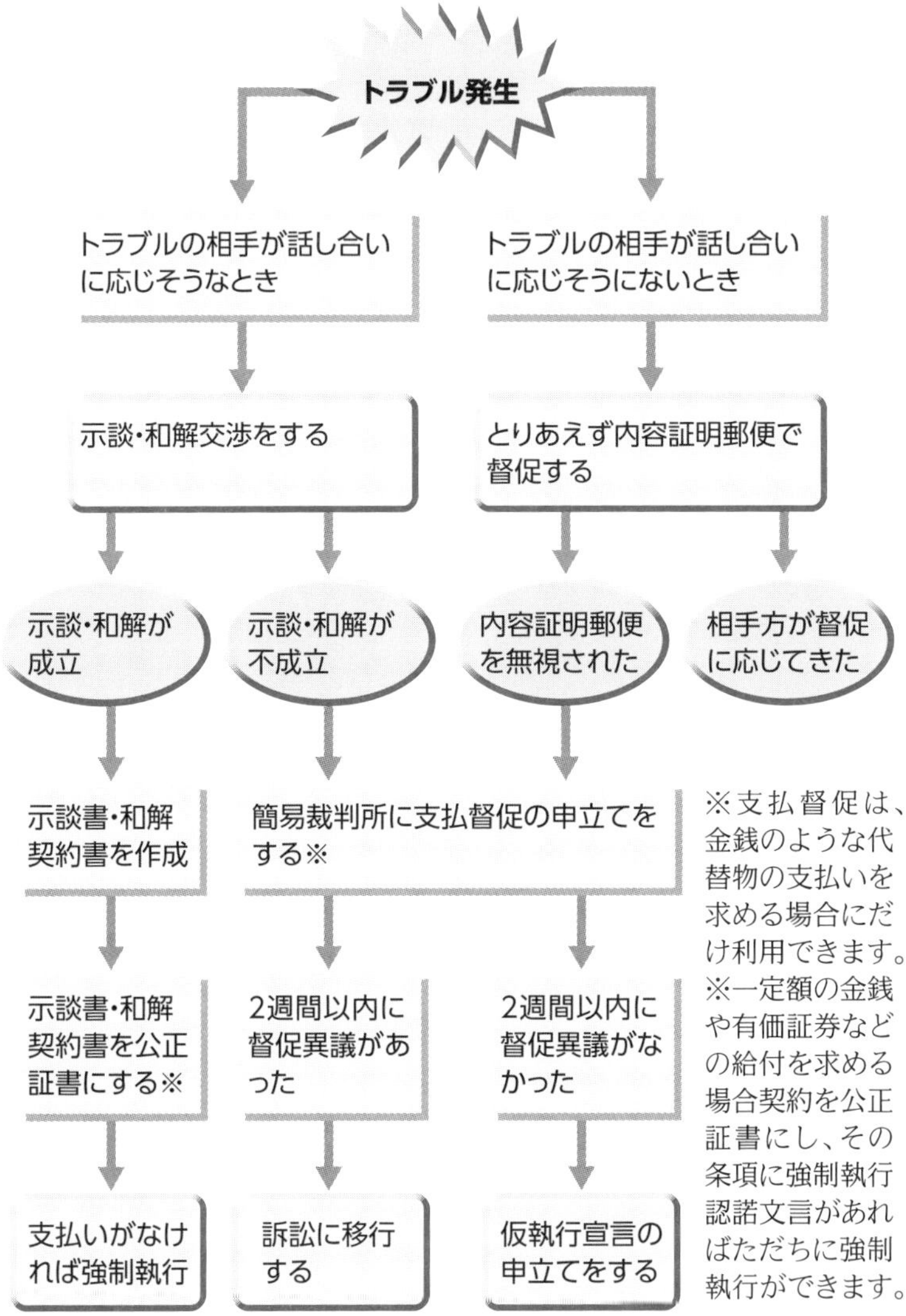

※支払督促は、金銭のような代替物の支払いを求める場合にだけ利用できます。

※一定額の金銭や有価証券などの給付を求める場合契約を公正証書にし、その条項に強制執行認諾文言があればただちに強制執行ができます。

各種紛争の相談先・仲裁機関

●日本司法支援センター（法テラス）

法テラスは、業務の1つとして、紛争解決に役立つ法制度の紹介や法律サービスを提供する関係機関等の情報を集約して、無料の情報提供を行っています。個々の紛争の法律相談は行いませんが、適切な相談先や解決機関を紹介してくれます。

▽コールセンター☎0570―078374

●地方公共団体の相談窓口

全国の地方公共団体では、行政サービスの一環として法律相談を行っている窓口があります。各公共団体ごとに開催していて日時や曜日が異なります。法律問題については弁護士が無料で助言してくれます。

●弁護士会の法律相談センター

各地の弁護士会の法律相談センターでは、法律問題全般についての相談を行っています。相談は原則として有料（30分5500円・消費税含む）です。弁護士でも訴訟を依頼する場合と違い、相談だけならそれほど高額ではありません。

●弁護士会の仲裁センター

各都道府県の県庁所在地にある主な弁護士会では、紛争解決のために仲裁センターを設置しています。

費用は、申立手数料が1万円、1回の期日ごとに5000円、そして仲裁が成立したら仲裁の対象となった額に応じて成立手数料が約1%～8%必要となります（東京弁護士会の場合、いずれも消費税含まず）。

●消費者ホットライン（消費者庁）

消費に関するトラブルで、どこに相談してよいかわからないなどのときに利用できます。☎188（局番なし）に電話すると最寄りの消費生活センターにつながります。

●国民生活センター

国民生活センターは、国民生活の安定と向上に寄与するために国によりつくられた独立行政法人です。同センターの紛争解決委員会（ADR＝裁判外紛争解決手続）では和解の仲介・仲裁が行われています。

☎03―5475―1979

●各地の消費生活センター

各地の消費生活センターでは、消費に関する相談の窓口を設けています。業者とのトラブルでは、相談・助言・あっせん等もしてくれます。

●（公財）日弁連交通事故相談センター

交通事故に関する相談（示談や、あっせんも含む）に、弁護士などの専門家が相談に応じてくれます。相談料は無料です。

●（公財）交通事故紛争処理センター

交通事故に関する保険会社との示談交渉で紛争がある場合に、弁護士による和解の斡旋や審査員による裁定をしてくれます。

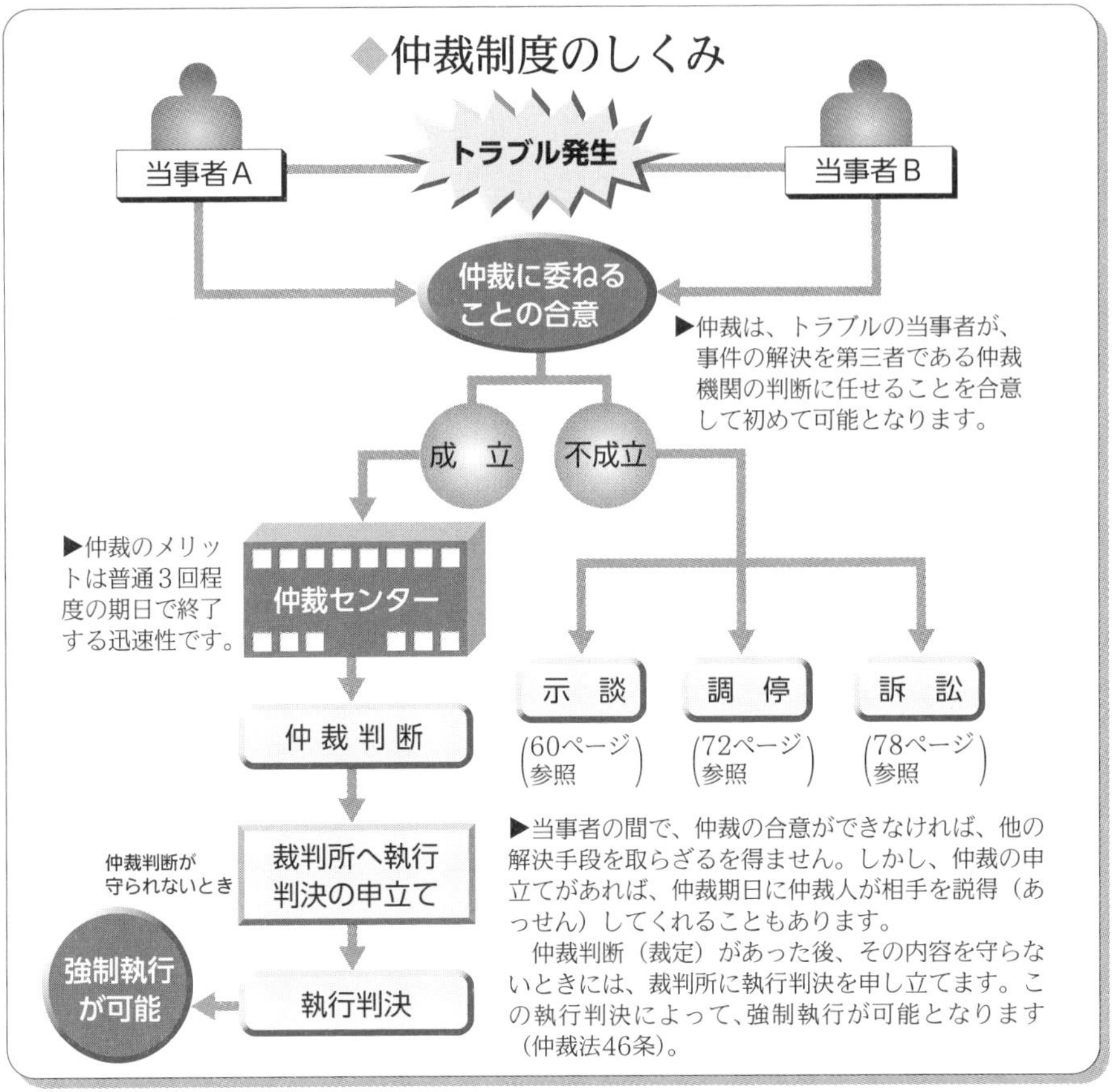
◆仲裁制度のしくみ
当事者A
トラブル発生
当事者B
仲裁に委ねることの合意
▶仲裁は、トラブルの当事者が、事件の解決を第三者である仲裁機関の判断に任せることを合意して初めて可能となります。
成立
不成立
▶仲裁のメリットは普通3回程度の期日で終了する迅速性です。
仲裁センター
示談
調停
訴訟
（60ページ参照）
（72ページ参照）
（78ページ参照）
仲裁判断
仲裁判断が守られないとき
裁判所へ執行判決の申立て
強制執行が可能
執行判決
▶当事者の間で、仲裁の合意ができなければ、他の解決手段を取らざるを得ません。しかし、仲裁の申立てがあれば、仲裁期日に仲裁人が相手を説得（あっせん）してくれることもあります。
仲裁判断（裁定）があった後、その内容を守らないときには、裁判所に執行判決を申し立てます。この執行判決によって、強制執行が可能となります（仲裁法46条）。

●建築工事紛争審査会
建築工事に関する紛争処理を目的とする機関です。

「効果的にアドバイスを受けるための心得は」

トラブルが起きると誰でも感情的になって、自分だけが100％正しいと思いがちです。そのことだけを感情的に話しても、効果的なアドバイスを受けられません。そのためには冷静になって、主張する要点を整理することが必要なのです。

つぎに、証拠（資料など）を用意することです。自分の主張が正しいことを知ってもらうには証拠が必要です。金銭のトラブルなら、契約書や領収書は大切な証拠になります。証拠になりそうにないものでも、覚え書きのメモなどトラブルに関連のあるものであれば何でも保存・整理しておくべきでしょう。

民事事件の訴え方 2

■裁判外の迅速・簡便な解決法

裁判の前にとりあえず自分でとれる手段がある

▼時間も手間もかけずにできる解決法がある

■裁判を起こすためには、証拠を整理した上でいくつかの手続きを経なければなりません。また裁判が始まったら、原告であっても精神的な消耗はかなりのものです。

もしそのトラブルが、裁判を起こさなくても解決できるものであれば、それに越したことはありません。紛争を解決する手段として、他に方法がない場合の最終的な手段が裁判なのです。

理屈の通じる相手なら示談（和解）ですむ

示談とは、トラブルの当事者がお互いに話し合いをして解決をはかることをいいます。また和解とは、当事者が話し合って譲歩し合い、紛争をやめることを約束する契約です。この二つは同じことと考えてかまいません。そしていったん示談や和解をした以上は、決まった内容を後で変更したり、勝手に取り消したりすることはできません。

当事者の話し合いで両者が納得のいく解決ができるならば、裁判のような面倒な手続きもなく費用も時間もかからないという利点があります。

示談や和解をする場合、その方式については特に決まったものはありません。しかし、後になって、相手方が決まった内容と違ったことを言いださないようにする必要があるのです。

そのためには、示談書や和解契約書という名称で書面にして、この書面を公正証書にしておけばよいでしょう。

内容証明郵便を利用する

トラブルの相手方に督促するときには、口頭で督促するよりも手紙などの書面で行うべきです。そして単なる書面よりも、内容証明郵便で督促すれば、また違った効果がありま す。

内容証明郵便とは、郵送した手紙がどのような内容だったかを郵便局が証明してくれるものです。また、いつ督促状を出したかの証明にもなります。なお、内容証明郵便にするためには一定の方式や手続きが必要です（２０２ページ参照）。

内容証明郵便で督促すると、何も知らない相手は何か重大なことが起こったような錯覚をすることがあり、それだけであわてて借りていたお金を返しにきたなどという例もよくあります。

内容証明郵便は見た目も普通の郵便とは少々違い、何となく重々しい感じがすることも原因かも知れません。言葉は悪いですが、何も知らない相手に対してはプレッシャーとしての効果があります。

お金の請求には支払督促の申立て

支払督促とは、金銭の支払請求などをする場合に、訴訟のような面倒な手続きを経ないで、簡易・迅速に判決があったのと同じ効果を得られる方法です。

相手方に何かを請求する場合、本来なら訴訟を起こして判決を得て、強制執行をすることになります。しかし、これでは手間も費用も時間もかかってしまいます。そこで金銭その他の代替物や有価証券の一定数量を請求する場合に限って、簡単な手続きを認めたのが支払督促の制度なのです（２１４ページ参照）。

支払督促は債権者からの申立てだけで、裁判所書記官が支払督促の文書を相手方に発送してくれるものです。債務者の言い分を聴いたり、証拠を調べたりすることは一切ありません。そして、支払督促が簡易裁判所から送達されたら、債務者が2週間以内に異議の申立てをしなければ、債権者は簡易裁判所に仮執行宣言の申立てができます。仮執行宣言が付されたら、債権者は差押えなどの強制執行を行うことができるのです。

なお、債務者が期間内に異議申立てをしたときは、訴訟に移行することになります。ただし、管轄裁判所は支払督促を申し立てた簡易裁判所あるいは地方裁判所となりますので、債務者が遠方の場合は、その地の裁判所まで出向くことになりますので、注意が必要です。

公正証書を作って強制執行をする

裁判をして判決を得ることができれば、強制執行ができます。判決書のように強制執行を開始する力のある公文書を債務名義といいます。

債務名義となりうる公文書は判決だけではありません。契約書などを公証人に公証してもらえば、公正証書という名前の公文書になります（２１０ページ参照）。公正証書が、一定の金銭の支払いなどを内容とするものであって、この公正証書の中に「契約に違反した場合には、ただちに強制執行をされても異議を述べない」という文言（強制執行認諾文言）を入れておけば、わざわざ訴訟を起こさなくても強制執行をすることができます。

したがって、貸した金銭の請求や、売掛代金の請求などをする場合には、あらかじめその貸借契約書や売買契約書を強制執行認諾文言付きの公正証書にしておけば、簡単・迅速に強制執行をすることができるのです。

クーリング・オフ制度を活用する

訪問販売などで、セールスマンの言葉巧みな勧誘に乗せられて、つい商品を買ってしまい、後で悔むことがあります。

こうした場合に、クーリング・オフができます。クーリング・オフは、頭を冷やして考える期間のことで、訪問販売は、契約でクーリング・オフができることを告げられてから8日間（契約日含む）は無条件で契約の解除ができます。

しかし、これには適用除外があり、①3000円未満の現金取引、②乗用自動車、③使用・消費した消耗品、④営業上の取引などには、クーリング・オフの適用はありません。

なお、通信販売にはクーリング・オフはありませんが、返品に関する表示が義務付けられ、この表示がない場合は、購入者が商品等を受け取った日から8日以内は契約解除（撤回）ができます。

クーリング・オフは悪質商法などでは、効力を発揮します。ただし、期間がすぎていればクーリング・オフはできません。この場合には、民法や消費者契約法に照らして契約が無効ではないのか、あるいは詐欺や強迫により契約を取り消すことができないか、などを検討します。

その他の法律を活用する

クーリング・オフに限らず、法律そのものが解決策を用意している場合があります。法律の条文（規定）を検討することで、意外と妙案があるものです。

① 時効の援用

一定期間、権利は行使しないと、権利は消滅します（消滅時効）。

この債権の消滅時効については改正が行われ、令和2年4月1日以降の時効期間は、①債権者が権利を行使することができることを知った時から5年間、②権利を行使することができる時から10年間です（民法166条1項）。商取引の場合も同じです。不法行為による損害賠償請求の消滅時効の規定は、民法724条・

724条の2にあります。時効完成後に請求があれば、時効を援用するだけでよいのです。

② 相殺

相殺を簡単に言えば、自分の借金と相手への貸金を帳消しにすることです。ただし、相殺をするためには、相殺適状（相手への貸金の返済時期がきていること）が必要です。

相殺は一方的な意思表示で可能ですので、面倒な手続きも不要ですが、借金や貸金の額あるいは返済期限などをめぐって争いとなることもあります。

③ その他

トラブルが起きたら、専門家に相談することはもちろん、自分でも法律でどうなっているかを調べるとよいでしょう。素人判断と馬鹿にされそうですが、意外と素人判断でも面白い解決法が出ることもあります。

問題の解決に必死なのは、相談を受ける専門家ではなく、やはり紛争の当事者だからです。ただし、自分に都合のよい、独善的判断は禁物です。

なお、下段で解説する告訴については、民事事件を有利に解決する有効な手段となる場合もあります。

ADR機関を活用しよう

ADR機関は、裁判外紛争処理機関のことで、紛争の相談、あっせん、仲裁により、迅速な解決が図られています。

ADR機関は、行政の運営する機関、民間が運営する機関、裁判所の裁判外手続きなどがあります。前記、58ページの相談先もADR機関に該当します。

こうした機関では、その道の専門家が相談等にあたりますので、紛争のケースによっては、適切な判断が期待でき、迅速で低費用での解決が可能です。

★示談と告訴

例えば強制性交の場合、法改正により非親告罪となりましたので、被害者からの告訴がなくても加害者は取調べを受けることになります。

そこで、加害者側としては何とか告訴を取り下げてくれないかということで、損害賠償（慰謝料）についての示談交渉をすることになります。

強制性交罪は刑事事件で、損害賠償の示談は民事事件ですが、こうした関連があるのです。また、例えば交通事故では示談をすると、刑事事件の罪（過失運転致死（傷）罪）の減刑に影響します。

なお、著作権侵害などのトラブルでは、民事事件と思ってタカをくっている人もいるでしょうが、刑罰規定（著作権法119条、10年以下の懲役もしくは500万円以下の罰金）もあります。

著作権侵害で損害賠償の問題がこじれた場合は、刑事告訴がなされる場合もあります。

民事事件の訴え方 3

■訴訟外の公的解決法

トラブル解決のための法的手段には何があるか

▼調停や訴え提起前の和解も判決と同じ効力がある

■トラブルの相手方と示談交渉をしようとしても応じてくれない、内容証明郵便を出しても一切無視されるというときには、法的手段に訴える以外ありません。

トラブル解決のための法的手段には次のようなものがあります。

民事調停（裁判官・調停委員を交えた公的な示談）

当事者同士の話し合いがうまくいかない場合でも、第三者を交えることで話がつくこともあります。

訴訟を起こす前に、裁判所に申立てをして裁判官（または民事調停官）1名と調停委員2名（通常、弁護士が1名、他の1名は裁判所書記官経験者や民間から選ばれる）に間に入ってもらい、両者が納得のいく解決を探るのが調停という方法です。

調停を行って、当事者の間に合意が成立すると、調停調書が作成されます。この調書には判決があったのと同じ効力があります。

しかし、調停はあくまで当事者双方の合意がなければ成立しませんから、相手方が強硬な場合には時間の無駄になってしまいます。

なお、トラブルの種類によっては、訴訟を起こす前に、必ず調停を申し立てなければならないものもあります。これを調停前置主義といいます。

調停前置主義が適用されるのは、民事調停には地代・家賃の増減に関するトラブルがあります。家事調停は、離婚や相続などです。

訴え提起前の和解という手段もある

訴訟を起こす前に裁判所に申立てをして、和解を成立させる方法があります。これを訴え提起前の和解または即決和解といいます。訴え提起前の和解が成立したら、その内容を和解調書に記載します。和解調書が作成されたら、その和解は判決と同じ効力を持ち、調書によって強制執行をすることができます。

訴え提起前の和解は、予め当事者

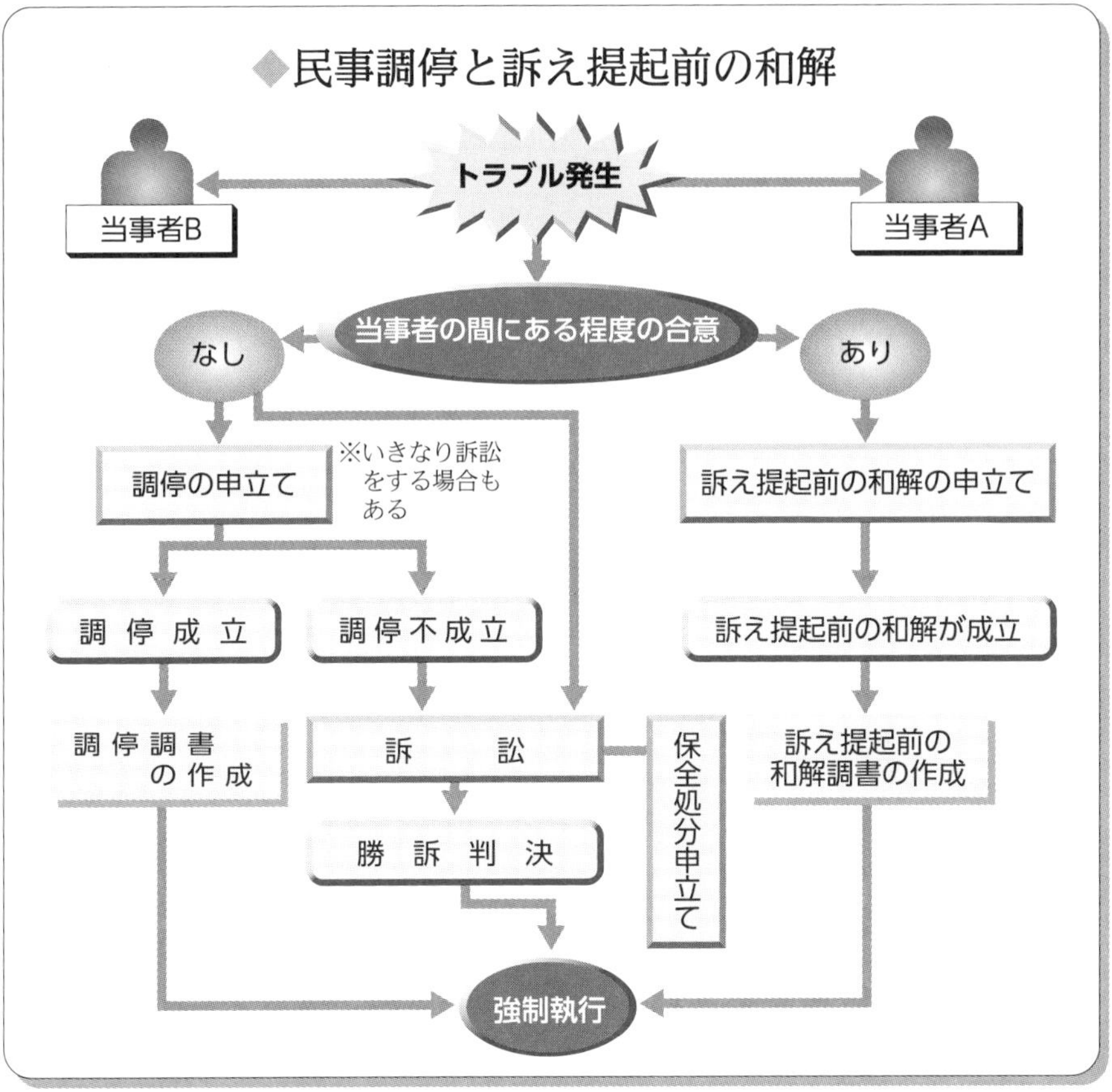

同士にある程度の合意があって、その合意を裁判所に公証してもらうために利用されています。

紛争に応じた各種の法的手続き

①借地非訟事件手続き

借地に関するトラブルの一定のものは、訴訟手続きではなく、非訟事件手続きによって解決されます。

非訟事件手続きとは、訴訟手続きとは異なり非公開で行われ、当事者がお互いに主張・立証して弁論し合う形ではなく、裁判官の審問手続きによって行われ、また判決ではなく決定という形で判断が下されます。

借地非訟事件手続きが行われるのは、次の申立ての場合だけです。

① 借地条件の変更の申立て
② 増改築許可の申立て
③ 賃借権の譲渡、土地転貸の申立て

④　競売に伴う土地賃借権譲受許可の申立て

⑤　賃貸人の貸地上の建物譲受けの申立て

②労働審判制度

解雇や賃金の不払いなどの事業主と労働者の間で生じたトラブル（個別労働関係民事紛争）を、迅速・適切かつ実効的に解決するために、平成18年4月から労働審判制度が導入されました。労働審判においては、労働審判官（裁判官）一人と労働審判員2名で構成する労働委員会が審判を行います。

労働審判の申立ては、相手方の住所地等を管轄する地方裁判所にします（150・162ページを参照）。

③その他

この他にも、氏の変更や相続放棄・失踪宣告などの家事事件手続きがあります（97・141ページ参照）。

保全処分（仮処分・仮差押え）の申立て

他人からの権利侵害行為について、その侵害を取り除くために訴訟を提起しても、判決が出るまでにはかなりの時間がかかります。

また、貸金の返済を求める訴訟を起こした場合にも、判決が出るまで待っていては、借主（債務者）が財産を処分してしまい、勝訴しても一銭も返してもらえないということにもなりかねません。

このような場合に、判決を実効のあるものにするために、判決が出るまでの間、仮に一定行為をしないようにさせたり、仮の地位を認めておいたりする方法があります。これを保全処分といいます。

たとえば美観地区に指定された町に、美観を損なうような大きなマンションが建つことになった場合には、裁判所に建築工事中止の仮処分の申請をすることができます。裁判所は、保全されるべき権利が存在し、保全すべき必要性があると認めたら、仮処分命令を出します。

仮処分命令が出ると、この命令に反する行為を行うことができなくなり、工事は中止せざるを得ません。そして、最終的に判決が出て勝訴したら、その判決によって最終的な処分がなされることになります。

また、債権回収などにおいては、債務者側が資産を処分しないようにするために、仮差押えの申立てをすることができます。

保全処分の方法などについては、民事保全法に規定があります。

最終的には訴訟を起こす

トラブルの当事者がお互いに譲り合う気持ちもなく、調停を行っても調停案に合意しない場合には、調停も不成立に終わります。こうなると、訴訟よりほかに手はありません。

訴訟は、事件を管轄する裁判所（96ページ参照）に訴状という書面を作成して提出することから始まります。訴える方を原告、訴えられた方を被告といいます。

訴状が提出されたら、被告は裁判所から指定された期日までに答弁書という書類を提出しなければなりません。そして原告被告ともに裁判所から指定された期日に、裁判所に出廷します。

法廷では、まず原告が訴状に基づいて自分の権利を主張し、被告が答弁書に基づいて答弁をします。そして原告も被告も自分の主張を証拠によって証明します。証拠調べの結果、事件の真相がある程度判明し、裁判官が判断がついたと思えば、口頭弁論が終結し判決が言い渡されます。

判決に対して不服があれば、上級審に控訴することになります。そして、控訴がなければ、判決から2週間が経てば判決は確定します。

判決が確定し、判決どおりの履行がなければ、この判決書（債務名義）に基づいて強制執行をすることができるのです。

●調停⇩72ページ参照
●民事訴訟⇩78ページ以下参照
●強制執行⇩220ページ以下参照

★新しい紛争解決制度

■知的財産高等裁判所の設置等

近年、知的財産権の保護に関して関心が高まっています。しかし、知的財産権の争いは極めて専門的でかつ秘密保持等が要請されることから、審理期間も通常の訴訟に比べると長くかかるという欠点がありました。そこで、平成17年4月から東京高等裁判所の特別の支部として知的高等裁判所が設置されました。また、専門委員制度を設けて、専門的な知見に基づく説明を聞くことができることとしています。

〔事件の取り扱い〕は、技術型（特許権・実用新案権・回路配置利用権・プログラム著作権事件）については、第1審を東京・大阪の地方裁判所が管轄し、控訴審は知的高等裁判所が管轄します。また、特許権・実用新案権・意匠権・商標権の審決取消訴訟事件の第1審は知的財産高等裁判所です。

■筆界（ひっかい）特定制度

土地の境界をめぐる紛争は、境界確定の訴訟によりますが、この訴訟は時間もかかることから、迅速かつ安い費用で解決できる制度として筆界特定制度が平成18年1月20日にスタートしました。筆界特定とは、一筆の土地およびこれに隣接する他の土地について、筆界の現地における位置を特定することをいいます。具体的には、筆界特定登記官が筆界調査委員に調査を依頼して、筆界を特定するというものです。

詳しくは、法務局・地方法務局にお尋ねください。

■労働審判制度

個人対使用者の紛争を迅速かつ円満に解決する制度（3回以内の期日の審理）⇩47ページ参照

民事事件の訴え方 4

どんなトラブルでどんな手段をとるか

■事件ごとに異なる解決法

▼いきなり訴訟を提起できない事件もある

■トラブルの種類によっても、相手方の出方によっても、取るべき手段は変わってきます。この項では、それぞれのトラブルにどのような手段が最も適しているかを考えます。

貸金などの債権・債務のトラブル

貸した金銭を返してくれない、または売買契約で商品を引き渡したが代金を払わないといったトラブルについては、まず内容証明郵便での督促が最も簡単でしょう。相手によっては、これだけであわてて返してくることもあります。

内容証明郵便でだめなら支払督促も利用できます。支払督促は、金銭その他の代替物や有価証券の一定量を請求する場合だけ利用できます。支払督促は、面倒な訴訟手続きを経ないで、簡便な手続きで判決と同じ効果を得ることができる便利な手段です。

債務者から異議申立てがなければ、仮執行宣言の申立てをして相手の財産（例えば給料等）を差押えることができます。ただし、支払督促に対して督促異議の申立てがあれば、その時点で訴訟に移行します。

この他、民事事件の一般的な解決法である民事調停、民事訴訟による解決法があります。

不動産に関するトラブル

借地や借家の賃料額の増減について当事者で話がまとまらない場合には、いきなり訴訟を起こすことはできません。増額であれ減額であれ、今後も賃貸人と賃借人として関係が継続していく可能性があり、いきなり訴訟で対立するのはうまい解決ではないと考えられているからです。

そこでこのような場合には訴訟を起こす前に、必ず調停（72ページ参照）を申し立てて、（調停委員会）の仲介のもとにできるだけ穏便に処理する方法がとられます。そして、

◆どんなときにどういう法的手段（通常訴訟以外）に訴えるか

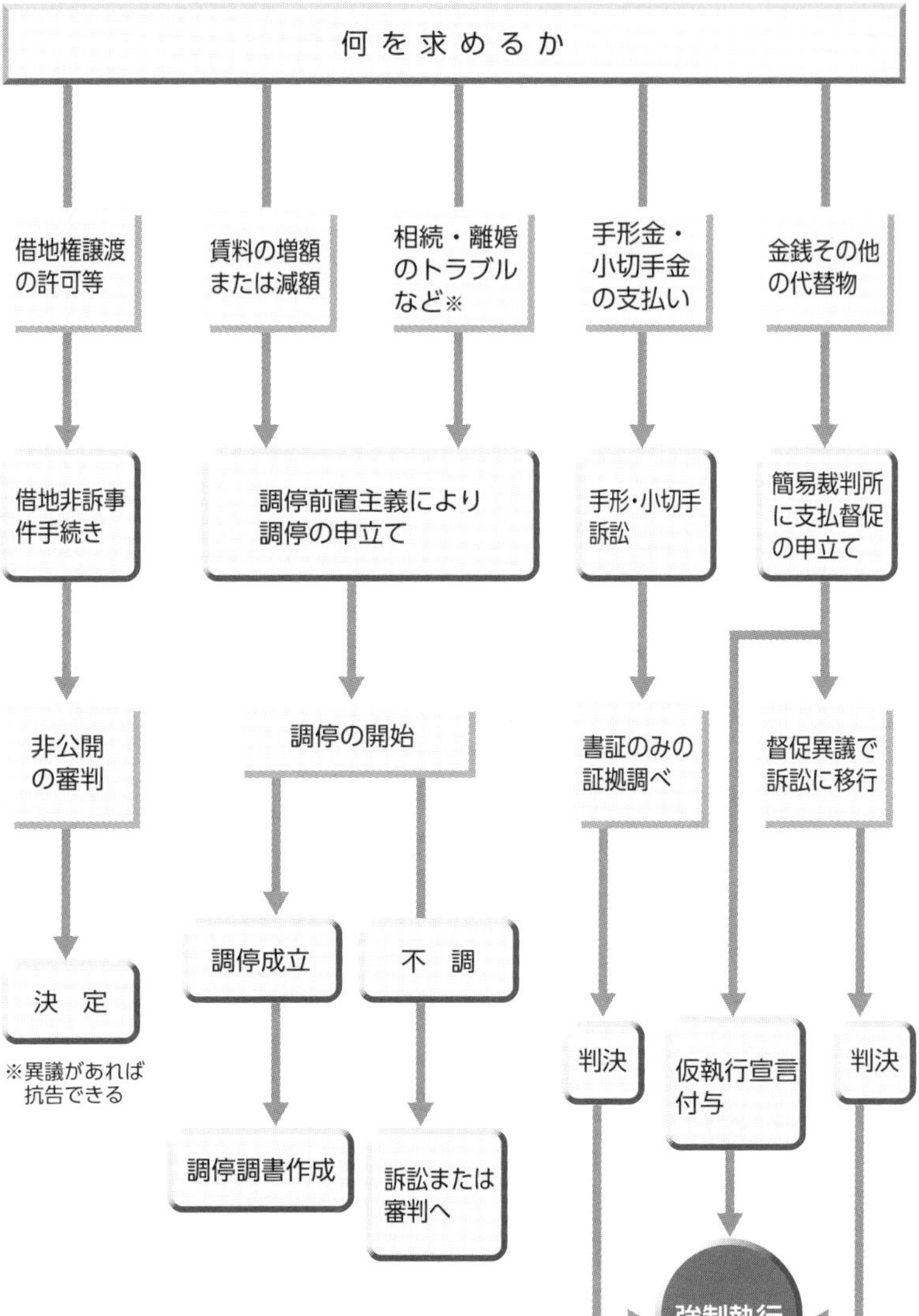

※印については、家事事件として、家庭裁判所が管轄。
上記の他に労働審判や境界特定制度（⇨67ページ）などもある。
通常の民事訴訟については、54・78ページ以下で解説調停が不成立に終わった場合だけ訴訟をすることができるのです。

また、借地に関する一定のトラブル（借地条件の変更や借地上の建物の増改築など）については、訴訟手続きで処理することはできません。借地非訟事件手続きというものによって処理されます。

借地非訟事件手続きは、非公開で裁判官の審問によって行われ、判決ではなく決定によって終了します。

以上の紛争以外については、民事調停、民事訴訟が解決法の中心となります。

手形・小切手に関するトラブル

手形金や小切手金の支払いを求めるトラブルについては、簡単で迅速な手続きが認められています。手形小切手訴訟では、証人調べなどは行わず、書証（手形小切手そのものや契約書などの書面による証拠）だけで判断されます。

したがって、貸金の返済や売買代金の支払いとして、手形や小切手を受け取った場合には、貸金請求訴訟や売掛代金請求訴訟ではなく手形小切手訴訟を利用すれば、迅速で簡便に処理することができます。

すなわち、原則として証拠は書証、（約束手形）と当事者尋問だけで、振出人より偽造・変造の抗弁（主張）がない限り、1回で口頭弁論は終結します。

損害賠償の請求に関するトラブル

交通事故や医療事故などで損害を被った場合には、調停を申し立てることも、いきなり訴訟を起こすこともできます。

この場合に注意すべきことは、損害賠償を請求する相手です。たとえ勝訴判決を得たとしても、加害者が無一文、無収入であれば、強制執行をしても賠償は受けられません。

ただし、損害賠償を請求できる相手は、事故を起こした加害者だけではありません。

交通事故であれば、その自動車の所有者や共同所有者または加害者の

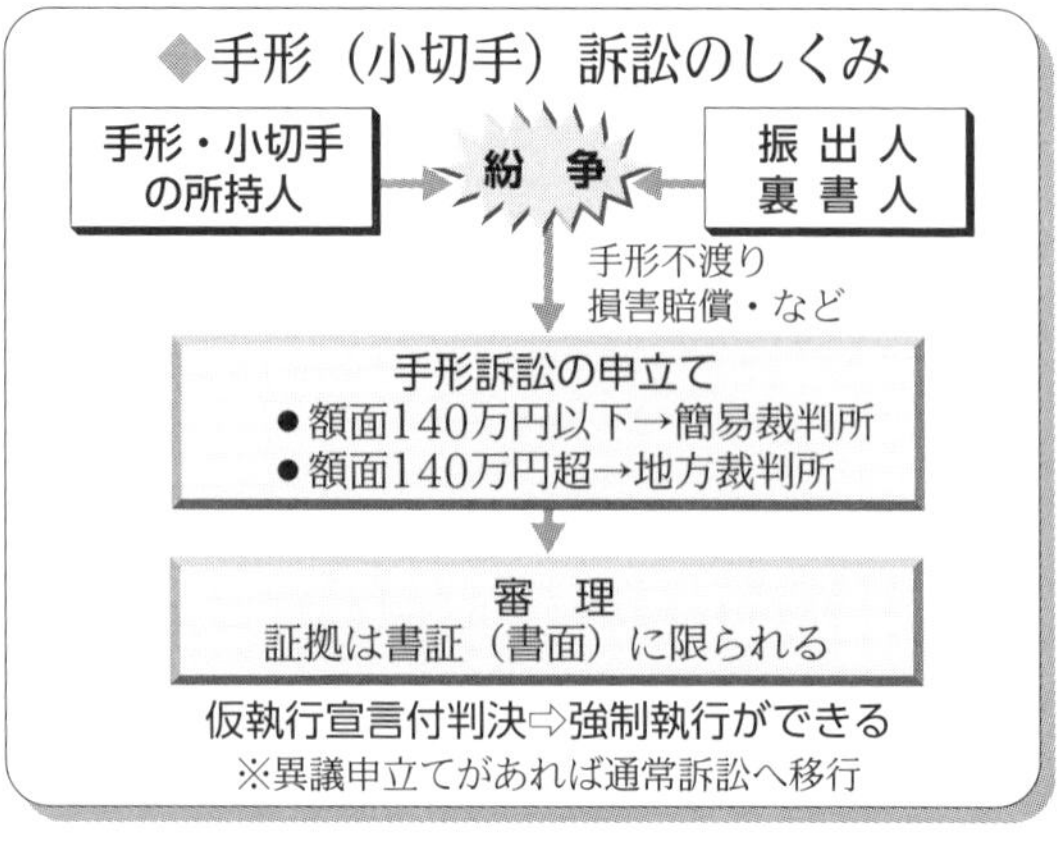

雇い主に対しても損害賠償を請求できます。また、医療事故の場合も医師の雇い主にも請求できます。

ただし、交通事故などでは、損害賠償の交渉等には、多くの場合、示談代行付損害保険契約ですので、保険会社の社員や代理人弁護士が出てきますので、実質的には保険会社が争いの相手です。

責任能力のない子ども（14歳程度以下）が加害者である場合には、子ども本人に対しては損害賠償請求はできません。この場合には子どもの両親など、その子どもを監督する義務のある者に対して請求することになります。

また、建物やブロック塀などの土地の工作物が崩れたり、倒れかかったりしてけがをするなどの損害を被ったときは、その工作物の占有者（賃借人など）や所有者に対して損害賠償を請求できます。

家庭の中のトラブル

子の認知や親子関係の存否の問題や夫婦の離婚、そして相続のような家庭内のトラブルは、あまり他人が介入すべきことではありません。

そこで家庭内のトラブル（一般事件）については訴訟の前に、まず調停を行って、できるだけ当事者の話し合いで解決することを優先します（調停前置主義）。

そしてもう一つ、事案（後見人の指定・氏の変更など）によっては裁判も、家事審判という簡易な手続きによって事件が処理されます。家事審判では、職権で審理が行われ、審理は非公開です。

こうした家庭内の事件は家事事件（家事調停・審判事件）として、家庭裁判所の管轄で事件は処理されます。

★訴訟の前の民事調停の活用法

訴訟は専門的な知識、あるいは訴訟技術が必要です。そこで、本人で争う場合には、まず、民事調停の申述をされることをおすすめします。

調停は訴訟と違い、専門家である調停委員が話し合いによる解決に努力してくれますので、法律知識がなくても、調停委員が説明してくれたりして、問題解決に尽力してくれます。ところが、訴訟となると、原則的には、主張しなければ、そのことを裁判官が取り上げてくれることはありません。また、いつ主張しどう立証するのかという訴訟技術上の問題もあります。

まず調停を行えば、法律上、何が問題で、法律では概略どうなっているのかを理解できると思います。そして、調停不成立の場合に訴訟をすればよいのです。訴訟では、民事調停で得た知識が必ず役立つはずです。

民事事件の訴え方
5

■利用しやすいトラブル解決法

民事調停の利用法と手続き

▼第三者が話し合いをまとめてくれる

■相手方と交渉してうまく示談が成立すればよいのですが、当事者だけで話し合っても、お互いに自分の主張をぶつけ合うだけで、まとまらないことがあります。

このような場合でも、調停の申立てをして当事者だけでなく第三者である裁判官と調停委員の意見を聞きながら話し合えば、妥当な解決を図ることができるものです。

調停とはどのようなものか

調停とは、客観的な第三者である調停委員会〈裁判官〈調停官〉と調停委員2人〉が、紛争の当事者の間に入ってアドバイスをしながら、当事者の合意を形成していく解決方法です。通常は2人の調停委員のうちの1人は弁護士です。

調停の利点は、訴訟に比べて費用が安いこと、時間がさほどかからないこと、そして法律の専門家である裁判官や調停委員がアドバイスし、解決案を提示してくれますから、弁護士に依頼しなくても自分でできることです。

相手と合意ができて調停が成立すれば、合意の内容を記載した調停調書が作成されます。この調停調書は判決が確定したのと同じ効力があり、調停調書を債務名義として強制執行もできます。

したがって、判決が確定した場合と同様、訴訟の提起や控訴、上告は認められません。

なお、調停委員が出した調停案に合意するかどうかは当事者の自由で、強制ではありません。

合意が出来ない場合は、調停は不成立で終了します。その後、訴訟を提起するかなどの対象を検討しなければなりません。

民事調停は費用が安く手間もかからない

民事調停の申立ては、原則として相手方の住所を管轄する簡易裁判所に対して行います（当事者の合意が

◆民事調停手続きの流れ

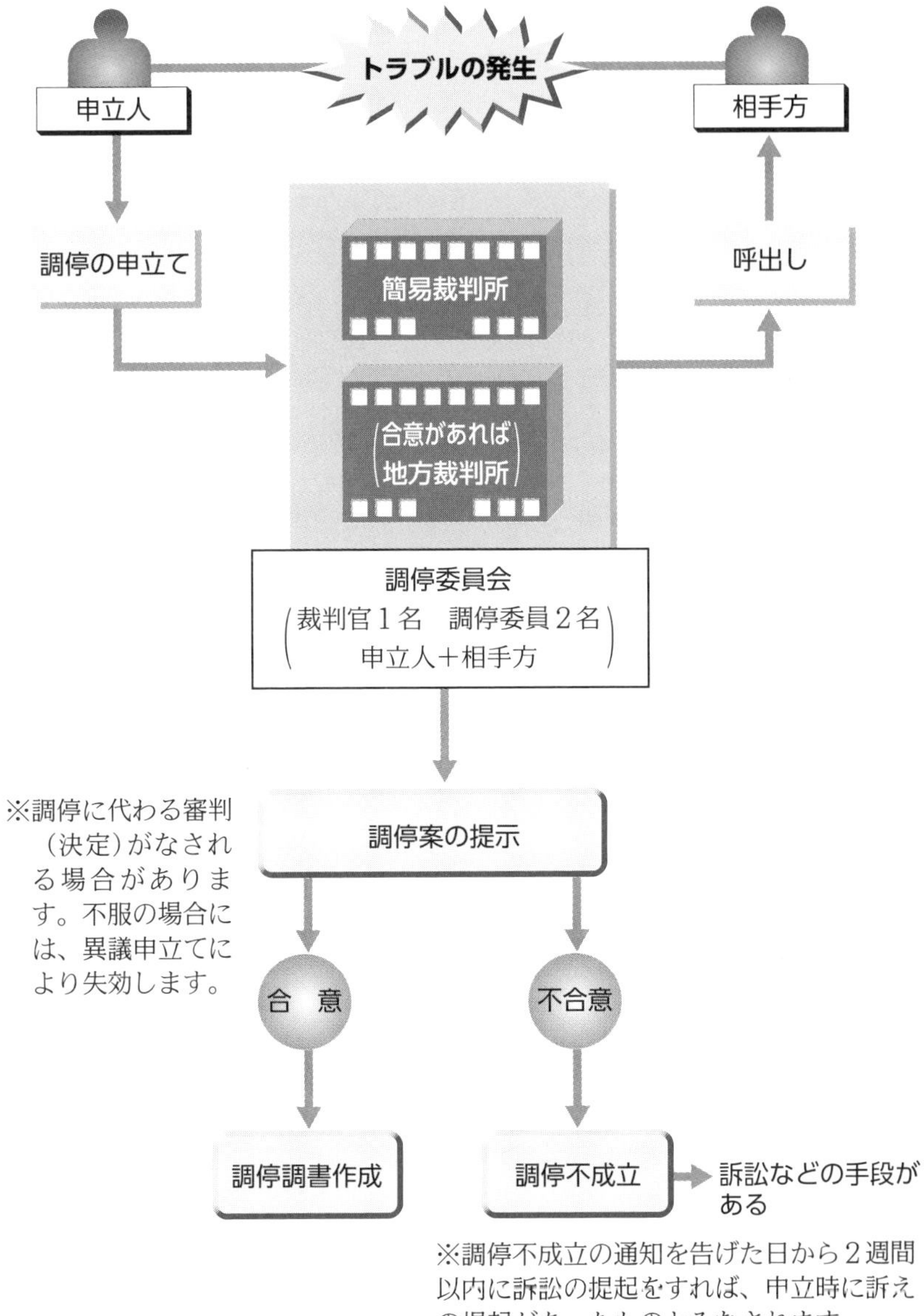

トラブルの発生
申立人
相手方
調停の申立て
呼出し
簡易裁判所
(合意があれば地方裁判所)
調停委員会
(裁判官１名　調停委員２名
申立人＋相手方)
※調停に代わる審判(決定)がなされる場合があります。不服の場合には、異議申立てにより失効します。
調停案の提示
合　意
不合意
調停調書作成
調停不成立
訴訟などの手段がある
※調停不成立の通知を告げた日から２週間以内に訴訟の提起をすれば、申立時に訴えの提起があったものとみなされます。

あれば地方裁判所でも可）。申立ては口頭でもできますが、書面で行うのが普通です。

⑴**民事調停申立書の記載事項**

①紛争当事者の住所氏名

②申立ての趣旨（どのような内容の調停を求めるか）

③紛争の要点

これらの事項を記載した書面（申立書）を2通裁判所に提出します。その際1通に印紙を貼り、郵券（相手方一名につき2600円・東京簡易裁判所）を添えます。

なお、印紙を貼らない方の申立書は調停の相手方に裁判所から交付（送達）される副本になります。

⑵**調停の費用（印紙代）**

調停の費用は、調停を求める事項の価額が、

・100万円以下の部分は10万円までごとに500円加算

・100万円超～500万円以下の部分は20万円ごとに500円加算

・500万円超～1000万円以下の部分は50万円までごとに1000円加算

・1000万円超～10億円までの部分は100万円までごとに1200円加算

・10億円超～50億円以下の部分は500万円までごとに4000円加算

・50億円超の部分は1000万円までごとに4000円加算

した額になります。たとえば、調停を求める事項の額が50万円なら500円×5で2500円です。

⑶**予納郵券（郵便切手）**

郵券（郵便切手）は、関係者へ書類を送付するときのためなどに使われます。郵便切手の額は、訴える相手の数や書類を送る回数、また、裁判所により若干異なります。

東京簡易裁判所の場合は、2600円分の郵便切手が必要で、内訳は500円切手2枚、100円切手10枚、84円切手5枚、10円切手14枚、5円切手2枚、2円切手10枚、1円切手10枚となっています。

また、当事者が1名増えるごとに1228円分の切手増になります。

調停委員とテーブルを囲んで話し合いが進む

訴訟の場合には、法廷正面の一段高くなった部分に裁判官が陣取り、下を見下ろす形になります。これに対して調停の場合には、法廷室は使わず、ごく普通のテーブルと椅子が置いてあるだけの部屋で行われます。

この部屋で裁判官や調停委員と紛争の当事者が一緒にテーブルについて話し合いをします。裁判官は話し合いが大詰めにくるまであまり出て来ないことが多いようです。調停委員は裁判所から選任された人で、1人は弁護士、もう1人は学者などの有識者です。

彼らは公平中立な立場で紛争当事者の話を聞き、アドバイスをしてくれる建前です。また、提出された証拠書類を調べたり、職権で調査をすることもあります。

譲り合いの精神が解決を導く

調停委員や裁判官は、紛争の当事者のどちらか一方に味方する訳ではなく、公平中立な立場で話し合いを進めるはずです。

彼らが行うアドバイスは、紛争を円満に解決するための客観的で中立と考えるものであって、一方の当事者を有利（または不利）にするものではありません。

また訴訟と異なり、勝敗をつけるために行うものでもありません。

それにもかかわらず、感情を抑えられない当事者は一部分でも自分の主張と違うアドバイスがあれば、裁判官や調停委員にくってかかることがあります。これでは話はまとまりません。当事者が自分の主張だけを繰り返し行い、譲歩する気持ちが全くない場合には、調停はまとまりません。

調停に臨む際に考えなければならないことは、調停がまとまらず訴訟に持ち込んだ場合にかかる費用や手間、そして時間です。これらを考えれば、少しぐらい相手方に譲歩してでも調停で争いを早く終わらせた方が得な場合が多いのです。

また、訴訟を起こしたからといって必ず勝てるとは限らないことも考えておくべきでしょう。

申立人も相手方も紛争を早く解決したいのであれば、お互いに譲歩できるところは譲歩しあって、調停を成立させるように努力するべきなのです。

調停はこうした双方の譲歩により解決するための制度だからです。

★調停前置主義とは

紛争が起こっても、いきなり訴訟に持ち込ませず、その前に調停の申立てをしなければならないことを調停前置主義といいます。家族間の問題で離婚や相続などで調停前置主義がとられていることは、一般によく知られていますが、借地借家に関する紛争では、借賃の増減についても調停前置主義が採用されています。

その理由は、紛争が終わった後も継続して契約関係にある者同士が、訴訟の場でお互いに主張をぶつけ合い、争い合うと、その後の関係はお互いに気まずい雰囲気になることは目に見えています。

そこで、賃料の増額や減額の請求に相手が応じない場合でも、いきなり訴訟に訴えないで、まず調停の場で調停委員を交えて話し合いをさせることにしたのです。

また、簡易・迅速なトラブル解決の手段として調停制度が寄与している側面もあります。

◆民事調停の申立書の書き方サンプル

※本書式の用紙は、裁判所に用意されています。

調停事項の価額	円	印紙欄 （割印はしないでください）	民事一般
ちょう用印紙	円		
予納郵便切手	円		

（売買代金）

調　停　申　立　書

○○簡易裁判所　御中

受付印

作成年月日	令和３年○月○○日
申立人	住所（所在地）（〒○○○－○○○○） 東京都○○区○○町○丁目○番○号 氏名（会社名・代表者名）（☎ 03－○○○○－○○○○） 東山太郎　㊞※
相手方	住所（所在地）（〒○○○－○○○○） 東京都△△区△△町△丁目△番△号 氏名（会社名・代表者名）（☎ 03－△△△△－△△△△） 西川次郎
申立ての趣旨	相手方は，申立人に対してつぎの金員を支払うこと 1　売買代金　円 ②　残代金　100,000　円 ③　損害金　令和３年４月１日から 年　３分　の割合の金員
紛争の要点	後記記載のとおり

上記のとおり調停を求めます。

申立書はＡ４判の用紙に左綴じ横書きで作成します。申立用紙は裁判所のホームページからも入手することができます。

申立書には次の事項を記入します。

裁判所の表示　申し立てる裁判所を記載します。

申立年月日　調停の申立てをする年月日を記載します。

当事者の表示　申立人および相手方の住所・氏名を記載します。法人の場合、本店および営業所の所在地、法人の名称、代表者の氏名を記載します。当事者が未成年などで訴訟能力がない人の場合には、法定代理人の住所・氏名も記載します。また、代理人が申立てをするときは、代理人の住所・氏名の記載も必要です。

申立の趣旨　申立ての趣旨は、申立人が紛争となっている事件について、どういう解決を望んでいるのかを記載します。

紛争の要点(下記のとおり)

1 申立人の職業・営業

電気製品販売業

2 申立人が売り渡した物件

品目	数量	代金	売渡日
デスクトップパソコン	1台	12万円	○・2・10
			・・
			・・
			・・

(特約) 代金は令和○年2月から同年7月まで毎月末日限り金2万円ずつ申立人の指定する銀行口座に振り込んで支払う。前記分割金を1回でも怠ったときは直ちに残金を支払う。

3 代金支払状況

ア 全額未払

㋑ 代金のうち金 100,000 円未払

4 その他参考事項(相手方が代金を支払ってくれない事情等)

相手方は2月分割賦金2万円を支払ったのみで、3月分以降の残金の支払をしない。

添付書類

売買契約書写し 1通

商業登記簿謄(抄)本(登記事項証明書) 1通

通

紛争の要点　どのような事情で、どのような紛争になり、どのような状態になっているか。

(注)申立人の署名または記名・押印・申立人(代理人)は署名または押印をします。押印する印鑑は認印でかまいません。

申立書が数枚になるときは、各葉(用紙)の間に契印を押し、文章の連続性が分かるようにします。

添付書類の名を記載します。

民事事件の訴え方 6

■裁判の損得

民事訴訟をした方がいいかどうかのポイント

▼訴えても門前払い（訴え却下）になることもある

■間違いなく自分の方が正しいとしても、それで裁判に訴えるのが得とは限りません。裁判に勝っても、場合によっては損をすることもあり得るのです。

この項では、トラブルが起きたときに民事訴訟をした方がよいかどうか、判断のポイントについて解説します。

訴訟をするなら損得をよく考えてから

親戚間のトラブルのように相手の感情を刺激したくない場合や、時間をかけたくない場合、または訴訟をするには法律上の根拠や証拠が乏しい場合などは、訴訟より調停で解決をめざす方がよいでしょう。

訴訟を起こす場合にまず考えなければならないことは、裁判によるプラス面とマイナス面の比較です。

裁判に勝った場合には、相手方に対する自分の要求が正しいことが公に認められるというプラス面があります。また求める権利を強制的に実現（強制執行）することもできるようになります。

しかし裁判に勝った場合でも、判決に至るまでの時間と手間、そして費用を考えなければなりません。

訴訟を起こした場合には、数ヵ月、難しい事件の場合は数年の月日を費やす覚悟が必要です。

なお、弁護士に訴訟代理人を依頼しない場合は、ほぼ月に1度程度は法廷に出廷しなければなりません。出廷の際には準備書面や証拠書類などの作成や提出が必要です。しかし、弁護士に依頼すればこれらの手間は省けます。

費用については、訴訟費用（82ページ参照）と認められるものは、裁判に負けた方が負担することになります。

しかし弁護士に支払う着手金や成功報酬（87ページ参照）は、依頼者が負担しなければなりません。ただし、交通事故などの損害賠償請求では、裁判所は認容額の10％程度を弁護士費用として認めています。

◆訴訟をするかしないかのポイント

訴える場合には、冷静になって自分に訴えの利益があるか否か、当事者としての適格があるか否かを考える。そしてあれば、裁判費用や弁護士報酬を考えて、訴えた場合の損得を考量します。

訴訟以下の紛争解決手続きには、和解、調停、仲裁などがあります。

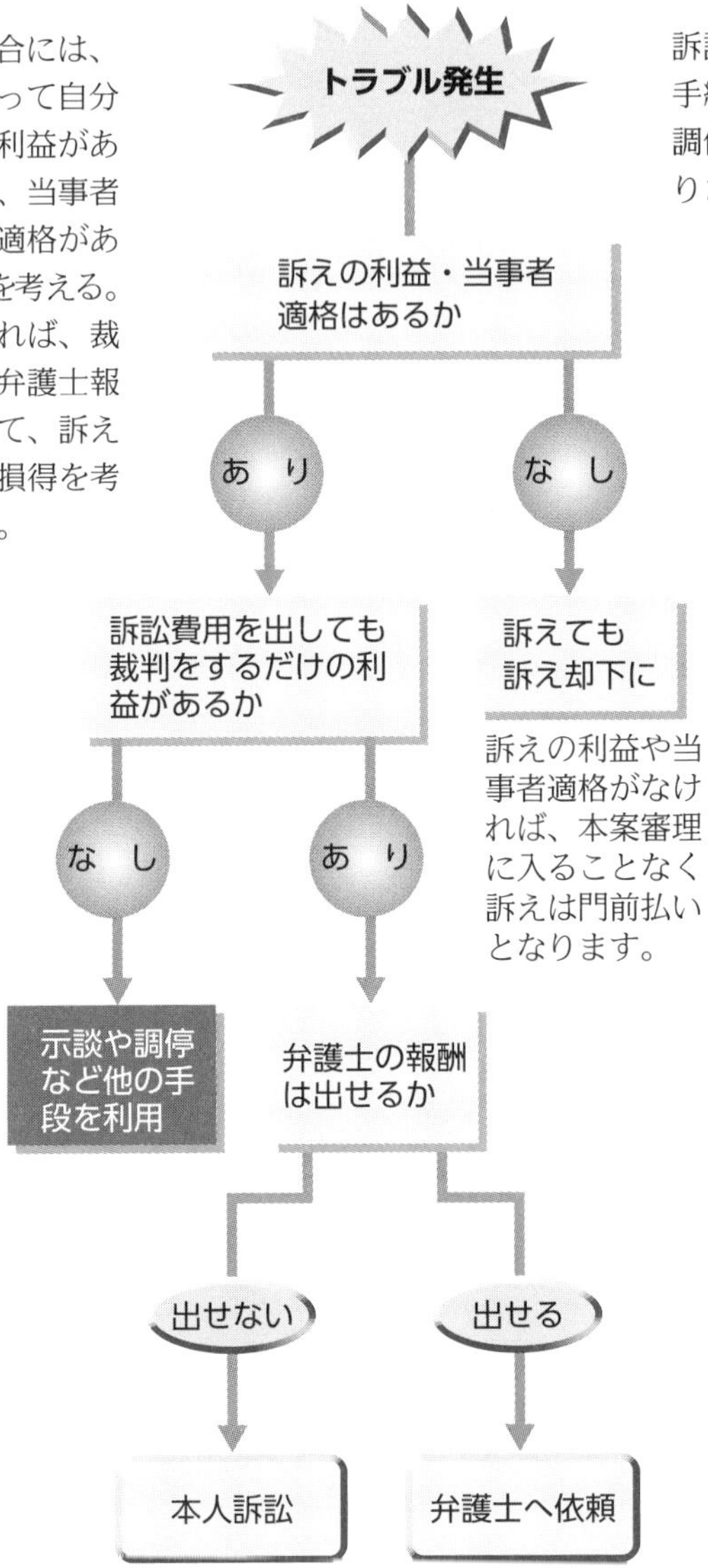

▶訴訟費用
→82ページ参照
▶弁護士報酬
→87ページ参照

ところで、訴訟は常に勝つとは限りません。正しい方が証拠を提出できなかったために負けてしまうこともよくあります。この場合にはすべての訴訟費用を負担することになってしまいます。

さらに、訴える相手が友人や知人、親戚などの特別な人間関係がある場合や、仕事上の取引関係にある場合には、その人間関係や取引関係を崩壊させることも考えられます。

無理な請求ではないかも熟慮する

訴訟を起こさなければならないようなトラブルが発生した場合、当事者はかなり頭に血が上っています。この状態で考えても自分の主張の正当性ばかりが頭に浮かんで来ます。

こういうときには、一度冷静になって考えるべきです。まず自分の主張が相手に対する怒りの感情だけに基づいていないか、自分の側に主張できる権利があるのか、また権利があったとしても権利の濫用にあたらないか、そしてそのいずれにもあたらないとしても、それを証明できる証拠があるか、などです。

特に証拠の点は重要です。どれほど正しい主張であっても、裁判官は神ではありません。証拠がなければ判断はできないのです。

訴えが門前払いになることもある

自分では絶対に正しいと思っても、法律上それが認められるかどうかは別問題です。

訴訟を開始するためには訴訟要件を満たしていなければなりません。これが欠けていると、訴えの中身が正しいかどうかを判断するための審理は行われません。

訴訟要件の中で重要なものは、その当事者が訴訟を遂行するための十分な資格を持っているかどうか（当事者適格）、その事件について判決をする必要性があるかどうか（訴えの利益）です。これらが欠けると内容の審理には入らずに訴えは却下（門前払い）されます。

必ず調停から始めなければならない事件もある

いきなり訴訟を起こそうとしても、認められない場合があります。

離婚や相続、子の認知のトラブル（人事事件）や借地や借家の賃料の増減額に関するトラブルについては、訴えの前に調停を申し立てなければなりません。

家事事件は家庭内の事件であるという性質上、誰でも傍聴ができる公開の法廷で審理されるべきではなく、また、当事者が相争う形で行う口頭弁論に適したものではないからです。

また賃料の増減額のトラブルについては、解決後も賃貸人と賃借人としての関係は継続していくことから、これも公開の法廷で相争う口頭弁論には適さないのです。

60万円以下の請求なら少額訴訟の制度を利用する

訴額が60万円以下の金銭を請求する場合には、特別に簡易で迅速な裁判手続きを利用できます。この手続きを少額訴訟（116ページ参照）といいます。

少額訴訟の手続きを利用するには、訴えの提起の際に、少額訴訟による審理および裁判を求める旨を申述します。

しかし、原告が少額訴訟を希望しても、被告が通常の訴訟を希望することを申述すれば、通常訴訟に移行します。

少額訴訟では、原則として口頭弁論1回だけで審理を終結し、その場で判決が言い渡されます。この判決に対して不服がある場合、時間のかかる控訴ではなく、判決をした裁判所への異議申立てができ通常訴訟となります。

また、被告の支払能力が不十分なときは、判決で分割払いを命じることもでき、支払いの猶予を認めることもできます。

なお少額訴訟は、同じ簡易裁判所では1年に10回を超えて利用することはできません。

もともと少額訴訟は、一般人の少額の貸金請求訴訟を迅速かつ簡便に解決することを念頭において作られた制度であり、貸金業者などが年に何度も利用することは考えていないのです。

●訴訟費用⇩82ページ参照
●民事調停⇩72ページ参照
●少額訴訟⇩116ページ以下参照

★訴えられたら

訴訟は訴える人と、その反対に訴えられる人とがいます。

世の中には、裁判制度をよく知らない人がいて、俺の方が正しいといって、裁判所の呼出しにも応じない人がいます。

しかし、こうした場合、被告（訴えられた側）の欠席のまま裁判が行われ、結局は原告（訴えた人）の言い分がとおり、訴えられた人は敗訴することになります。

そうして判決が確定すれば、もはやその裁判はおかしいといって、訴えることもできなくなります。

裁判所から被告として出廷の通知があった場合は、必ず出頭するようにしてください。

なお、裁判に負けても、何度も何度も訴訟を起こす人がいます。こうした場合は、相手に迷惑（精神的な苦痛）をかけることになり、不法行為として訴えられた人は損害賠償の請求ができる場合があります。

民事事件の訴え方 7

訴訟をするにはいくらかかるか

■訴訟費用は敗訴者負担

▼勝っても負けても弁護士の報酬は依頼者が負担する

■民事訴訟をするには、費用がかかります。これは自分の権利を護るためですから当然のことです。

ですから、裁判をする場合には、勝った場合に得られる利益と失う利益を比較考量する必要があります。

どんな費用がどれだけかかるか

訴訟をする場合には、訴える側（原告）が最初に支払う費用があります。

①収入印紙

原告が裁判所に提出する訴状の正本に訴額に応じた額面の収入印紙の貼付が必要です（手数料額については次ページ表参照）。

②予納郵券（郵便切手）

原告が提出した訴状の副本を訴えの相手方に送達するための費用や、期日に出頭を命じる際の呼出し費用を郵便切手で納めます（各裁判所で異なり東京地方裁判所の通常訴訟では相手方1人のとき6000円。当事者の追加1名ごとに2178円追加）。現金でも可。

③証人の呼出し費用

証人喚問をする場合には、証人1人につき1万円程度の日当と交通費（実費）が必要です。

④鑑定・検証費用

鑑定をする場合には、鑑定費用（ケースバイケースですが、数十万円はかかる）、検証をする場合には検証費用が必要です。

以上については、裁判所の窓口等で聞けば教えてくれます。

これ以外、弁護士に依頼する場合は弁護士に支払う費用（87ページ参照）が必要です。

訴訟に勝つと費用は相手持ち

前記①～④の費用（訴訟費用）については、裁判に負けた方が負担します。しかし、日本の法制度では弁護士費用は訴訟費用に含まれないことになっているため、依頼した側が原則として支払わなければなりませ

■ 訴訟の申立手数料額（貼用印紙額）

		訴状・反訴状	控訴状	上告状
万円		円	円	円
10	10万円までごとに1000円	1,000	1,500	2,000
20		2,000	3,000	4,000
30		3,000	4,500	6,000
40		4,000	6,000	8,000
50		5,000	7,500	10,000
60		6,000	9,000	12,000
70		7,000	10,500	14,000
80		8,000	12,000	16,000
90		9,000	13,500	18,000
100		10,000	15,000	20,000
120	20万円までごとに1000円	11,000	16,500	22,000
140		12,000	18,000	24,000
160		13,000	19,500	26,000
180		14,000	21,000	28,000
200		15,000	22,500	30,000
220		16,000	24,000	32,000
240		17,000	25,500	34,000
260		18,000	27,000	36,000
280		19,000	28,500	38,000
300		20,000	30,000	40,000
320		21,000	31,500	42,000
340		22,000	33,000	44,000
360		23,000	34,500	46,000
380		24,000	36,000	48,000
400		25,000	37,500	50,000
420		26,000	39,000	52,000
440		27,000	40,500	54,000
460		28,000	42,000	56,000
480		29,000	43,500	58,000
500		30,000	45,000	60,000
550	50万円までごとに2000円	32,000	48,000	64,000
600		34,000	51,000	68,000
650		36,000	54,000	72,000
700		38,000	57,000	76,000
750		40,000	60,000	80,000
800		42,000	63,000	84,000
850		44,000	66,000	88,000
900		46,000	69,000	92,000
950		48,000	72,000	96,000
1,000		50,000	75,000	100,000
以下10億円まで100万円までごとに		3,000	4,500	6,000
以下50億円まで500万円までごとに		10,000	15,000	20,000
以下50億円超1,000万円までごとに		10,000	15,000	20,000

■ 予納郵券（東京地方裁判所の例）

通常訴訟		
合計　6,000円の切手		
〈内訳〉		
○ 500円切手	⇨	8枚
○ 100円切手	⇨	10枚
○ 84円切手	⇨	5枚
○ 50円切手	⇨	4枚
○ 20円切手	⇨	10枚
○ 10円切手	⇨	10枚
○ 5円切手	⇨	10枚
○ 2円切手	⇨	10枚
○ 1円切手	⇨	10枚
※ただし、当事者１名増すごとに2,178円増		

＊東京簡易裁判所は5,830円

※財産上の請求でない請求及び訴額の算定が極めて困難な訴えは、訴額は160万円とみなされます。

ん。ただし、あらかじめ取引の相手方との間で、将来紛争が生じた場合には、弁護士費用も相手方の負担とする旨を定めておくことはできます。

　また、不法行為による損害賠償請求では、認容額の10％程度を弁護士費用として認めています。

相手から訴訟を起こさせて訴訟費用を節約

　訴訟費用は最終的には敗訴者負担であるとはいっても、訴訟を始めるときには、とりあえず原告が印紙代などを支払わなければならないのです。そこでトラブルが発生したときに、自分の側から訴訟を起こさずに、相手方に裁判を起こさせるように仕向けることで訴訟費用を一銭も出さずに済ますこともできます。

　また、相手方に訴訟を起こさせるメリットは費用の点だけではありません。裁判管轄という問題で、相手方の住所地の裁判所に訴えることになる種類の訴訟で相手の住所地が遠方の場合には、相手に訴えさせた方が遠くまで出向く手間が省けるのです。

　なお、裁判管轄については、金銭支払いは原則として債権者の住所地（支払地）に管轄がありますし、交通事故などの不法行為の場合は、不法行為地の裁判所も管轄となるなど特別な場合があります（94～96ページ参照）。また、遠隔地にいる人の証人尋問や当事者尋問では、新民事訴訟法で導入されたテレビ会議による尋問システムがあります。

裁判所に通う負担はどの程度のものか

　訴訟を遂行するということは、原告にとっても被告にとってもかなり大きな負担があります。

　実際に法廷に出頭する回数はそれほどではなくても、準備書面を作成したり、証拠を収集したりとやるべきことは山ほどあるのです。

　たとえ弁護士に依頼した場合でも、準備書面の作成の際には本人の説明が必要な場合もあります。すべてを弁護士任せというわけにはいきません。何度も弁護士の事務所に足を運ぶことになります。

　これらの実際の手間もさることながら、精神的な負担も相当なものです。たとえ真実であっても訴訟の遂行がまずければ負けることもあります。何年もの間不安定な立場に立たされる不安は並大抵のことではありません。

訴えの提起から判決までの標準的な期間は

　原告が訴状を提出したら、約1か月くらい後に呼出しがあり第1回口頭弁論期日（法廷）が開かれます。その後は約1か月に1度くらいの頻度で法廷における審理があり、争点が整理され、原告と被告が準備書面でお互いの主張を明らかにしていきます。

そして必要があれば証拠調べが行われますが、この証拠調べは2〜3か月に1度ということもあります。

証拠調べが終了したら、原告と被告双方が最終準備書面を提出し、審理終結後2か月以内に判決の言い渡しが行われることになっています。

判決に不服があるときは、上級の裁判所に控訴、上告ができます。

訴状が提出されてから第1審の判決が出るまでには3年前後はかかる事件もあります。それでも近くの裁判所で法廷が開かれればましですが、遠くの裁判所まで出掛けなければならない場合は負担も増大します。

この点、弁護士に依頼すれば、ほとんど出廷する必要はありません。

なお、訴訟の既済事件審理期間は、(平成31年/令和元年度の司法統計年報)、簡易裁判所の場合2か月以内が46%、6か月以内が94%、地裁では2か月以内が15%、6か月以内が49%、となっています。

◆訴訟のバランスシート

（例）
200万円（利息含む）の貸金請求

①訴訟実費…約5万円〜10万円
　収入印紙代　1万5000円
　予納郵券　　6000円
　交通費　　実費
　その他　　証人日当など
※訴訟費用は判決により被告の負担となる場合がある。

②弁護士費用…40万円〜50万円（仮定）
　着手金　訴訟価額の1割
　　　　　20万円
　報酬金　訴訟価額の1割〜1.5割
　　　　　約20万円〜30万円

合計　　45万円〜60万円

※本例によれば、200万円の貸金で、訴訟により戻って来た金額は140〜155万円ということになります。

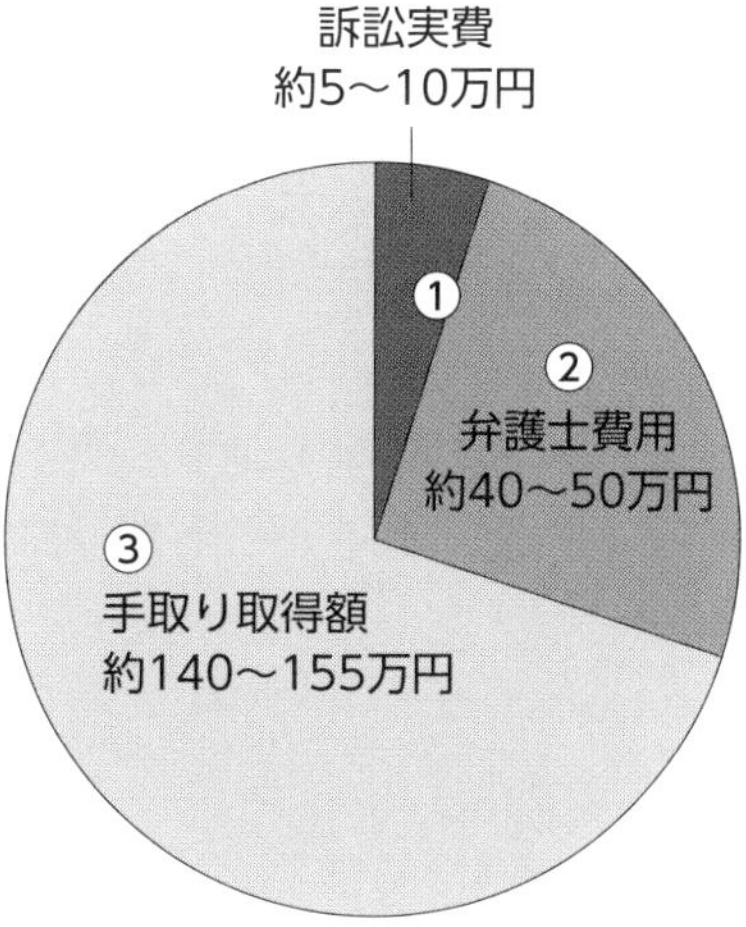

※弁護士報酬の詳細については87ページ参照

民事事件の訴え方 8

■弁護士への依頼

弁護士の上手な利用法と頼み方・費用

▼法律相談だけなら5500円（消費税含む）からできる

■民事訴訟は原則として本人ですることができます。しかし、本人ができるということと、勝てるかどうかは別問題です。費用の工面ができれば、弁護士に依頼するのがベターです。

法律の素人が裁判をする難しさ

裁判は法に基づいて行われ、主張すべきことは法的に構成される必要があります。このような法廷で、法律についてまったくの素人が自分の権利を主張しようとしても、裁判官を説得するのは難しいことです。

また法廷での主張だけでなく、それ以前に自分に認められるべき権利があるかどうかを判断することさえ難しいでしょう。さらに自分の主張を根拠付ける証拠についても、何が法律上有効な証拠なのかの判断も難しいところです。

本人訴訟の場合には裁判官も、できるだけ分かりやすい言葉で説明・質問するように努めています。しかし、それでも必要のないことを主張し続けて注意されたり、墓穴を掘るような事実を気付かずに自分から言ってしまうことがあります。

相手方に弁護士が付いている場合はもちろん、そうでない場合でも事件が複雑なときには弁護士に依頼する方がよいでしょう。

弁護士に頼めば法廷に行かなくてすむ

弁護士に訴訟代理人を依頼すれば、後はすべて弁護士がやってくれます。弁護士は、与えられた代理権の範囲内で、依頼した本人に代わって訴訟を行うことができます。

つまり、代理人である弁護士が出廷すれば、本人が法廷に出廷しなくても出廷したことになり、代理人が法廷で発言したことは、すべて本人自身の発言となります。

なお、簡易裁判所の事件については、認定司法書士も代理人になれます。

◆弁護士費用(目安)

※本表は、日本弁護士会連合会の弁護士費用についてのアンケートです。表中の%は、アンケートに答えてくれた人のうちその金額を答えた人の割合です。(「2008年度アンケート結果版」の抜粋。全資料は日本弁護士会連合会のホームページ参照)

離婚

夫の暴力などに耐えられないので離婚したい。
単に離婚だけを求め、離婚が成立した。

(1) 離婚調停を申立てた

(2) 訴訟から受任した

(1) 離婚調停

着手金	20万円	45%
	30万円	42%
報酬金	30万円	40%
	20万円	30%

(2) 訴訟から受任

着手金	30万円	53%
	20万円	26%
報酬金	30万円	37%
	20万円	20%

遺言書作成および遺言執行

定型的な遺言書を作成したい。資産は、不動産・預金および株券で、評価額の総額は5000万円。

(1) 公正証書遺言を作成する手数料

(2) 遺言執行者になっているときの手数料

(1) 公正証書遺言を作成

手数料	10万円	51%
	20万円	30%

(2) 遺言執行者になる

遺言執行手数料	40万円	27%
	100万円	20%

遺産分割請求

夫が死んで、自宅・山林・株券・預金など総額1億円の遺産を残した。遺言書はなく、相続人は妻と子ども2人の合計3人で、遺産の範囲に争いはなかった。妻の依頼を受けて遺産分割の調停申立をした。その結果、妻は5000万円相当の法定相続分に従った遺産を取得し、納得できる分割となった。

着手金	50万円	41%
	30万円	31%
報酬金	100万円	31%
	180万円	15%

労働事件(解雇)

10年間勤務し、30万円の月給を得ていたが、会社から懲戒解雇を受けた。懲戒解雇の無効を理由に地位保全の仮処分を申請した。その結果、職場復帰を果たした。

着手金	30万円	45%
	20万円	31%
報酬金	30万円	46%
	50万円	31%

債務整理・倒産

消費者金融会社など10社から総額400万円の負債をかかえているということから債務整理を依頼された。

(1) 債務整理(過払い金)
長く返済してきていたので、取引履歴を開示させて計算すると、200万円の過払い金があることがわかった。示談ができなかったので、裁判を提起して全面勝訴して全額回収した。

(2) 倒産(個人破産)

支払っていく余裕はなかったので、自己破産を申立て、破産手続が開始して免責が認められた。

(1) 債務整理(過払い金)

着手金	20万円	37%
	10万円	34%
報酬金	40万円	35%
	20万円	26%

(2) 倒産(個人破産)

着手金	30万円	49%
	20万円	3%
報酬金	0円	66%
	10万円	14%

金銭の貸借

知人に300万円を貸したが、期限が来たのに返してくれないので返還請求した。

(1) 弁護士名で内容証明郵便を出した。

(2) 訴訟から受任して提起した。全面勝訴し、任意に300万円を回収した。

(1) 弁護士名で内容証明郵便を出した

3万円	42%
5万円	17%

(2) 訴訟から受任した

着手金	20万円	44%
	15万円	26%
報酬金	30万円	50%
	20万円	19%

交通事故

交通事故にあってケガをした。損害賠償を請求する訴訟をしてほしい。

事前に保険会社から500万円の賠償金額の提示を受けていたが、弁護士の判断として1000万円程度の賠償請求が妥当であると考え訴訟を提起した。その結果、全額回収ができた。

事前に保険会社から500万円の賠償金額の提示を受けていたとき

着手金	30万円	49%
	20万円	20%
報酬金	50万円	35%
	70万円	18%

建物明渡

AさんはBさんに1戸建ての建物(建物の時価1000万円、土地の時価1500万円)を貸していたところ、賃料(1カ月10万円)の不払いが続いていた。

(1) 訴訟—原告
Aの依頼を受けて原告として訴訟を起こし、全面勝訴して任意の明渡があった。

(2) 訴訟—被告
被告のBの依頼を受けた。和解により6カ月の明渡猶予を認められ、家賃相当損害金(6カ月分で60万円)の支払いも免除された。

(1) 訴訟—原告

着手金	30万円	53%
	50万円	20%
報酬金	60万円	40%
	100万円	18%

(2) 訴訟—被告

着手金	20万円	55%
	30万円	30%
報酬金	10万円	35%
	20万円	34%

欠陥住宅

土地付きの新築住宅を2000万円で購入したが、建物自体が傾く欠陥住宅であることが判明。売主及び建築会社に対し、補修費用700万円、補修期間のレンタル住宅費用70万円、宿替え引越し費用30万円、慰謝料100万円、合計900万円の請求訴訟を提起した。全面勝訴し、任意に900万円を回収した。

着手金	50万円	50%
	40万円	18%
	30万円	18%
報酬金	90万円	37%
	100万円	32%

※鑑定費用がかかることがあります。

法律相談

市民からの法律相談を受け、1時間かかったが、法律相談だけで終わった。

1万円	56%
5000円	36%

(注) 弁護士報酬規定は廃止となり、現在は各弁護士が個々に定めることとされています。なお、債務整理事件については、弁護士報酬の上限を定めた規程が設けられています。

弁護士はどう探し どう頼めばいいか

いざ弁護士に依頼すると決めても、どうやって弁護士を探すかが問題です。どうせ依頼するなら気心の知れた人に頼めれば安心できます。しかし自分の知人に弁護士がいる人は少なく、友人の知人まで広げてもそれほど見当たるものではありません。

どうしても心当たりのない人は、まず各県庁所在地にある弁護士会を尋ねてみてください。事情を話せば、適当な弁護士を紹介してくれます。

また、地方公共団体の無料法律相談に行ってみるのも一つの方法です。そこで信頼できそうな弁護士が見つかることもありますし、そうでなくても相談するだけで問題が片づくこともあります。

なお、民事だ、刑事だ、と弁護士の専門を気にする人もいますが、普通の事件ならどの弁護士もやれますので、気にすることはありません。

いきなり依頼しなくても 法律相談から始めればよい

法律の素人が裁判を起こすと意気込んでいる場合でも、実際には裁判に至らずに解決する場合があります。それに法律問題を解決する場合には、最初にどういう手を打つかで勝敗が決まることもあります。

何かトラブルが起こったときは、まず弁護士に相談することから初めてください。そうすることで無用の裁判をすることもなく、また、法的な手続きをとらなければならない場合でも適切な処理ができます。

弁護士に依頼すると かかる費用は

弁護士に依頼した場合にかかる費用は、日本弁護士連合会の弁護士報酬等基準額で定められていましたが、この基準額は廃止され、弁護士が個別に決めることとされています。

普通は、法律相談だけなら30分で５５００円程度で済みます。ただし、弁護士に報酬を支払う余裕のない人でも、勝訴の見込みのある事件については、日本司法支援センター（法テラス）で弁護士費用等の貸し付けが受けられます（90ページ参照）。

裁判に勝っても 弁護士費用は自分持ち

裁判をするには、訴訟費用（82ページ参照）が必要です。

この訴訟費用は敗訴者負担で、裁判に勝った場合には負担する必要はないのです。しかし、訴訟費用には弁護士に支払う報酬は含まれず、弁護士費用は原則として弁護士に依頼した者が支払うことになります。

◆裁判は弁護士を頼むべきなのか？

★弁護士を頼むときの心得・７か条

その１▶相談に行くときは必ずアポイントメントを。弁護士は非常に忙しい職業なのです。

その２▶相談の概略をまとめ、文書にしておく。弁護士は知恵と時間を売るのがビジネスですから。

その３▶ただ相談するのではなく、こちらがして欲しいことを明確に。何となく、では弁護士も困ります。

その４▶電話で連絡し、持参したほうがよい書類等を確認しておく。実際に依頼するのでしたら印鑑も持参。

その５▶事件の内容は有利・不利にかかわらず、包み隠さず話しておく。疑い深い依頼者は負ける、といいます。

その６▶弁護士と意見が合わなければ、訴訟になる前に手を切ること。訴訟になってからでは費用がかかります。

その７▶事件解決の見通し、費用については事前に聞いておくこと。できれば報酬契約を結ぶとよいでしょう。

★いよいよ裁判…でも、初めて自分で訴訟にのぞんで、最後までやり通せるかどうか。それとも訴訟のプロにまかせるのか。これも費用と効果をハカリにかける問題です。

●本人訴訟は無理なのか

訴訟の手続きを定めている民事訴訟では、本人が訴訟を行うのを認めています。ですから、自分で訴訟をやろうと思えばできるわけです（他方、刑事事件は検察官が行います）。

しかし、現実には命の次に大切な金銭や財産を争う事件で、何年もその道で戦ってきているプロの弁護士を相手に勝つことは、まず無理でしょう。訴訟には訴訟戦術があり、テクニックも物を言うからです。

しかし、どのような事件でも本人訴訟が無理なわけでもありません。もともと調停事件は本人出頭が義務づけられています。簡易裁判所の少額訴訟なら審理は一日ですみ、その日のうちに判決が出ますので、本人訴訟が可能です。金銭債権に関する支払督促も手続きは簡単で、本人だけでやれるものです。

また、訴訟金額の少ない事件でしたら認定司法書士も代理人になれますし、訴状の作成を司法書士に頼んで、自分で訴訟を起こすこともできます。あなたの直面した事件が、本人でやれるものかどうか、事前に法律相談してみて、それから決めてはどうでしょうか。

●弁護士の探し方・頼み方

裁判は本人と弁護士の信頼関係がなければ勝てません。そのため、友人、知人や親戚などの紹介を受けて弁護士に会い、事件を依頼するというのが、通常のパターンとなっています。

では、そのような知り合いがいない場合には、弁護士を紹介してもらえないのでしょうか。最近では、そのような不都合をなくすために、弁護士会の法律相談センターへ相談に行けば、弁護士を紹介してくれます。

ただ、弁護士なら誰でもいいのではなく、有能で、親身になって動いてくれる弁護士がいいわけです。そのためには、事件を依頼する前に相談に行き、そこでの応対ぶり、話の内容をもとに、あなたが判断するしかありません。また、事前に、どれくらい費用がかかるかを聞くことも大切です。事件にもよりますが、はっきり言わない弁護士は要注意です。

民事事件の訴え方 9

■裁判でお金がないとき

裁判をするために公的な支援は受けられるか

▼訴訟扶助などの制度がある

■日本の裁判は、刑事事件は別として、民事事件（商事・家事含む）などは手数料が必要です。

この費用が捻出できないと、結局は、泣き寝入りとなります。

こうしたことがないように、法律扶助制度がありますが、まだ十分とは言えません。

民事法律扶助制度

平成12年の4月に「民事法律扶助法」が成立（同年10月に施行）しました。これにより民事法律扶助事業の基本的な枠組みが定められ、法律相談が簡易に受けられるようにする、裁判手続きなどにおいて法的サービスを充実させる、などの整備が図られています。

具体的には、資力が乏しいために弁護士に相談したり、裁判を起こすことができずに困っている人のために、法律相談を実施したり、訴訟代理費用（弁護士費用）などを立て替えるというものです。

総合法律支援法の制定

平成16年6月に、「全国において、法による紛争の解決に必要な情報提供等が受けられる社会を実現する」ことを理念として、「総合法律支援法」が誕生しました。

具体的には、国民が裁判その他の法による紛争の解決のための制度の利用をより容易にするとともに弁護士等のサービスをより身近に受けられるよう総合的な支援をする、というものです。

こうした支援をするために「日本司法支援センター」が設立され、平成18年の10月より業務をスタートさせました。

日本司法支援センター（愛称・法テラス）の業務

日本司法支援センター（愛称・法テラス）は、総合法律支援法に基づ

◆日本司法支援センターの援助手続き
〜相談から援助決定・事件終了まで〜

1 法律相談

代理人援助や書類作成援助の申込みをする人も、まず法律相談を受ける（無料）。相談だけで解決した場合は、以下の手続きはありません。

▼

2 審　査

審査会が援助の諾否を審査する。
① 資力を説明する書類
② 住民票
③ 関連書類
などを持参する。

▼

3 援助決定

一切の費用が無利息、無担保で立て替えられる。（原則、決定のあった翌月から月賦で返還する。）

受任あるいは受託予定の弁護士・司法書士がいない場合は、半月〜1か月程度で、弁護士・司法書士が紹介される。

▼

4 事件終了

審査委員会が、弁護士・司法書士の報酬金を決定する。（金額は、事件の結果により考慮される。）

※簡易裁判所の事件は、認定司法書士が代理人になれる。

き、平成18年に誕生した司法に関するサービス機関です。法律問題で困っている人のための相談等を行っています。各都道府県に50の事務所があり、専門職員が対応しています。

その業務内容は、以下のようになっています。

①紛争解決のための情報提供

紛争解決に役立つ法制度の紹介、法律サービスを提供する関係機関の情報を集約し無料で提供、各種の紛争解決機関・相談先の紹介。

②民事法律扶助

資力の乏しい人に、裁判代理援助費用や書類作成費用の立替えや弁護士、司法書士の紹介（詳細後述）。

③司法過疎対策

弁護士や司法書士がいない地域等で、法テラスに勤務するスタッフ弁護士が適切な料金で法律サービスを提供します。

④その他、犯罪被害者支援、国選弁護士関連業務（国選弁護士の確保など）。

法テラスでは、コールセンターを設けて、専門のオペレーターが対応しています。

民事法律扶助業務の支援の内容

日本司法支援センターの民事法律扶助とは、資力の乏しい人が法的トラブルにあったときに、無料法律相談を行い、必要な場合、法律の専門家を紹介し、裁判費用や弁護士あるいは司法書士の費用の立替えを行う制度です。

以前に㈶法律扶助協会が行っていた業務を、日本司法支援センターが引き継いだもので、支援の内容は以下のとおりです。

①裁判代理援助…弁護士費用等の立替え

②裁判前代理援助…裁判前の和解交渉の弁護士費用等の立替え

③書類作成援助…裁判所に提出する書類（訴状等）の作成費用（司法書士等の費用）等の立替え

④法律相談援助…資力の乏しい人について離婚、相続、金銭トラブル、交通事故、家屋の明渡しなど、民事・行政事件の無料相談

①～③の援助を受ける場合、まず法律相談を受けます。

ただし、助言・相談までで、和解のあっせんや・仲裁までしてくれるものではありません。

援助を受けるにはどうすればよいか

支援を受けようとする場合、まず法律相談を申し込み、相談をします。扶助の条件に該当しそうな場合には、審査手続きが行われ、援助が決定します。援助で大きいのは、前記①の裁判代理援助、いわゆる弁護士費用の援助です。無利息・無担保の立替えで、半月から1か月程度で

弁護士が紹介されます。

立替え費用は割賦（月払い）による返済となりますが、事情によっては返済が猶予されます。

ただし、前記①～③の援助を受けるには、次の3つの要件を満たすことが必要です。

⑴資力に乏しいこと（資力基準）

・単身者↓18万2000円以下（賞与を含む年収の12分の1〈月収手取り〉。以下同じ）

・2人家族↓25万1000円以下

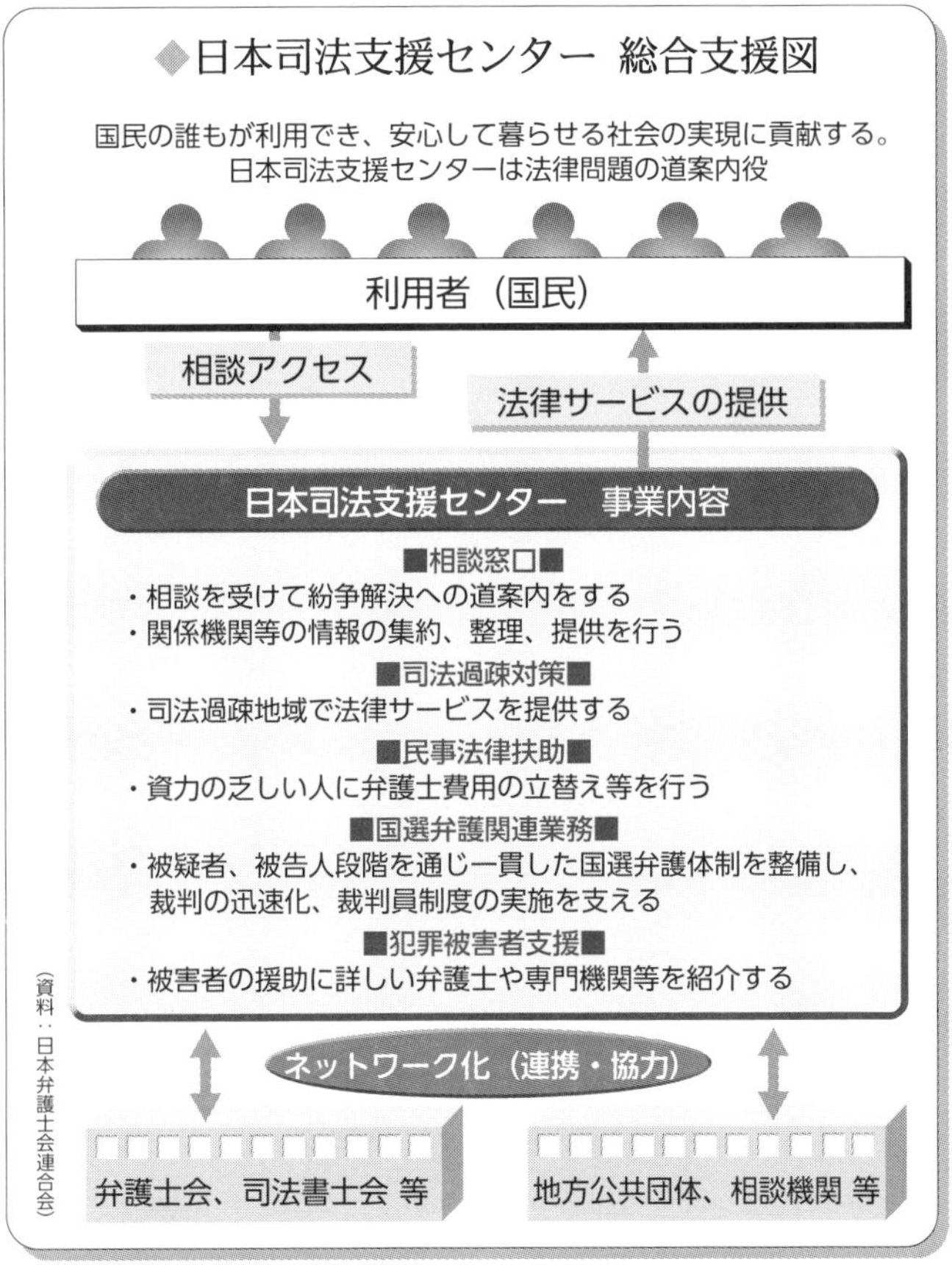
◆日本司法支援センター　総合支援図
国民の誰もが利用でき、安心して暮らせる社会の実現に貢献する。
日本司法支援センターは法律問題の道案内役
利用者（国民）
相談アクセス
法律サービスの提供
日本司法支援センター　事業内容
■相談窓口■
・相談を受けて紛争解決への道案内をする
・関係機関等の情報の集約、整理、提供を行う
■司法過疎対策■
・司法過疎地域で法律サービスを提供する
■民事法律扶助■
・資力の乏しい人に弁護士費用の立替え等を行う
■国選弁護関連業務■
・被疑者、被告人段階を通じ一貫した国選弁護体制を整備し、裁判の迅速化、裁判員制度の実施を支える
■犯罪被害者支援■
・被害者の援助に詳しい弁護士や専門機関等を紹介する
ネットワーク化（連携・協力）
弁護士会、司法書士会 等
地方公共団体、相談機関 等
（資料：日本弁護士会連合会）

・3人家族↓27万2000円以下

・4人家族↓29万9000円以下

なお、この基準を上回る場合でも、家賃、住宅ローン、医療費等の出費などがある場合は加算が考慮されます。また、東京都特別区や大阪市などの生活保護一級地ではこの金額が10パーセントアップされます。

この他、資産要件もあります。

⑵勝訴の見込があること（和解・調停・示談等により解決の見込がある場合や自己破産の免責見込みがある場合も含む）

⑶民事法律扶助の趣旨に適すること（権利の主張が正義・公平等の観点から援助に値するものであること）

なお、消費者金融からの借入やクレジットの返済で困っている人で、生活保護受給者等の場合には、立替え制度を利用できます。

●**日本司法支援センター（法テラス）**
☎0570－078374
（サポートセンター）

民事事件の訴え方 10

■いざ自分で裁判へ！

どこに・どうやって訴えを起こしたらいいか

▼トラブルの内容や請求額で裁判所が変わる

■暮らしの中や取引の世界で、いろいろ問題が起きます。これを法律的にきちんと解決しようと思えば、裁判所の力を借りることになります。

民事紛争と民事訴訟法

訴訟とは、裁判所という公の場で、裁判官など専門家の力を頼んで訴訟の手続きを進め、公平な判断＝判決を得ることです。

訴訟の具体的手続きの解説に入る前に、まず、訴訟というものが何を意味するかを考えておきましょう。

裁判所が行う解決手続きには、訴訟のほかにも、一般事件の調停（民事調停）、家庭裁判所で行われる審判・調停、借地権の売買など非訟事件の手続きがあり、また、金銭債権などの督促手続きもあります。

民事訴訟で地裁・簡裁の区別は「訴額」で決まる

民事紛争の訴えを受け付ける裁判所は、訴額（相手にいくら請求するか）、訴えの種類（単なる金銭の請求か、不動産にかかわることか、離婚や相続など家庭内の事件か）などによって法律で決まっています。

まず、訴訟の目的（訴訟物といいます）の価額（訴額）が１４０万円を超えない請求が簡易裁判所の管轄となるという原則があります（行政事件を除く）。１４０万円以下のお金を支払えと訴える場合には簡裁、ということです。１４０万円を超える価額の訴訟と、不動産に関する訴訟は地方裁判所の管轄となります（事物管轄）。ただし、第一審に限り合意により裁判所を定めることができ（合意管轄）、当事者の申立ておよび相手方の同意により、地方裁判所へ移される場合などがあります。

訴額はいくらかのはかり方はどうする

訴訟で管轄や貼用印紙額の基準と

◆訴えを起こす裁判所の区別は…

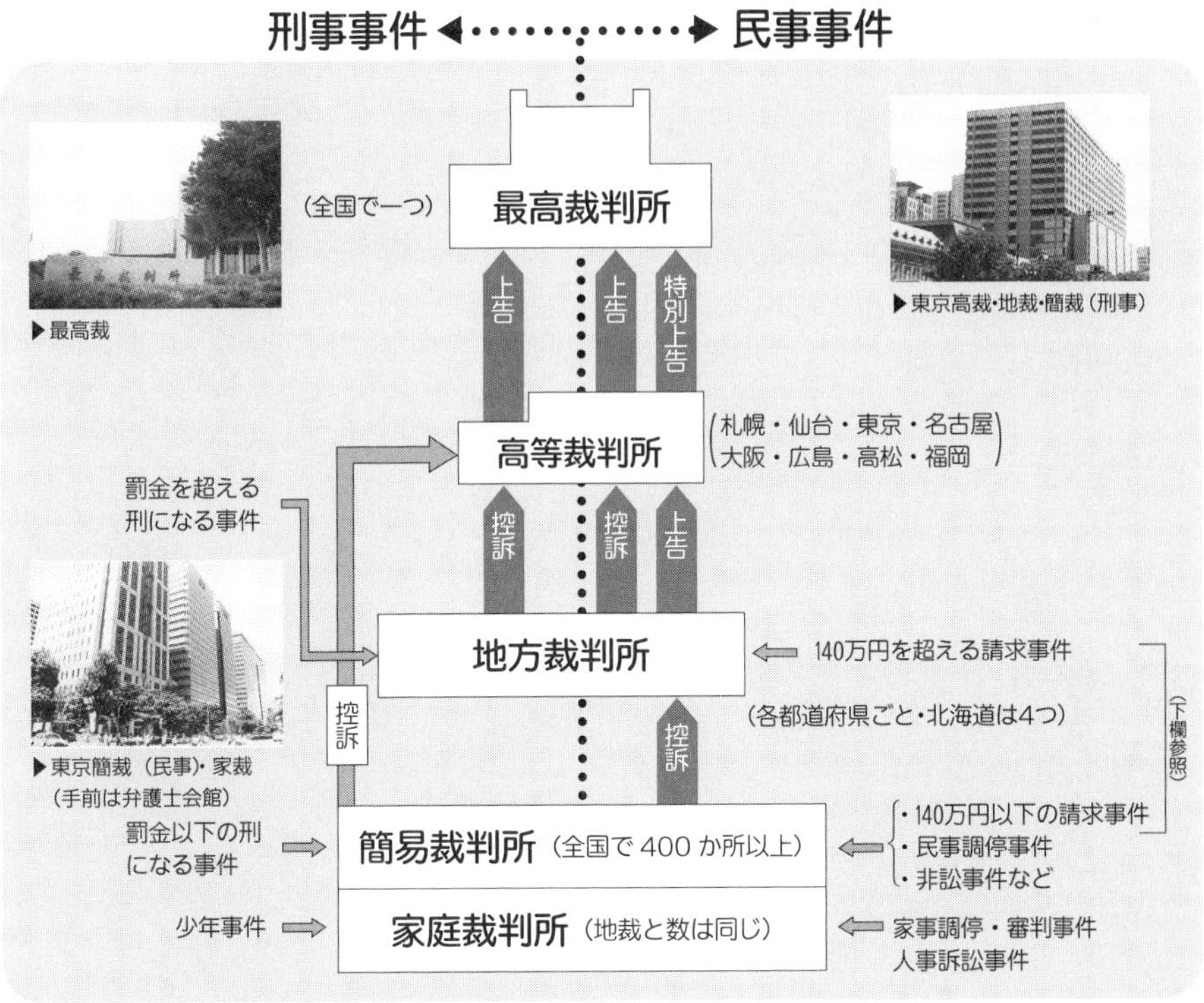

どこの裁判所に訴えるか〔民事事件〕

・民事訴訟事件→民事事件は、原則として、相手の住所地を管轄する裁判所（訴額が140万円以下は簡易裁判所、140万円超は地方裁判所）。当事者が合意すれば、これ以外の裁判所にも訴えることができる。

〔例外〕不動産訴訟係争物（不動産）の所在地を管轄する裁判所でもよい
金銭請求→義務履行地（多くは原告の住所地）を管轄する裁判所でもよい
相続事件→相続が開始した時の被相続人の住所地を管轄する裁判所
交通事故の損害賠償請求→事故が起きた土地を管轄する裁判所でもよい

・支払督促→相手方の住所地を管轄する簡易裁判所。
・民事調停→相手方の住所地を管轄する簡易裁判（原則）。当事者の合意で定める地方裁判所もしくは簡易裁判所。
・破産手続開始の申立て→債務者の住所地を管轄する地方裁判所。
・民事再生手続開始の申立て→債務者の住所地を管轄する地方裁判所。
・特定調停の申立て→相手方の住所地を管轄する簡易裁判所。
・借地非訟事件→借地権の目的である土地を管轄する地方裁判所。当事者の合意があるときには、その所在地を管轄する簡易裁判所。

なる金額（訴額）がいくらになるかは、貸したお金を返せという訴えなら簡単で、相手に１００万円を返せと請求するときの訴額は１００万円、これは、貸金ではなく売買代金でも、手形金でも、同じことです。

　ひとつ気をつけておきたいのは、利息や損害金など、付属的な請求は訴額として算入しなくてよいということです。土地、建物に関する場合の訴額は、税事務所や市区町村役場の固定資産税の評価額を参考にするたてまえになっています。「その土地や家を引き渡せ」という場合（所有権）であれば、その額がまるまる価額となりますし、賃借権であれば2分の1、使用貸借権（無料で使わせてもらう権利）なら3分の1というふうに扱われます。

どの場所にある裁判所に訴えを起こせばいいのか

　訴額によって地裁・簡裁が分かれることはすでに説明しましたが、裁判所は全国に数多くあります。裁判所が遠いとたいへんなので、近い方が望ましいのはもちろんです。どこの裁判所に訴えを起こせばいいでしょうか。

　原則としては、被告（訴えの相手方）の住所地の裁判所です（民事訴訟法４条）。また、被告が会社や団体ならば、主たる事務所・営業所（本社・本店）の所在地を管轄する裁判所、事務所などがないときは主たる業務担当者の住所地の裁判所に訴えを起こします。

　ただし、これには例外がいろいろあって、まず義務履行地の裁判所でも訴えを受け付けるということがあります。たとえば金銭の支払い義務は、債権者のところへ持参して支払うのが原則とされていますから（民法４８４条、商法５１６条）、お金を払え、返せという請求では、たいてい権利者である原告の住所地の裁判所で用が足りることになります。

　また、交通事故や詐欺などの不法行為による損害賠償請求は、その不法行為のなされた地（結果の発生した地も含む）の裁判所、不動産に関する訴訟では、その不動産の所在地の裁判所、相続紛争では被相続人（遺産を残して亡くなった人）の住所地の裁判所に訴えることができます。

　契約上のトラブルでは、契約を結ぶに際して、トラブルが生じたとき訴える裁判所をあらかじめ決めておくことがあります。あるいは原告・被告の双方が裁判前に合意した場合にも、全国どこででも訴訟を起こせることになります。これが合意管轄です。

　なお、管轄の違う裁判所に訴えたとしても、その訴えが却下されることはありません。「管轄違い」として正しい管轄の裁判所へ移送され、そちらで審理が進むことになります。

必ず家庭裁判所で扱う事件がある

家庭裁判所は、家庭内のもめ事や法律関係など、家事事件（少年事件もある）を解決するために設けられた裁判所です。家事事件については、家事事件手続法や人事訴訟法という法律があり、取扱いを定めています。

取り扱う事件は、家事事件手続法別表第1と第2の種類があります。

別表第1に属する事件（審判事件）は、本人同士の交渉にまかせておけず、裁判所がじかに決断を下すべき事案が内容です（たとえば後見人の決定や失踪宣告、遺言の検認など）。

したがって、関係者の意見は聞きますが、最終的には家事審判官（家庭裁判所の裁判官）が審判で結論を出します。

別表第2に属する事件（審判でも調停でもよい事件）は遺産の分割や財産分与に関する処分など、調停（裁判所での話し合い）ができれば、いちばんよく、もしできなければ裁判所での審判になり、本人次第でどちらで申し立てても差し支えありません。

婚姻や離婚、親子関係、相続に関する問題などの家事や相続に関する身分上の訴訟を人事訴訟といいます。

以前は、人事（認知・養子縁組・離婚など）や相続問題については、調停・審判は家庭裁判所の管轄、訴訟は地方裁判所の管轄とされており、調停が不成立となり訴訟となると、裁判所が家庭裁判所から地方裁判所へ代わるという複雑で分かりにくいものでした。

人事訴訟法の制定により家庭裁判所に一本化し、平成16年4月から施行されています。

なお、家庭裁判所には家事事件手続相談室があり、調停や審判の手続き、書類の書き方などを教えてくれます。

★人事訴訟法

人事訴訟法は会社の人事についての争いについて定めた法律ではありません。人事訴訟法における人事とは、身分関係の形成または存否のことをいいます。

人事訴訟法では、人事に関する訴えを、以下のとおり列挙しています。

①婚姻の無効および取消しの訴え、離婚の訴え、協議上の離婚の無効および取消しの訴えならびに婚姻関係の存否の確認の訴え

②嫡出子の否認の訴え、認知の訴え、認知の無効および取消しの訴え、父を定めること（民法773条）を目的とする訴えならびに実親子関係の存否の確認の訴え

③養子縁組の無効および取消しの訴え、離縁の訴え、協議上の離縁の無効および取消しの訴えならびに養親子関係の存否の確認の訴え

以上の事件は、まず、家庭裁判所で調停が行われ、不成立のときには家庭裁判所の人事訴訟となります。

民事事件の訴え方 11

■訴訟を開始する第一手

訴状や答弁書はどのように書けばいいのか

▼書き方のパターンを押さえれば素人でも充分可能

■訴訟は、訴状を裁判所に提出して始まります。この訴状の書き方や出し方について、この項では説明します。

訴状は相手の数＋2通が必要になる

訴状は1通だけでは足りません。裁判所の分（正本）、相手（被告）に渡す分（副本）、自分の控え―最低3通は必要です。相手が複数（共同訴訟）の場合は、その分だけ副本が余計に必要となります。まず1通を作成し、あとはコピーを利用します。

用紙については、これこれの紙に書かなければならないという制約はありません。白地の上質紙などを利用すれば無難でしょう。罫線用紙でもかまいません。

記載は、ペンや筆で書いても、タイプで打っても、パソコンで打ってプリントしてもいいのです。手書きなら、書き直しのきく鉛筆で書き、それをコピーにとって消えないようにする、という方法もあります。

最近では、訴状の書き方のサンプルなどを見て、パソコンで打ってプリントするものが多いようです。100～101ページに訴状のサンプルを掲載しましたので、利用して作成するとよいでしょう。

また、簡易裁判所（あるいはインターネット）には定型の訴状用の用紙が用意されていて、申し出れば無料でもらうことができますので、これを使うことも便利です（104ページの書式例を参照）。

大きさは従来、B4判用紙でしたが、平成13年1月1日からは、訴訟関係の書類はA4判で横書きとなりました。綴じるときは左綴じです。判決文もこの形式で交付されます。

訴状を出すとき、このA4判・横書きの形式を要請されるわけですが、縦書きは絶対に受け付けないとか、裁判で不利になるようなことはありえません。しかし、横書きはワープロなどで書きやすい形式ですし、特に縦書きにこだわる理由もなければ「横書が受け付けられやすい」と前向きに考えておけばいいでしょう。

訴状の内容はどのように書いていくか

まず表書きです。次のような事項を順に書いていきます。

▼**事件名**…事件名欄には「貸金請求事件」「売掛金請求事件」「家屋明渡請求事件」「損害賠償請求事件」など、何を請求する事件かを端的に書きます。

▼**原告・被告**…住所（郵便番号を忘れずに）、氏名、電話番号やファクシミリの番号（所有していれば）と送達場所を書きます。

原告・被告が複数であれば並べて書きます（既製の用紙では補充欄を使います）。

▼**訴訟物の価額・印紙額**…相手（被告）に請求する金額です。印紙額は、その価額（訴額）に応じて裁判所に納める訴訟の手数料です。

▼**請求の趣旨と原因**…「請求の趣旨」は、その訴訟での請求の結論を説明ぬきで書くもので、「請求の原因」はその説明、理由を書くものです。

いよいよ自分がこの訴訟で裁判官に訴えたい内容を書いていくわけですが、離婚訴訟で慰謝料を請求するような場合ならともかく、貸金の返還請求や家屋の明渡し請求などで、傷ついた自分の被害感情を吐き出すことにいくら精を出しても無意味です。あくまで端的・冷静に、必要事項のみを記していきましょう。

▼**証拠の記載や付属書類**…出すことの分かっている証拠書類の写しを訴状に添えます。不動産訴訟では登記簿謄本（登記事項証明書）、手形訴訟では手形の写しなどです。

原告の出す証拠は甲号証とされますから、証拠書類（の写し）の肩に「甲第一号証」と番号を付します。訴状にも同様に記して並べ、一覧できる目録を作っておきます。

また、付属書類として、原告または被告が法人の代表者である場合の商業登記簿謄本（全部事項証明書、代表者事項証明書含む）が必要です（その会社の所在地を管轄する法務局やその出張所で誰でも取れるし、郵送も可）。代理人（弁護士）がつく場合は委任状を添付します。

ただ、資格証明書や委任状は裁判所へ提出する訴状の正本に一通ずつ添付してあればよく、被告に届く副本には必要ありません。これは、原告あるいは被告、代理人が正当な当事者であることを裁判所に証明するためだからです。

なお、裁判所用の訴状には「正本」、被告に渡るものには「副本」の文字を、表紙の右下の欄外に記入します。

▼**押印のしかた**…訴状には、所定の箇所に押印がいります。第一に、原告（または原告代表者）の名前の下に押します。第二に、訴状が数枚にわたる場合（付属書類にも）、一連

◆訴状の書き方サンプル[表書きの部分]

訴　　状

印紙

○○地方裁判所○○支部御中

令和○年○月○日

事件名　　貸金請求事件

原　告　　〒　　　　東京都○○区○○町○丁目○番○号
　　　　　　　　　　　　○○アパート○号室
　　　　　　　　　　電　話　03－○○○○－○○○○
　　　　　　　　　　FAX　03－○○○○－○○○○
　　　　甲　野　太　郎　　㊞
　　　　送達場所　　上のとおり

被　告　　〒　　　　神奈川横浜市△△区△△町×丁目×番×号
　　　　　　　　　　電　話　045－△△△△－△△△△
　　　　　　　　　　FAX　045－△△△△－△△△△
　　　　有限会社乙山商会
　　　　　代表取締役社長　　乙　山　二　郎
　　　　送達場所　　上記のとおり

被　告　　〒　　　　東京都××区××町×丁目×番×号
　　　　　　　　　　電　話　03－××××－××××
　　　　　　　　　　FAX　03－××××－××××
　　　　丙　川　三　郎
　　　　送達場所　　上記のとおり

訴訟物の価額　　　1,000,000円
印　紙　額　　　　　10,000円
予納郵券　　　　　　　　　円

正本

－1－

訴状はA４判の用紙に横書きで作成します。

訴額に応じた印紙額を調べて、提出前に貼っておきます。

提出する裁判所の名前を書き、「御中」とします。

訴状を作成した日付を書きます。

事件名(何を請求する訴訟か)を記入します。

原告(訴状を書いている当人)の氏名を記したあとに押印します。実印でなくてもOKです。

裁判所からの書類の送り先を書きますが、原告の住所として記したものと同じでよければ「上記のとおり」と書けば足ります。

電話やFAXの番号は、被告のものも、できるだけ調べて書き入れます。

当事者が会社の場合には、会社名だけでなく、代表者の肩書と名前を書きます。

本例では、被告が２名いますから、両名を順に並べて書きます。

訴訟物の価額や印紙額については、裁判所の窓口で確認して下さい。

被告２名＋２通で計４通作成したうち、裁判所に提出するものには「正本」と記します。

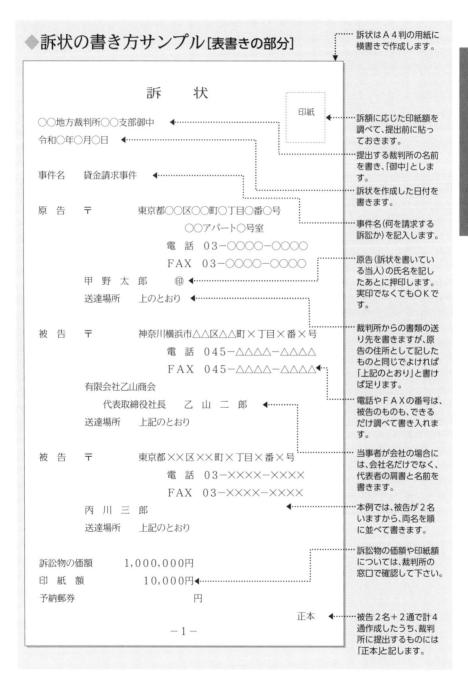

◆訴状の書き方サンプル [請求の趣旨以下の実質的部分]

請求の趣旨

被告らは各自原告に対し金１２０万円、内金１００万円に対する令和２年１月１日から上記完済に至るまで年２割の割合による金員の支払いをせよ。

訴訟費用は被告らの負担とする。

との判決及び仮執行の宣言を求める。

請求の原因

1. 原告は被告の乙山商会に対し、次の通り金員を貸し渡し、被告丙川三郎はこれに連帯保証をした。

(1) 貸付年月日　平成３０年1月1日
(2) 貸付金額　金１００万円也
(3) 弁　済　期　平成３１年（令和元年）１2月３１日
(4) 利息の割合　年1割
(5) 利息支払期　元金弁済期日に日割計算のうえ支払うこと
(6) 特　　約　期限に履行しないときは、年２割の割合による遅延損害金を支払うこと

2. 乙山商会は期限になっても元金も利息も支払わず、その後、原告が再三催促しても全く支払わない。

3. そこで原告は、被告らに対し、次の金員の支払いを求める。

(1) 元金１００万円也
(2) 利息２年分２０万円
(3) 元金１００万円に対する令和２年1月1日より完済に至るまで年２割の割合による遅延損害金

立証方法

1. 甲第1号証（借用証）

金を貸すにあたり被告両名が作成して交付を受けたもの（請求の原因第１項関係）

2. 甲第２号証の１（内容証明郵便）

同　の２（配達証明）

被告に対し貸金の返還を請求したもの（請求の原因第２項関係）

添付書類

1. 甲号証の写　各1通

2

「請求の趣旨」のところでは、訴えた相手方（被告）に何を求めるのか、すなわち、裁判所にどういう判決を下してほしいのかを端的に書きます。

勝訴判決の中に仮執行宣言をつけておいてもらえば、判決確定の前でも強制執行ができます。

「請求の原因」のところでは、紛争となった原因や、原告が受けている被害の状況を、なるべく簡潔に書いていきます。

原告側が提出する証拠は「甲号証（複数なら甲第○号証）です。

その証拠が持つ意味と、その証拠で立証をはかるポイントを整理して書くとよいでしょう。

訴状に添えて出す書類について、確認のために通数とともに記しておきます。

のものであることを証明するために契印（割り印）をするのが建前です。

ただ、最近、訴状にきちんとページ番号がふってあり綴じてあれば契印は不要とされるようになってきています。第三に、訂正があれば、上欄の訂正の書き込みの箇所に、それぞれ訂正印を押します。

これで訴状は出来上がりです。

訴状提出の際には印紙代や切手代がかかる

訴状の提出は、裁判所の受付窓口に正本と副本とを出します。大きい裁判所で受付窓口がわかりにくいときは、案内係の人や守衛さんがいますから、聞けばいいのです。

提出の前に、収入印紙を、訴状の正本の表書きの欄に貼付しておきます。印紙には印を押しません。裁判所が受理する際に、印紙額の多寡を調べて、裁判所が消印を押します。

印紙の額は、訴訟物の価額（被告への請求額）に応じて決まっています。訴額が10万円なら印紙額は1000円、100万円なら1万円です（印紙額一覧は83ページ参照）。

印紙代のほかに、裁判所からの呼出状や書類送達に使う郵券（切手）を、あらかじめ被告一人の場合5830円（東京簡易裁判所）を納めなければなりません。ちなみに、証人を呼んだときの日当と旅費などは、そのつど別に納めることになります。

受付窓口で、もし訴状に形式の不備があれば、裁判所書記官から訂正して出直すように言われます。

建前上、訴状の不備の補正を命じることのできるのは裁判長だけですが、法律をタテに窓口に押しこもうとしても時間のムダというものです。窓口では裁判長の指揮に従ってそうしているのですし、いずれ突き返される結果は同じです。素直に指示に従うのが得策でしょう。

無事に提出がすめば、その訴状の番号（事件番号）が決められます。地方裁判所なら令和○年（ワ）第□□□号、簡易裁判所では令和○年（ハ）第□□□号です。

これは、その訴訟事件についた名前のようなものであって、裁判所への問い合わせに必要なので、忘れてはいけません。たいていの裁判所では、事件番号と担当の部を書いた紙をくれますから、すぐに訴状の控えに貼っておきます。

訴状は裁判所の窓口へ持参するのが一番ですが、郵送してもよいのです。ただし、ファックスでは受け付けられません（後述する答弁書などはファックスでも提出できます）。

訴えられた被告の側では答弁書を用意する

被告に対しては、裁判所から訴状（副本）と呼出の通知が来ます。訴訟に応じないで放っておけば、原告の主張を全面的に認めたものとして扱われ、敗訴になります。

裁判所からの封筒には、答弁書を出すようにという催促が入っています。答弁書は、送られてきた訴状を読み、そこに書かれた原告の主張に対して自分(被告)の言い分を述べるもので、内容は次のようになります。

「請求の趣旨に対する答弁」は、原告の主張に対抗して争うのですから「請求の棄却を求める」と書きます。訴えの手続きが違法であるなどで、門前払いの判決を求めるなら、「本件訴訟の却下を求める」とします。

続く「請求の原因」に対する答弁は、原告の訴状の中の「請求の原因」の事項ごとに、認めるか認めないかを答えるのです。内容の中に認める部分と認めない部分が混じっているのが普通ですから、ウッカリ全部を認めてしまわないよう注意が必要です。

「否認」は個々の事項について否定することです。例えば「15万円を借りたことは否認する」となります。

「不知」または「知らない」とは、そんなことがあったかどうか知らない、という答えです。

効果としては「否認」と答えるのと同じですが、「否認」が積極的に「相手のいうことは真実と違う」と言い切るのに対し「不知」は「自分はそのことに関係していないから、その有無は分からない。あったというのなら証拠を出してくれ」という意味です。

沈黙して答えない場合、つまり事実の主張に対し答がない場合は、「認める」場合と同じに扱われます。

認否のほかに「抗弁」があります。

「抗弁」は反撃するための、こっちの言い分です。金を借りたことは認めたうえで「ほかの売掛金と差引(相殺)にした」というのが抗弁です。金を借りたこと自体を否認するのとは違うのです。

答弁書には収入印紙は不要

答弁書も訴状と同様、自分(被告)用の控え、裁判所用と原告用、つまり正本と副本が必要です。

訴える側の訴状と違って、印紙はいりません。

呼出状に訴訟の事件番号が書いてあるから、答弁書にも事件番号を記入します。日付、裁判所の表示、署名印など、訴状と同じように作ります。そして、担当部の書記官に出します。

答弁書を被告が提出すれば、その訴訟は争われる(被告が原告の言い分を認めない)ことになり、いきなりの欠席判決はできません。原告は自分の請求の原因を立証しなければなりません。

訴状の書き方サンプル

▼簡易裁判所の定型書式の例

◆いざ訴訟となれば、まずは訴状を書き、裁判所に提出しなければなりません。素人でも作成しやすいよう、多くの簡裁では書込み式の定型訴状用紙が置かれています。

1枚目（当事者の表示部分）

訴　　状

事件名　売買代金請求事件

□少額訴訟による審理及び裁判を求めます。本年、この裁判所において少額訴訟による審理及び裁判を求めるのは　1 回目です。

○○ 簡易裁判所　御　中　　　令和 3 年 1 月 20 日

原告（申込人）

〒 ○○○−○○○○

住　所（所在地）　○○県○○市○○町○丁目○番○号

氏　名（会社名・代表者名）　株式会社○○商店

代表者代表取締役　甲　野　太　郎　（代表者印）

TEL ○○○ - ○○○ - ○○○○ FAX ○○○ - ○○○ - ○○○○

送達場所等の届出

原告（申立人）に対する書類の送達は、次の場所に宛てて行ってください。

☑上記住所等

□勤務先　名　称

〒

住　所

TEL　-　-

□その他の場所（原告等との関係　　　　）

〒

住　所

TEL　-　-

□原告（申立人）に対する書類の送達は、次の人に宛てて行ってください。

氏　名

被告（相手方）1

〒 ○○○−○○○○

住　所（所在地）　○○県○○市○○町○丁目○番○号

氏　名（会社名・代表者名）　乙　山　二　郎

TEL ○○○ - ○○○ - ○○○○ FAX ○○○ - ○○○ - ○○○○

勤務先の名称及び住所　○○○○株式会社　○○県○○市○○町○丁目○番○号

TEL ○○○ - ○○○ - ○○○○

被告（相手方）2

〒

住　所（所在地）

氏　名（会社名・代表者名）

TEL　-　-　FAX　-　-

勤務先の名称及び住所

TEL　-　-

訴訟物の価額	円	取扱者
貼用印紙額	円	
予納郵便切手	円	
貼用印紙	裏面貼付のとおり	

作成のポイント

◉訴額が大きいとか、事件が複雑で詳細な記述が必要なときは、自分で（あるいは専門家に頼んで）訴状用紙を用意し、書き込んでいくことになりますが、訴額が140万円以下の比較的簡単な事件を扱う簡易裁判所では、通常、定型の書込み式用紙を備えており（インターネットで取寄せも可能）、これを利用すれば素人の方でも楽に訴状を作成できます。

ここでは、簡裁に備えられている定型訴状の一例をあげておきます。A4判で、2枚つづりになっています。左側に3センチ程度ある余白部分をホチキスで止めます。

①▼自分の訴えについて、端的にタイトル（事件名）を書くところです。定型用紙では、あらかじめ事件の種類ごとに事件名を印刷してあります。

②▼少額訴訟手続（116ページ以下参照）を利用するなら、□内を✓点でチェックし、年間の利用回数制限があるので（10回まで）、本年の少額訴訟を起こした回数を書き入れます。

③▼訴状の作成日を書き入れます。

④▼住所・氏名を書き、電話やファックスがあれば番号を書き入れます。氏名の次に印を押し

◉訴状は、裁判所へ提出するもの（正本）、被告へ渡すもの（副本）、原告が控えとして保持するもので、最低3通を作成します。被告が複数いる場合は、それだけ作成する通数も増えることになります。

◉定型書式を使わず自分で作成するときにはA4判の用紙に横書きで書きます。1枚あたり37字×26行くらいが目安です。通常は複数枚に渡りますから、ページ番号を付し、左の余白部分を綴じます。

◉正本・副本とも裁判所の受付窓口に提出します。副本は、裁判所を通じて被告のもとへ郵送されます。

2枚目（請求の内容部分）

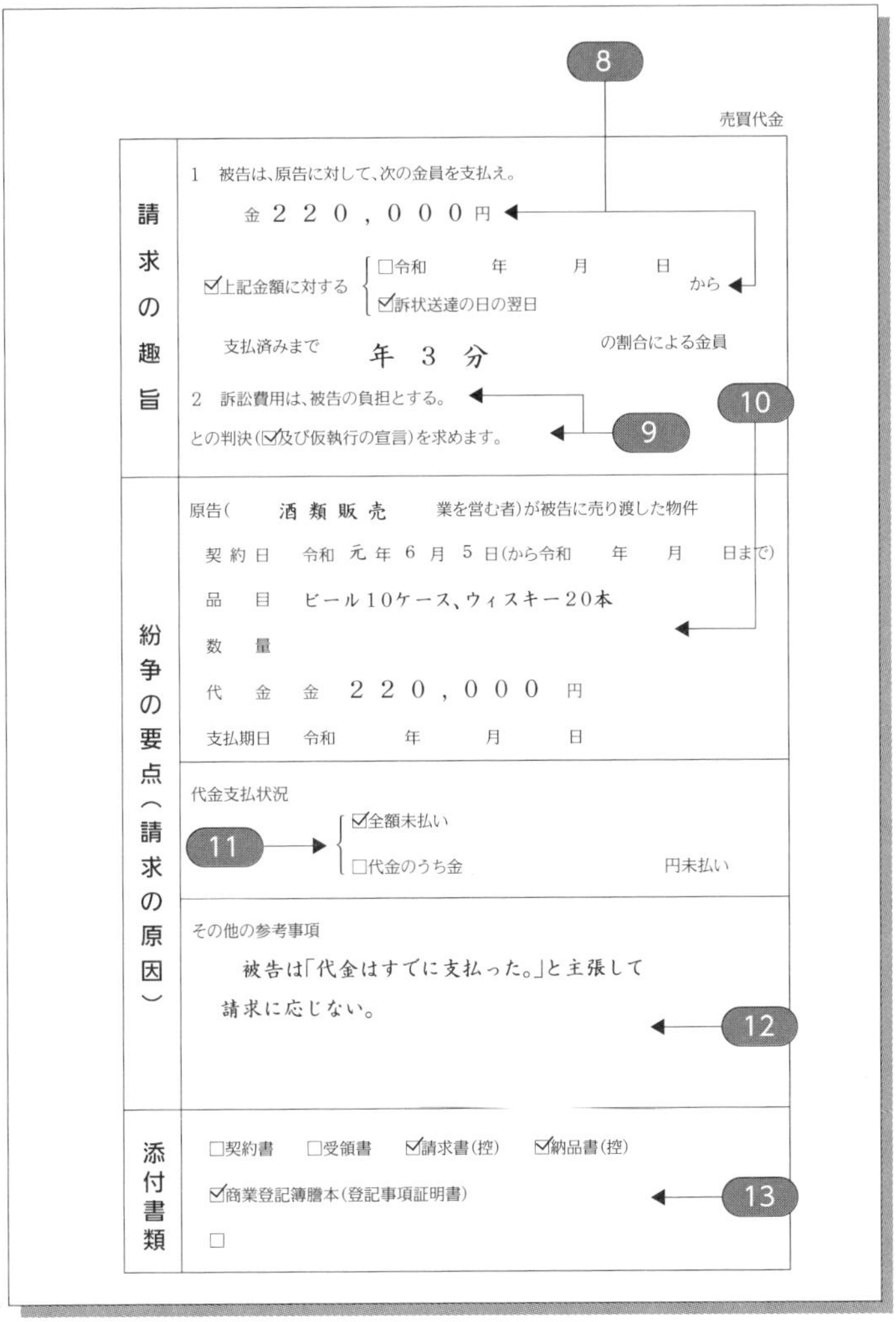

8
売買代金
請求の趣旨
1　被告は、原告に対して、次の金員を支払え。
金２２０，０００円
☑上記金額に対する □令和　年　月　日 ☑訴状送達の日の翌日 から
支払済みまで　年３分　の割合による金員
2　訴訟費用は、被告の負担とする。
との判決（☑及び仮執行の宣言）を求めます。
9
10
紛争の要点（請求の原因）
原告（酒類販売　業を営む者）が被告に売り渡した物件
契約日　令和元年6月5日（から令和　年　月　日まで）
品目　ビール10ケース、ウィスキー20本
数量
代金　金２２０，０００円
支払期日　令和　年　月　日
代金支払状況
11
☑全額未払い
□代金のうち金　円未払い
その他の参考事項
被告は「代金はすでに支払った。」と主張して請求に応じない。
12
添付書類
□契約書　□受領書　☑請求書（控）　☑納品書（控）
☑商業登記簿謄本（登記事項証明書）
□
13

ます。認印でかまいませんが、会社の場合には代表者印です。

⑤▼訴えた当人（原告）に裁判所から書類を送るときの送り先を書きます。上の欄に書いた当人の住所と同じでよければ、□内にチェックを入れるだけです。

⑥▼被告（訴えの相手方）の住所、氏名等を記入。

⑦▼この欄については、簡裁の窓口で確認して下さい。

⑧▼請求する金額と遅延損害金について記入。訴訟を起こした目的を書き込む主要部分です。

⑨▼勝訴すれば〈訴訟費用〉も相手方に負担させることができます。また、〈仮執行の宣言〉とは、判決確定前でも仮に強制執行していいという許諾宣言です。これを求めるなら、□内をチェックします。

⑩▼原告が、どのような被害を、どのような状況で受けたかを具体的に説明するところです。

⑪▼代金の支払状況をチェックで示します。

⑫▼相手方が支払いをしない理由や相手方の言い分など、参考になりそうなことを書いて下さい。

⑬▼証拠書類があれば、該当する□内をチェックで示します。この例では原告が会社ですから、商業登記簿謄本（登記事項証明書、代表者登記事項証明書を含む）も訴状と一緒に提出します。

答弁書の書き方サンプル

▼簡易裁判所の定型書式の例

◆自分が訴えられ、訴状を受け取ったときには、必ず答弁書という書状で反論しなければなりません。簡裁（あるいはインターネット）では、書込み式の定型用紙が用意されています。

1

答　弁　書

2

□（原則として1回の期日で審理を完了する）少額訴訟ではなく通常の手続による審理及び裁判を求めます。

○○　簡易裁判所　御　中　　令和　3　年　2　月　20　日

令和　3　年（ ハ ）第　23○○　号　　売買代金　請求事件		
原告（申立人）	甲　野　太　郎　（3）	
被告（相手方）	〒 ○○○－○○○○ 住　所（所在地） ○○県○○市○○町○丁目○番○号　（4） 氏　名（会社名・代表者名） 乙　山　二　郎　㊞ TEL ○○○ － ○○○ － ○○○○ FAX ○○○ － ○○○ － ○○○○	
	送達場所等の届出	被告（相手方）に対する書類の送達は、次の場所に宛てて行ってください。 ☑上記住所等 □勤務先　名　称 〒 住　所 TEL　－　－ □その他の場所（被告等との関係　　） 〒 住　所 TEL　－　－　（5）
		□被告（相手方）に対する書類の送達は、次の人に宛てて行ってください。 氏　名　（6）
請求の趣旨に対する答弁	1　原告の請求を棄却する。 2　訴訟費用は、原告の負担とする。　（7） との判決を求めます。	

予納郵便切手	円	取扱者
	(8)	

8

作成のポイント

①▼裁判を起こした側（原告）が少額訴訟の手続きを希望していても、訴えられた側（被告）はあらかじめそれを拒否して、通常の訴訟手続にしてもらえます。その意向を、ここの□にチェックを入れて示します。

②▼この答弁書の作成日を記入。

③▼裁判所から被告に送ってきた訴状や口頭弁論期日呼出状に、この訴訟の事件番号や事件名、原告の氏名が書いてありますので、ここにそれを書き入れます。

④▼被告（訴えられた自分）の住所、氏名を書き、認印を押します。電話やファクシミリがある場合は、その番号を書き入れます。被告が会社であれば、会社の所在地と会社名、代表者の氏名を書き、代表者印を押します。

⑤▼裁判所から被告あてに書類を送るときの送り場所を指定します。上に書いた住所と同じでいいときには、「上記住所等」の□に✓点でチェックを入れます。

⑥▼上欄で書いた宛先で被告のかわりに書類を受け取る人（送達受取人）を届け出る場合にチェックを入れ、名前を書きます。

⑦▼原告の訴えに対し、被告の側ではどう応じるかが、あらかじめ印刷してあります。原告の請求をしりぞけ、訴訟費用も原告

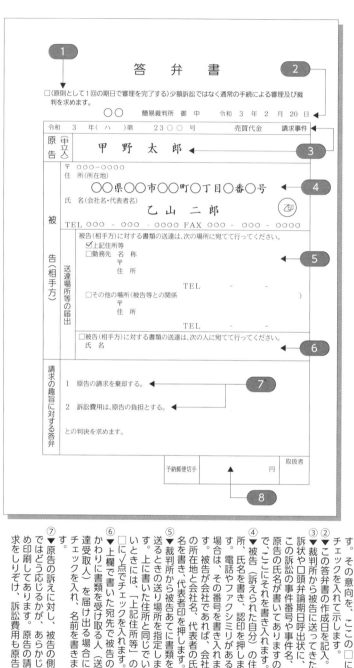

2枚目（請求の内容部分）

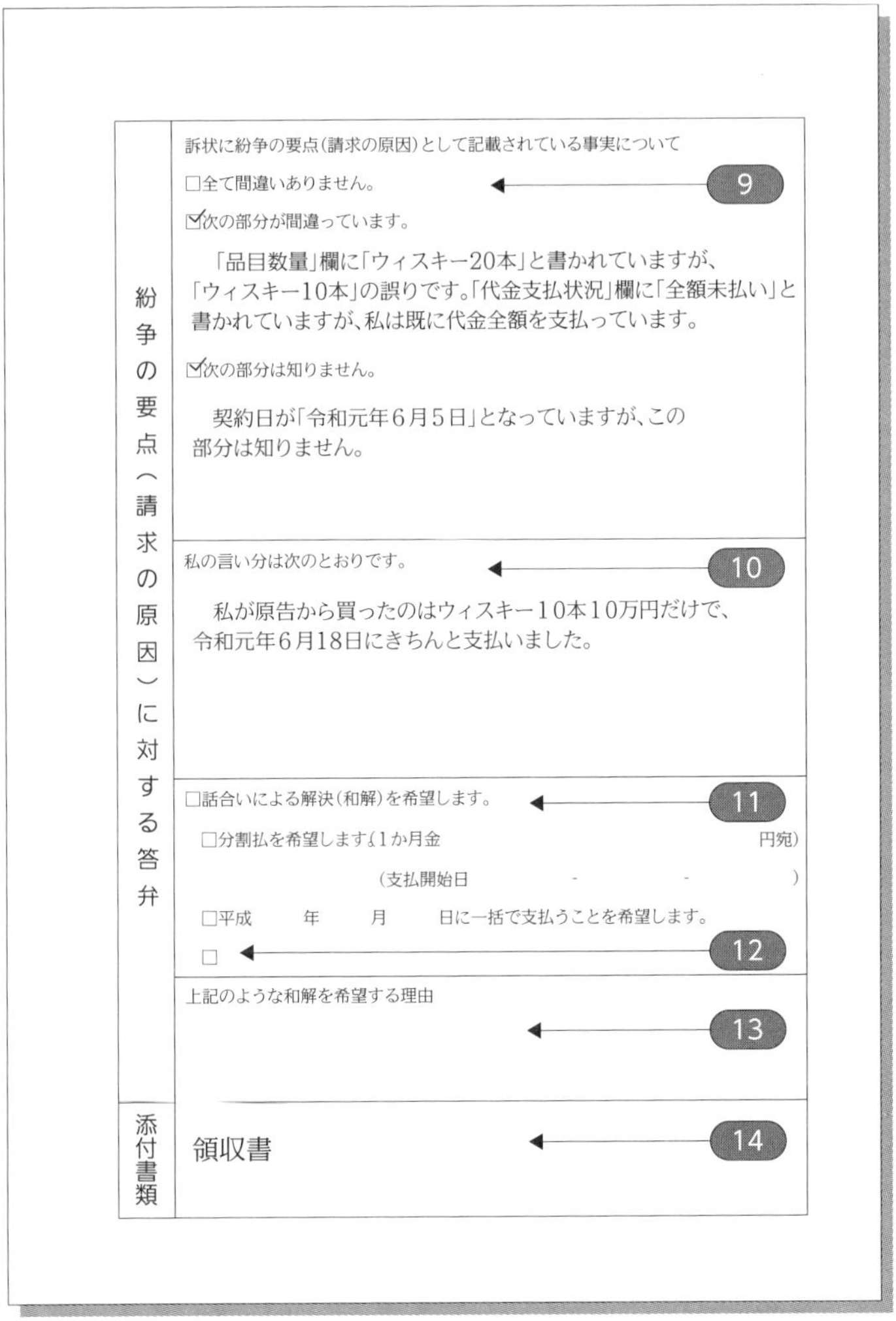

紛争の要点（請求の原因）に対する答弁

訴状に紛争の要点(請求の原因)として記載されている事実について

□全て間違いありません。 ← 9

☑次の部分が間違っています。

「品目数量」欄に「ウィスキー20本」と書かれていますが、「ウィスキー10本」の誤りです。「代金支払状況」欄に「全額未払い」と書かれていますが、私は既に代金全額を支払っています。

☑次の部分は知りません。

契約日が「令和元年6月5日」となっていますが、この部分は知りません。

私の言い分は次のとおりです。 ← 10

私が原告から買ったのはウィスキー10本10万円だけで、令和元年6月18日にきちんと支払いました。

□話合いによる解決(和解)を希望します。 ← 11

□分割払を希望します。(1か月金　円宛)

(支払開始日　-　-　)

□平成　年　月　日に一括で支払うことを希望します。

□ ← 12

上記のような和解を希望する理由 ← 13

添付書類　領収書 ← 14

◉答弁書も、訴状と同じく、裁判所へ提出するもの（正本）、原告へ渡すもの（副本）、それに自分が控えとして持っておくものを作成します。

◉原告に渡す副本は、とりあえず相手方にファックスで送信し、受領書を返送してもらって、それを裁判所に提出するような便法も認められています。

◉サンプルのような定型書式を使わず、自分で作成する場合には、これも訴状の場合と同じくA４判の用紙に横書きにします。一枚あたりの分量は一行37字×26行ぐらいが目安です。

が払えと主張する内容です。

⑧▼ここに記入する額については、窓口で尋ねて下さい。

⑨▼送付されてきた訴状に書かれている「紛争の要点（請求の原因）」に対して、被告側の言い分を書きます。「全て間違いありません」のところをチェックすると、原告側の請求どおりの判決が出てしまいます。原告の言い分で承服できないところがあれば「次の部分が間違っています」のところの□にチェックを入れ、その下に要点を書いて否認の意思を示します。「次の部分は知りません」の欄は、そんなことは初耳だから、そう主張するのなら証拠を出せ、ということで、これも原告の言い分を認めなかったことになります。

⑩▼⑨で書ききれなかったことをここで書きます。

⑪▼判決まで争わず、話し合いによる解決（和解）をしたい場合にチェックを入れます。分割払い、後日の一括払いのいずれかで希望する和解条件があればチェックして、必要事項を記入。

⑫▼⑪以外で和解条件があれば、ここに書きます。

⑬▼現在の経済状態や取引の状況など、和解をするに際して参考となる事情を書きます。

⑭▼被告側の言い分を裏付ける証拠書類の名称を書き、その書類のコピーを2通作成して、答弁書といっしょに提出します。

民事事件の訴え方
12

■訴訟現場の様相を知ろう

民事の訴訟はどのように進むのか

▼書面提出が中心の事務的やり取りが続く

■原告の訴状を裁判所が受理すると、裁判所は訴訟期日を定めて原告と被告に呼出状を送ります。被告も答弁書を提出し、訴訟期日の当日、原告と被告の闘いの火ぶたが切って落とされます。

「法廷ではどのように審理が進むのか」

民事訴訟の法廷では、訴状や答弁書に基づく争点・証拠整理が行われ、その後準備書面（法廷で主張するつもりのことを前もって書いて提出するもの）や証拠書類をやりとりし、争点を整理していく作業が淡々と続くのが通例です。

闘いとはいえ、当事者が丁々発止と弁論するドラマチックな光景は、めったにみられません。

訴訟では「口頭主義」をとっており、言い分は書面にして提出するだけでは足らず、声に出して『陳述』しなければならないことになっています。それによって、書面に書きもらしたことや、あいまいになった個所を、法廷での口舌で補足することができます（書記官が調書に記載するから書面で出したのと同じ効力を持つ）。裁判官や相手方も、疑問点を直接問いただすことができて便利です。しかし、この「口頭主義」は、法廷で声を大にして演説しろということとは違います。

実務上は、法廷で書面の内容をいちいち読み上げることはありません。第1回目の期日には、まず、訴状や答弁書の内容を当事者が『陳述』しあうのですが、実際に口で読むことはせず、陳述したものとみなすことになっています（民事訴訟法158条）。2回目以降も、たとえば「訴状のとおり陳述しますか」と裁判官が聞き、原告が「はい」と答えるといったやりとりが続きます。

すなわち、言いたいことは要領よく準備書面に書いて出し、口頭でしゃべるのは補完的なことにとどめる、というのが、有利に訴訟を進めるコツなのです。

◆通常の法廷

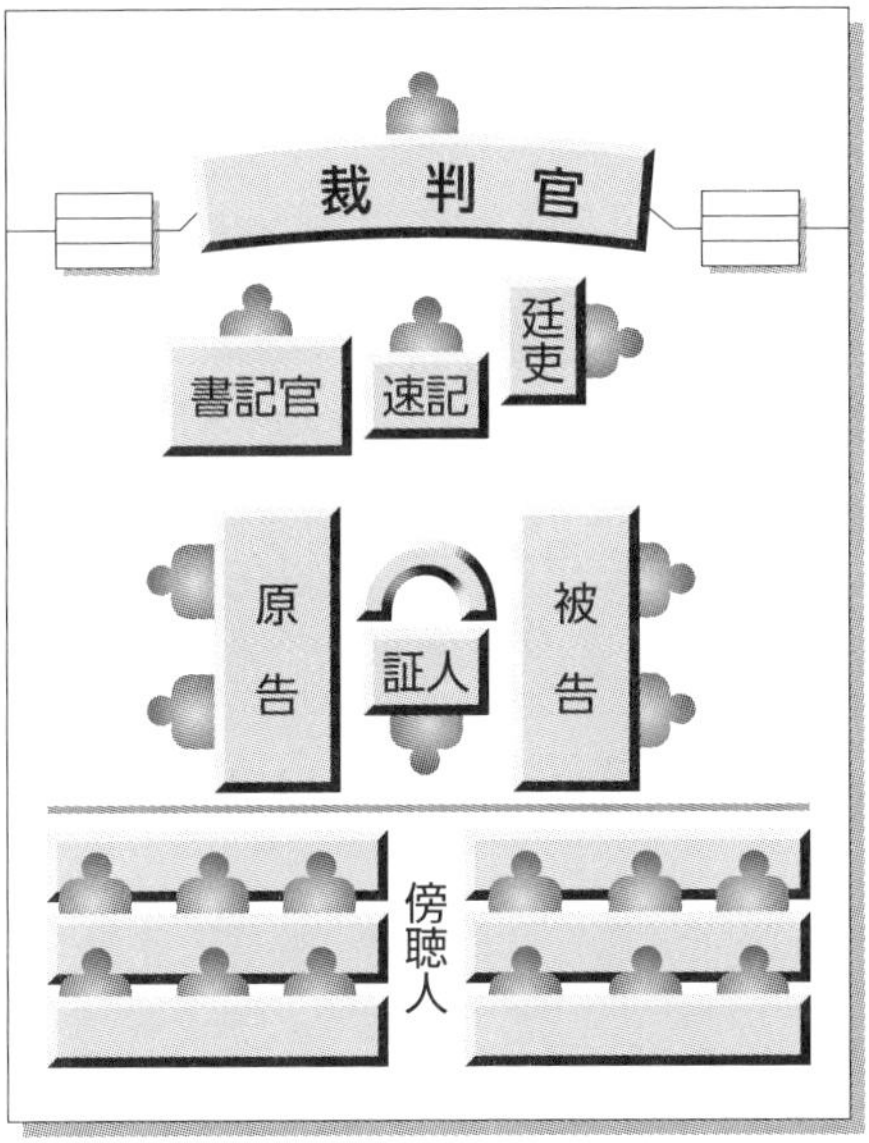

●通常の法廷は前方壇上に裁判官が座り、檀下に書記官、その手前左側に原告、右側に被告が座ります。

◆ラウンドテーブルを利用した法廷

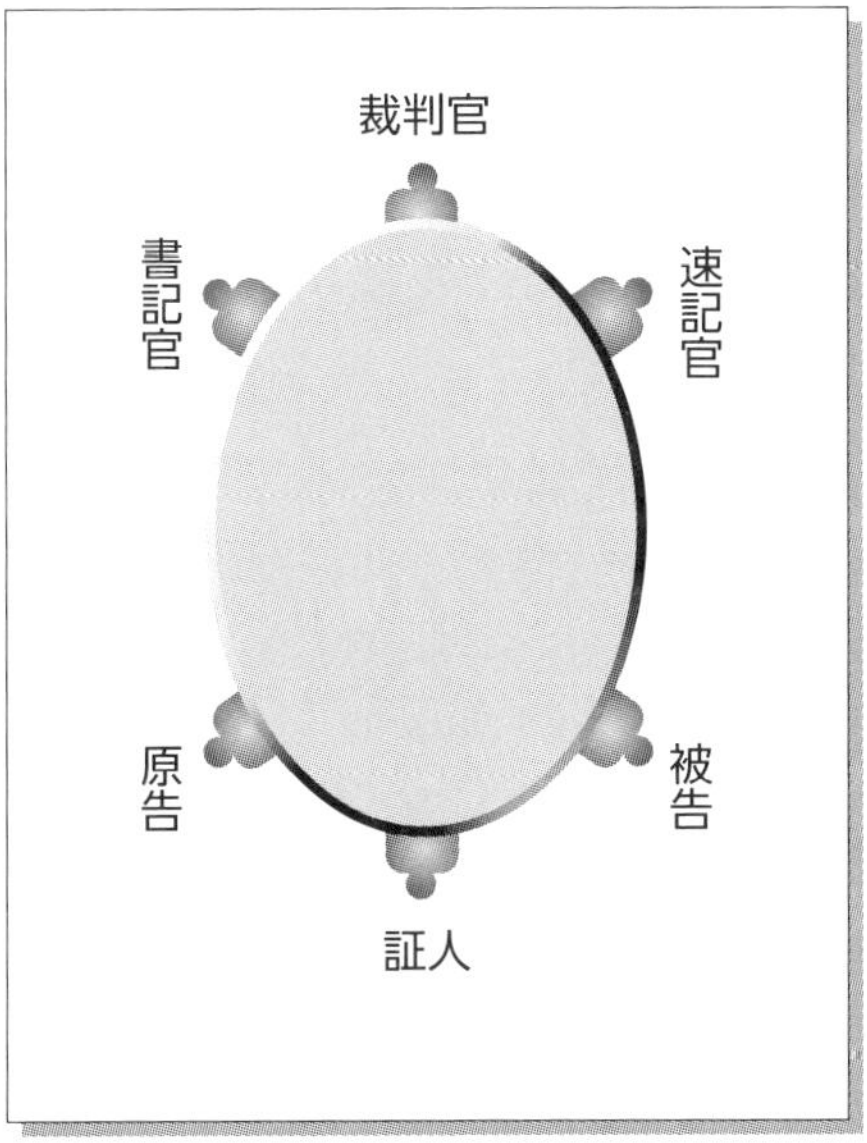

●ラウンドテーブル方式の法廷は通常、調停や和解のために利用されます。訴訟でも２回目以降は和解含みで、もっぱら、ラウンドテーブルの方式の場合もあります。

準備書面とはどういうものか

先にふれたように準備書面とは、法廷での陳述を準備する書面です。これを法廷で口頭で陳述して、はじめて裁判所に主張したことになります。

この準備書面は、あらかじめ次回期日以前に提出します。通数は、訴状や答弁書と同じ通数です。なお、ファックスを使うことが許されています。

準備書面の内容は、まず「主張」と「証拠論」とがあります。

主張とはこちらの言い分です。証拠論とは証拠の意味や提出の狙いを説明して、言い分が正しいことを裁判所に納得させようというものです。言い分の補充などは、準備書面の重要な役目です。

法廷では、提出されている準備書面を陳述する手続きがあります。「訴状と同様に陳述します」と答えれば、準備書面の内容を申し立てたことになります。読みあげる必要はありません。

提出した書類を交換するだけのことも多い

法廷では準備書面の内容や、事案そのものについて裁判官から尋ねられたり、証拠の提出を促されたりもしますが、相手がこちらの準備書面に対する反論を準備するため、その日の審理はそこまでで打ち切り、次回の期日に続きをやる（続行する）ことがあります。こういう場合は、その日は事実上、書面の交換だけで終わることも多いのです。

そのため、法廷を開かず、弁論準備手続が別室で行われることとなります。したがって1か月に1回の開廷または準備手続きの期日で、審理時間は数分のこともあります。

なお、当事者・証人が遠隔地の場合、裁判所のテレビ会議システムを利用できる場合があります。

証拠は事実の存否を認定させる資料

証拠とは、事実の存否を裁判官に認定させるための資料です。契約書、領収書などは直接の証拠書類ですが、間接的に立証する証拠でもかまいません。

証拠には、書証、その他の物証、人証、検証などがあります。そのうち書証と人証が大切です。

借用証、契約書、手形など、書面になっているものを書証といいます。書証は写しの正本、副本を作り、裁判所へ提出します。書類の現物は、法廷で提示します。

これに対して、法廷で過去に経験した事実を供述してもらう人が証人で、これが人証ということです。証人への尋問を証人尋問と言います。一方、訴訟の原告・被告本人の尋問（本人尋問）もあります。同じ人的証拠ですから、手続的にはほとんど変わりありません。

なお、訴訟の遅延を防ぐため、法廷での尋問の前に、証言をする証人や訴訟当事者本人の陳述書を作ってくれと求められることが多いようです。証言者が知っている事件内容を書面に書いたもので、書証となります。

また、検証とは、物や場所を裁判官に見てもらい、そのほか五感の作用により、事物の性状や現象を調べてもらうことをいいます。

持ち運びできる物は、裁判所に持参して、裁判官に「検証」してもらいます。

検証の場所は裁判所の法廷が望ましいのですが、土地や建物の状況などは、その物が存在する場所に出張してもらって検証する必要があります。これを「現場検証」といいます。

鑑定は、特別の知識を有する鑑定人にその知識や判断を報告させて裁判の証拠資料にすることです。費用がかさむので、鑑定事項は慎重に検討した上で決定しましょう。

勝訴のためには裁判官の心証が大切

裁判官は神様ではないから、事実の存否は何らかの資料がなければ分かりません。この資料となるものが証拠ですが、民事事件では単に証拠だけでなく、当事者の態度など裁判所に現れた全ての事項（口頭弁論の全趣旨）および証拠調べの結果を斟酌して事実認定ができます。これを裁判官の自由心証主義といいます（民事訴訟法二四七条）。

訴訟は裁判官という第三者の心証を通じて勝敗が決まります。主張の筋が通り、立証も十分尽くしたと思っても、裁判官がそう思わないと勝てないのです。訴訟を進めるにも、収めるにも、裁判官がどう思っているか、ということをたえず配慮し、努力を尽くさねばなりません。

その障害を乗り越えられないような主張や立証は、しょせん弱体なものというほかはないでしょう。

裁判上の和解による解決も多い

和解は裁判外の和解だけではありません。訴訟手続が進行している間に、当事者の申出または裁判所の職権により、和解勧告がなされる場合があります。

これを裁判（訴訟）上の和解といい、裁判上の和解は、裁判官が当事者の間に入って話し合い紛争を解決するもので、和解が成立すると判決に至らずに訴訟は終了します。

和解期日には、当事者双方が裁判所に出頭することが必要ですが、書面による和解受諾の制度もあります。また、和解条項が調書に記載され和解調書が作成されますが、この和解調書は判決と同一の効力があります。

実は、この裁判上の和解による解決は意外と多いのです。裁判官からみれば、白黒の判決より、当事者双方が譲歩した和解のほうがよいというケースもあり、また当事者双方も判決を前にすると、ひょっとしたら敗訴になるかも知れない、という不安が広がり、和解に合意する場合も少なくありません。

民事事件の訴え方 13

■判決確定のプロセス

判決にはどのような効力があるか

▼「仮執行宣言付き」なら事後処理もスピーディに

■口頭弁論が終結すると、期日を決めて判決が出されます。判決に不服であれば控訴ができます。

控訴がなければ、判決が確定します。

判決の効力とはどういうものか

裁判官といえども、ときには判断の誤りもあるでしょう。誤っていると考える者があれば、その不服も聞いてやらねばなりません。それゆえ、上訴の制度がありますが、いずれどこかでケリをつけるほかないのです。これが三審制です。

第一審の判決に対する上訴は、控訴です。判決以外の決定（これも裁判の一種）に対して不服な場合には、抗告と特別抗告があります。しかし、上訴をするしないは当事者の自由です。

判決は言渡しにより効力を生じますが（民事訴訟法250条）、上訴ができる間は効力は未確定です。しかし、判決は、判決文が送達されたときから2週間以内に上訴がないと確定し、それ以後は不服申立て（上訴）ができなくなります。

裁判が確定すれば、当事者の権利や義務が確定し、その後は確定された内容が尊重され、当事者の間ではこれと異なる判断は許さないものとなります。

これが「判決の確定力」とか「既判力」とか呼ばれているものです。

判決が確定すれば強制執行もできる

確定した判決は真実として国家から保証されていますから、相手に対してその内容の履行を求めることができます。

判決の内容が「金銭を支払え」とか「物を引き渡せ」というときは、相手が任意に履行しないときは、裁判所や執行官などの執行機関に申請して、強制的に支払いや引渡しを受けることができるのです。

判決が「移転登記をせよ」という

ものであれば、判決正本を登記所が受けつけて、登記を移転してくれます。また、「離婚とする」との判決であれば、市町村役場で戸籍を変更してくれます。

そのためには、判決が確定していることを証明する必要があります。

また、確定判決は強制執行の場合の債務名義となりますが、確定の証明書がなければ（仮執行宣言付の場合を除く）強制執行をすることはできません。

◆判決の確定を証明してもらう申請書

令和○年（ワ）第□□□号　　　　　　　　印紙
　　原告　　○　野　太　郎
　　被告　　×　山　次　郎

令和○年○月○日
　　　　原告　　○　野　太　郎　㊞
○○地方裁判所民事第○部御中

判決確定証明申請書

　上記事件につき令和○年○月○日言い渡された判決は、令和○年○月○日確定したことを御証明下さい。

●判決が言い渡されても、上訴されるかどうか分からず、判決が確定したのかどうか、分かりません。

◆訴訟費用を確定してもらう申請書

申立人（原告）○　野　太　郎　　　　印紙
相手方（被告）×　山　次　郎

令和○年○月○日
　　　申立人　　○　野　太　郎　㊞
○○地方裁判所民事第○部御中

訴訟費用額確定申請書

　上記当事者間の御庁令和○年（ワ）第□□□号貸金請求事件につき、令和○年○月○日御庁において原告勝訴の判決が言い渡され、同年○月○日に確定しましたので、原告負担の訴訟費用額の確定決定を願いたく、申請致します。

以上

●「訴訟費用」は被告が負担するという判決がある場合には、訴訟費用は後日に確定しますが、この分は相手方（被告）に請求できます。

判決の確定を確認する手続きは

「判決が確定していない」というのは、上訴期間が経過していないか、または上訴があったということのいずれかです。

上訴をする裁判所は法律で決まっています。簡易裁判所の判決なら管轄の地方裁判所、地方裁判所の判決なら管轄の高等裁判所です。そして上訴は、判決をした裁判所（第一審裁判所）にします。上訴しているかどうかということは第一審裁判所で確認します。

上訴がなかったことが確認されたら第一審裁判所の書記官から、確定証明書をもらいます。これにより判決確定が証明されるのです。

なお、仮執行宣言のついた勝訴判決では、判決書が被告に送達されれば、たとえ上訴があっても強制執行ができますから、確定証明書は不要であり、判決の送達証明だけをもらえばよいのです。

送達証明の申請書の書式は、前ページの確定証明申請書の中の「確定」の文字を「送達」に置きかえて、送達月を入れるほか、「判決」を「仮執行宣言付判決」とする必要があります。

負けたときは早く判決文をもらう

判決に対する控訴期間は、判決正本が送達されてから14日間です（民事訴訟法２８５条）。判決を取りに行かなければ、裁判所から送付されてきます。これが送達です。

一方、被告が全面的に敗訴し、しかも仮執行の宣言がついているときは、すぐ執行停止という手続きをとらないと、いつ強制執行されるかわかりません。だから、早く判決書を受け取って、控訴と執行停止の手続きをとることが必要となります（同法４０３条）。

もし、一部だけ敗訴したとき、残りの部分は勝ったということで満足するのなら、そのまま引き下がればよいし、不服なら、負けた範囲についてだけ控訴の申立てをすることができます。

仮執行宣言による強制執行を止めるには

敗訴となって気をつけるべきは、仮執行宣言がついているかどうかです。仮執行を防ぐには、仮執行の効力を、次の上訴の判決があるまでの間、一時停止してもらわなければならないのです。

執行停止には、判決で認められた請求金額の約3分の2相当の担保を供託する（裁判所が決める）ことになるのが普通です（同法４０３条）。

執行停止の申請書を第一審裁判所へ提出し、担当裁判官に保証金の額を決定してもらいます。そして、その地方裁判所の管内にある供託所（法務局）へ供託をして（同法405条）、供託書の写しを裁判所へ提出するか、または銀行の保証書を提出します。それから仮執行の停止決定の正本を受領し、これを相手方へ送達するとともに、執行が開始されていれば執行機関へも提出します。

分が悪い場合に訴えを取り下げられるか

訴訟の終了原因には、判決、和解、それに訴えの取下げなどがあります。このうち、和解と訴えの取下げは、当事者の意思によって訴訟を終了させることです。

原告による訴えの全部または一部の取下げは、いつでもできます。しかし、訴えられた側（被告）も判決を取得する権利がありますので、原則として被告の同意がなければ訴えを取り下げることはできません。

ただし、第1回目の口頭弁論期日に被告が答弁するまでの間ならば、被告の同意なしに訴えの取下げができます。

なお、請求の放棄・認諾もあり、口頭弁論調書に記載されることで判決と同じ効力が生じます。

★勝訴したら訴訟費用はとれるか

判決の主文中で「訴訟費用は相手の負担とする」との文言があるときは、訴訟費用も敗訴者からとることができます（民事訴訟法61条）。

訴訟費用とひと口にいっても、訴訟のために支出した金銭のなかには、いろいろなものが含まれます。しかし回収できる訴訟費用は法律上決まっていて、決して多額のものではありません。具体的には、訴状貼付の印紙額、書類作成料、郵便料、証人・鑑定人などの旅費・日当や実地検証の費用などです。

弁護士費用が請求できるのは、判決で損害額として認められ、相手が支払を命じられた場合だけで、普通は回収できません。

判決の主文では、訴訟費用を負担せよと定めるだけで、その額の計算はありません。そこで、別に訴訟費用額の確定を裁判所に申請します。この額が決定されれば、相手から強制的に取り立てることになります（民事訴訟法71条）。

申請書には費用計算書と、その謄本を、相手の数の2倍プラス2通、そのほか費用を支出した疎明書類（一応の証拠書類）を提出する必要があります。

裁判所は相手方に対し、これに対する陳述を催告し、相手方の計算も考慮して、費用額確定の決定をします。この決定に基づいて訴訟費用の請求をするのです。

民事事件の訴え方 14

■簡易な訴訟のしくみ

少額訴訟手続きはどのように利用するか

▼即日判決が出る画期的な制度だが限界もある

■民事訴訟法の「少額訴訟手続き」は、訴訟額（相手への請求額）が60万円以下の金銭の請求の訴訟を、簡単な手続きで処理するための規定を設けています。

少額訴訟手続きとはどういう制度か

少額の債権の請求は、訴訟の手続きにかかる時間や費用が大変だという理由で諦めてしまいがちですが、そういうことをなくすための制度です。簡易裁判所で、原則として1日で訴訟を終わらしてしまおう、というのがこの手続きです。

請求額が60万円を超えれば、この手続きによることはできません。また、金銭の支払いを請求する場合の手続きに限ります。貸金の返還請求、未払い代金や報酬の支払い請求、敷金の返還請求、事故による物損の賠償請求などで、請求額60万円以下のものが対象となります。

モノの引渡しや立退き請求などについては、金銭の支払を請求する訴えではないので、少額訴訟手続きを利用できません。

もちろん60万円以下の事件でも、必ず少額訴訟手続きを選ばなければならないというわけではありません。普通の簡易裁判所の訴訟手続きを選んでもいいのです。少額訴訟手続きには証拠調べの制限があり、入り組んだ事案の場合には、かえって困ることもあるからです。

少額訴訟の申立て手続きは

少額訴訟手続きを選ぶには、訴訟を起こす際に、少額訴訟による審理および裁判を求める旨の申述が必要です。簡易裁判所の手続きは口頭ですることもできるのですが、訴状によるのであれば、その中に、この申述を記載します。

簡裁の窓口でもらえる既製の訴状には、「少額訴訟による審理及び裁判を求めます」などと書かれたチェック欄がありますから、そこに

◆少額訴訟の手続きの流れ

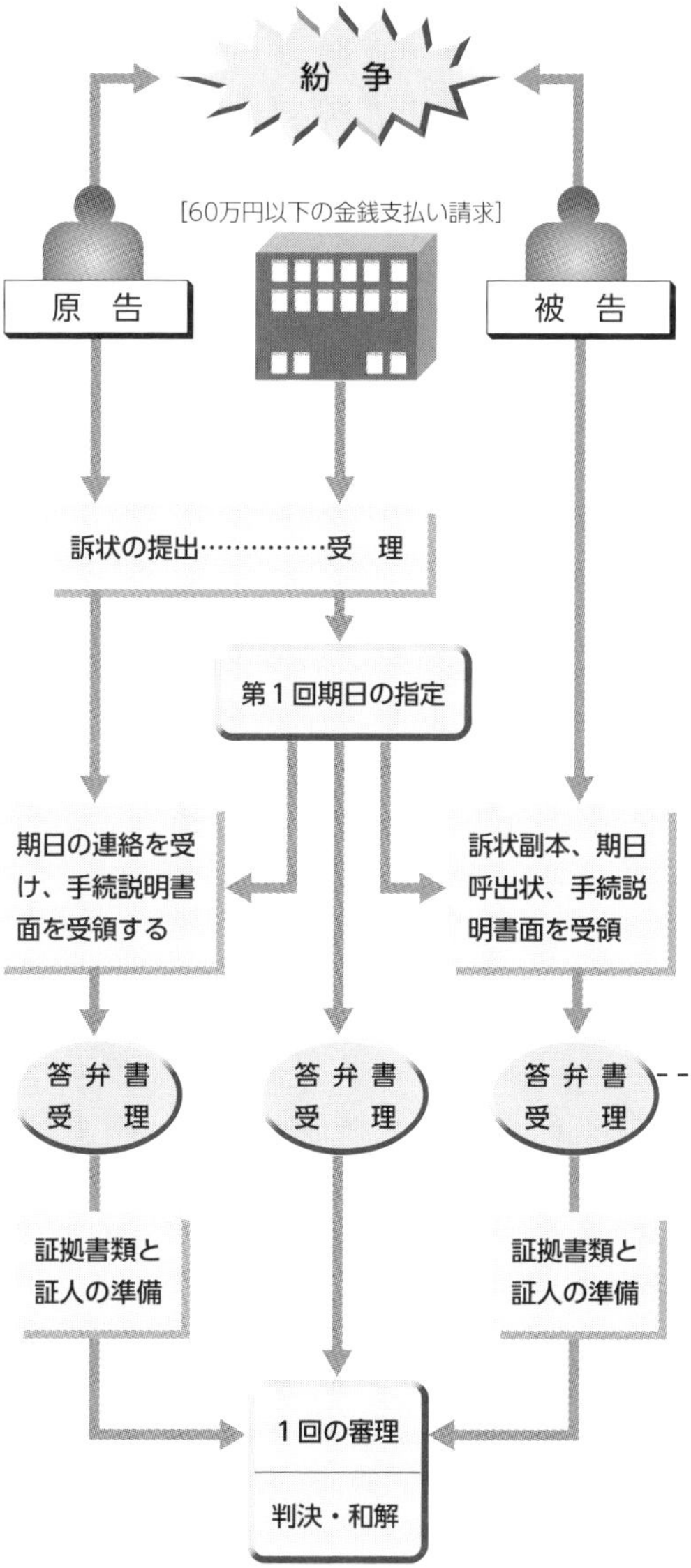

▶60万円以下の金銭支払い請求に限って〈少額訴訟〉を提起できる。

▶裁判所に定型の訴状用紙が備えつけられている（インターネットからも入手可）。

▶申立て手数料

訴　額	手 数 料
～10万円	1,000円
～20万円	2,000円
～30万円	3,000円
～40万円	4,000円
～50万円	5,000円
～60万円	6,000円

▶予納郵券（郵便切手）
合計5,200円（東京簡裁）

500円切手	5枚
100円切手	10枚
84円切手	10枚
50円切手	10枚
20円切手	10枚
10円切手	10枚
5円切手	10枚
2円切手	5枚

▶裁判所に定型の答弁書用紙が備えつけられている。

▶提出は郵便でも可。

▶遠隔地の証人等は、電話会議システムを利用できる。

少額訴訟への異議
⇨通常訴訟への移行

▶分割払いや支払猶予も含んで判決できる。

レ点でチェックするだけですみます。

なお、貸金業者などによる乱用を防ぐため、同一の原告が同一の簡易裁判所で少額訴訟をするについての回数の制限が規定されています。回数は最高裁判所の規則で定められ、現在は同一年に10回までとなっています。

この回数制限を守らせるため、少額訴訟を提起するときの申述のなかで、その簡易裁判所でその年にそれまで少額訴訟を提起した回数の届出をしなければなりません。

少額訴訟手続きはどのように簡略なのか

まず、被告は反訴ができません。反訴とは、原告から被告に給付を求める訴訟において、逆に被告から原告へ履行を求める請求を出すことで、通常の訴訟では一定の場合に認められます。しかし、少額訴訟では、別の事件を反訴として混ぜて複雑にはしない、という趣旨です。

審理そのものも1日で終わるのが原則です。したがって、証拠調べも、即時に取り調べることができるものに限られます。証人尋問もありますが、宣誓も省略することができますし、裁判官が相当と認める順序ですることができます。電話（音声の送受信）での証人調べもできます。これは裁判所と当事者双方が同時に通話できる方法でおこないます。

少額訴訟は原告が一方的に選択するものですが、被告としては普通の訴訟手続きを選びたい場合があります。なにしろ反訴もできないし、証拠調べも制限があるからです。つまり原告のほうでは簡単な審理が都合がよいが、被告はそれではたまらない、という場合に、被告の利益を無視するわけにはいきません。

そこで被告は、最初の口頭弁論期日に、通常の訴訟手続に移行するよう求める申述をすることができます。つまり少額訴訟手続きの拒否ができるのです。

しかし、被告がいったん弁論に応じ、または第1回期日が終わってしまうと、もはや通常訴訟への移行請求はできなくなります。

とはいえ、後述のように、いったん少額訴訟の判決があってからでも、その判決に対して不服な場合には異議申立てができ、通常訴訟に移行して審理を受けることができます。

つまり、最終的にはやはり通常訴訟を受ける権利は奪われないのですが、少額訴訟の判決には仮執行宣言がつくので（これに対する執行停止手続きをとらないかぎり）強制執行をされるおそれが生じます。

このような不利を避けるため、被告は最初に通常訴訟への移行を選ぶことができる制度になっているのです。

少額訴訟の判決はどう出るか

判決の言い渡しも（相当でないと認める場合をのぞき）口頭弁論の終結後、ただちにすることになります。したがって、全手続きが1日で終わるのが原則です。

また、判決内容についても、弾力的な判決が出されます。裁判所は、被告の資力（その他の事情）を考慮して、判決言渡しから3年を越えない範囲内で、金銭の支払いの時期を後日に定めたり、分割払いにしたり、またはこれと併せて、その定めに従い支払いをしたときは、訴え提起後の遅延損害金を免除することを定めることができます。

少額訴訟手続きの判決に対しては控訴はできません。控訴ができないとはヒドイという気がしますが、そうではなく、第1審をもういっぺんやります。普通訴訟による第1審の再審理を要求できるのです。

その方法として、不服の場合は少額訴訟の判決に対する異議申立てができます。この場合は普通の第一審手続きに戻っての審理・判決となり、この判決については控訴もできることになります。いわば少額訴訟手続きは第一審手続きの中の特殊手続きというわけです。

★本人訴訟と簡易裁判管轄の事件

本人訴訟とは、文字通り、弁護士等の代理人を付けずに、申立人（原告）本人が訴訟をする場合です。本人訴訟の理由は、それぞれ異なりますが、代理人を立てると、訴訟しても割りがあわないからという理由による場合もあります。勝訴しても赤字というのでは、何のための訴訟だったかわからないからです。

民事訴訟の管轄は、訴額140万円を境に、これ以下は簡易裁判所、超えれば地方裁判所とされています。

簡易裁判所の事件であれば、本人訴訟でよい、という考えもあります。

その理由は、訴額が少ないために、裁判に負けても、本人に痛手が少ないからというものです。また、簡易裁判所は庶民の裁判所的な色彩が強く、申立てから判決後の手続きに至るまで、相談に応じたり、書式を備え付けて記載例が用意してあったりなど、さまざまなサービスが用意されています。

もし、訴訟で弁護士か認定司法書士を付けるかどうか迷ったなら、その事件が簡易裁判所の管轄の事件か地方裁判所の管轄の事件かで判断するのもよいでしょう。

なお、少額訴訟（訴額が60万円以下）をする場合は、本人訴訟で十分です。ただし、裁判所の窓口での手続き相談や法律相談所での相談は利用しましょう。

民事事件の訴え方 15

■行政訴訟のしかた

役所の処分による損害はどのように争うか

▼行政訴訟をするには特有のルールや難しさがある

■行政のした処分等に不服の場合は、行政不服審査法等に基づき審査請求を求める方法、行政事件訴訟法に基づき訴訟を提起する方法があります。

行政訴訟の種類は大きく分けて4つある

道路新設のための立退き処分や税金を課される処分などに納得できず、国や県を相手として行う訴訟が「行政訴訟」です。

ただし、国などに対する訴訟がすべて行政訴訟になるわけではありません。国や県も、民間の市場で物品の購入などをしますが、それに関して起きたトラブルは私法上の争いにすぎず、行政訴訟にはなりません。

土地の収用、税金の賦課など行政行為に関するものが行政訴訟です。

行政訴訟は、①抗告訴訟のほか、②当事者訴訟、③民衆訴訟、④機関訴訟があり、このうちの抗告訴訟（取消訴訟・義務付け訴訟・差止訴訟など）がふつうの行政訴訟です。

行政訴訟には複雑な問題があり、素人に向かない分野だといえましょう。行政法といっても、そのような名称の法律があるわけではなく、総称であって、個々には「土地収用法」「所得税法」などの関係法令があり、訴訟手続きについて、行政事件訴訟法があるのみです。

行政訴訟を提起する場合、これを調べることになりますが、多くの紛争の解決例は法律で明文の規定はなく学説や判例として存在しています。

不服申立てや審査請求と行政訴訟

行政行為については、訴訟以前に審査請求や異議申立てなどの不服申立手続きがあります。しかし行政処分についての無効確認や不作為の違法確認などは不服申立ての対象とはなりませんので、直ちに裁判所に訴訟を起こすことになります。

また、審査請求後3か月を経過しても裁決がない場合や、その他正当

◆行政上のトラブルと解決法（審査請求前置との関係）

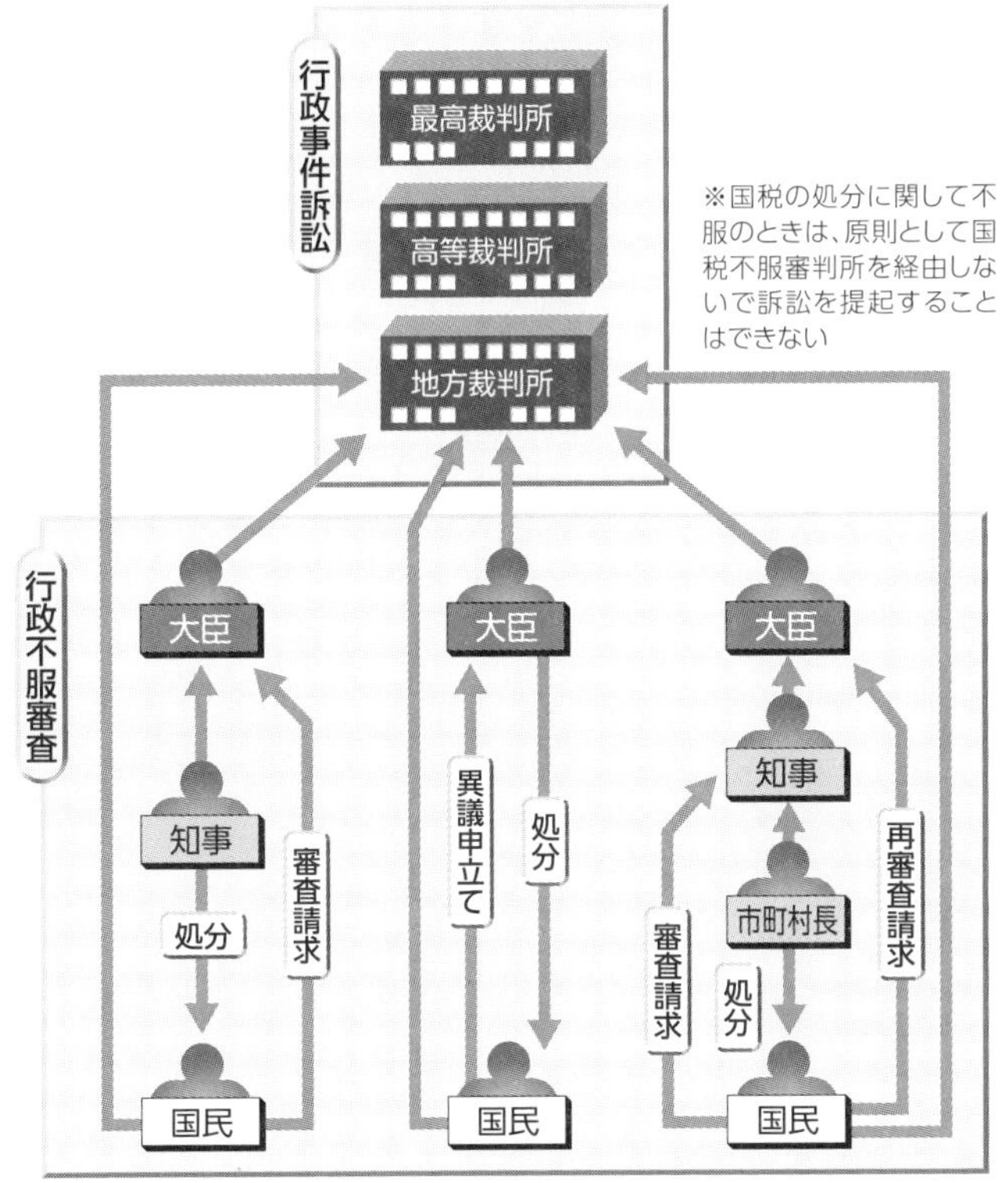

な理由がある場合には、直ちに訴訟の提起ができます。

抗告訴訟の大部分は取消訴訟ですが、その原告は、取消しを求めるにつき法律上の利益を有する者に限ります。自分に直接関係のない違法を理由としたり単に「行政が悪い」ということでは取消訴訟を起こせません。

なお、行政事件訴訟法の改正で、義務付け訴訟（処分または裁決をすべき旨を求める訴訟）、差止め訴訟（処分または裁決をすべきでない旨を求める訴訟）が認められています。

行政訴訟の被告は市町村や県・国とする

行政訴訟では、行政処分（または裁決）をした行政庁の所属する国または公共団体を被告とします（行政事件訴訟法11条）。

ただし、原告が故意または重大な過失によらないで被告を誤った（間違えた）ときは、裁判所の決定で被告の変更が許される（行政事件訴訟法15条）という、他の訴訟にない特別な救済規定があります。

取消訴訟は、処分または裁決があったことを知った日から6か月、処分や裁決の日から1年を経過した場合は提訴できないのが原則ですが（同法14条1・2項）、その期間経過後に被告を誤ったことが分かった場合の救済措置です。また、処分の取消訴訟として提訴した場合にも、内容を国家賠償法などによる損害賠償その他の請求に変更することが許される場合があります。

裁判所の職権証拠調べも行政訴訟の特色です。民事訴訟では証拠調べは当事者の請求したものに限られますが、行政処分の取消しは私人間の争いと異なり、公の問題です。裁判所は職権で証拠調べをすることができます。

裁判を起こすだけでは行政処分は止められない

ところで、行政処分の取消しの訴えを提起しても、その処分の執行はお構いなしで進みます。判決が出され、それが確定して初めて行政処分は拘束を受けるからです。判決確定まで、違法な（と原告が考える）行政行為であってもストップはかけられないのです。

しかし、収用手続きで建物が取り壊される場合など、事前に行政処分の停止を得なければ、あとで元通りにはできません。取壊しの後に処分の取消判決をもらっても、金銭による補償はともかく、原状回復は不可能です。

このような場合、処分を受けた者は、裁判所に、処分の効力や執行、あるいは手続きの続行の停止を申し立てることができます。

これに対しては、内閣総理大臣の異議権があります（行政事件訴訟法27条4項）。この異議が出ると執行停止はできなくなり、すでになされた停止も取り消されます。内閣総理大臣が乗り出すほどの公共性がある場合は、行政の立場を尊重するというわけです。オレの事件などに総理大臣が出はしまい、と思うかもしれませんが、なにも総理大臣本人が乗り出してくるわけではなく紙の上の手続きです。だから、事案によってはそのようなことも起きます。

つぎに、行政処分の中には裁量処分という性質のものがあります。判断がまかされている以上、その決定の良い悪いの評価は行政庁の考え方によることになります。いちいち裁判所が干渉するわけにはいきません。

そこで、裁量処分についての取消しは、その処分が裁量権の範囲を越え、またはその濫用があった場合にかぎり、裁判所が取り消すことができるとされています。

行政訴訟には特有の難しさがある

行政処分や採決が違法であれば、必ず取り消されるかというと、必ずしもそうではありません。処分や裁決が違法であっても、これを取り消すことにより公の利益に著しい障害を生じる場合には、裁判所は取消しをしないことができます。

ただしこの場合も、判決主文中で、その違法であることの宣言をしなければならない、とされています。

このような各種のブレーキ的な制度がある反面、いったん行政処分または裁決を取り消す判決が出ると、当事者以外の第三者に対しても効力が生じます。普通の民事訴訟であれば、判決の効力は当事者間にだけ及ぶのに対し、行政処分の取消しの判決は関係行政庁を拘束し、その他の第三者に対しても広く効力を及ぼすのです。

取消訴訟について以上で述べてきたことは、無効確認の訴えなどについても大部分が準用されます。

このように行政訴訟は、一般の民事訴訟に対し、かなり特殊なものです。そのどの部分にも複雑な問題があります。

★国家賠償とはどういうことか

学校で授業中、指導する教師の不注意で子供がケガをしたり、車を運転中、道路にあいた穴で事故になったりしたとき、被害者は、その学校や道路を管理監督する国や公共団体を訴えて損害賠償を請求することができます。こういう場合の訴えを、国家賠償法という法律にもとづく国家賠償請求訴訟といいます。

ただし、国家賠償と名前がついていても、違法な行政処分の取消しを求める行政訴訟とは違って、裁判そのものは私法上の規定（民法709条の不法行為）にもとづいて損害賠償を求める民事訴訟です。ただ、被告は生きた人間ではなく、国や県や市町村になります。例え落ち度があったのは公務員という生きた人間でも、賠償責任を負うのは「国または公共団体」という組織なのです（国家賠償法1条、2条）。

他に国家賠償を請求できる場合としては、公害や薬害が発生したとき、直接の原因となった企業や団体に対する賠償請求とともに国や県の監督責任を追及するようなケース、警察や消防の不手際で被害を生じたケースなどが考えられます。

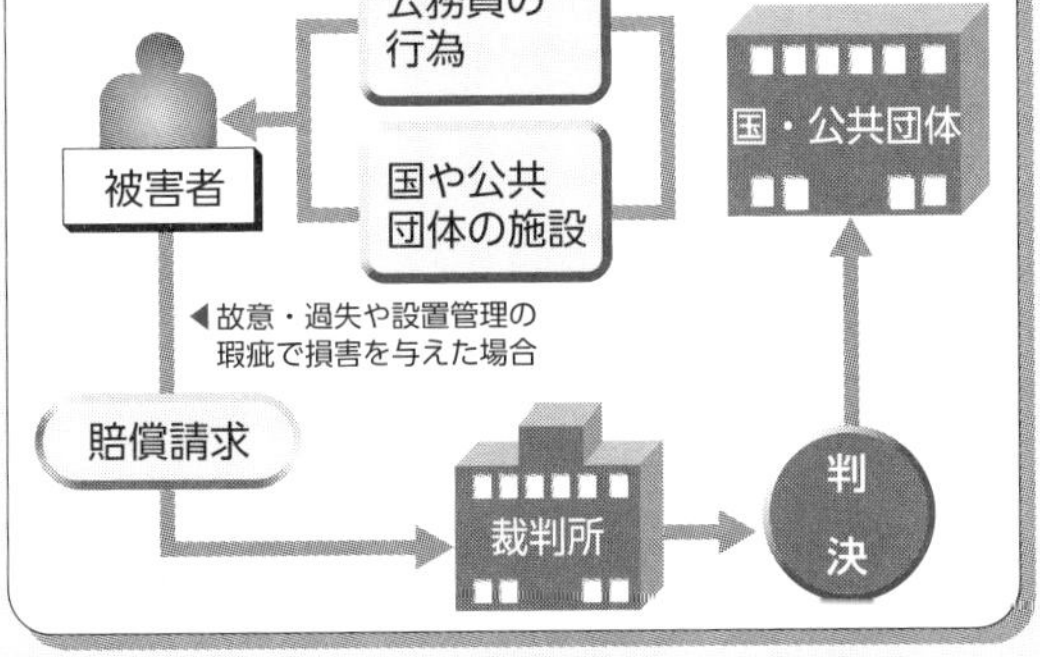

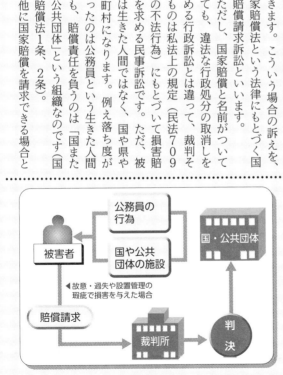

民事事件の訴え方 16

■借金整理のための調停の特例

特定調停の手続きはどのように利用するか

▼債務が比較的少ない場合の話し合いによる借金整理

■債務額がそれほど大きくない場合の債務整理の方法として、特定調停による債務整理があります。特定調停は、返済に困った場合の裁判所を通じて相手との話し合いによる借金整理と言えるでしょう。

特定調停とはどのような手続きか

特定調停とは、生活に困った（経済的に破綻する〈支払不能の状態になる〉恐れのある）債務者や資金繰りに行き詰まった中小企業者が、裁判所を通して、返済方法などについて債権者と話し合うことによって、経済的に立ち直りを図る簡易・迅速な手続きです。

特定調停には、一般調停と異なりいくつかの特別の規定が設けられています。

まず、特定調停の手続きでは、当事者（申立人および金融業者などの債権者）に債権債務の内容や返済状況などを明らかにする義務を負わせています。

また、調停委員会が、事件に関係のある文書（契約書や帳簿など）の提出を求めたり、特定調停の円滑な進行を妨げるおそれがある場合に強制執行を停止することができます。

このように、話し合いにより解決をしやすくするために、調停にはなかった規定が置かれているのです。

特定調停の手続きは一般の調停と基本的には同じ

調停の申立ては、原則として、相手方の住所地を管轄する簡易裁判所に調停申立書という書面を提出して行います。

特定調停の場合には、申立ての際に「特定調停手続きにより調停を行うことを求める」旨の申述をする必要があり、調停申立書に、その旨を記載すればよいのです。

簡易裁判所には、特定調停用の申立書および付属書類が用意されていて、解説文もあるところがありますので、これを利用するとよいでしょう。記載方法について分からない点があれば、窓口で相談してください。

なお、費用は申立手数料と予納郵券（通信用に使用）が必要です。

特定調停では借金の減額などが行われる

特定調停では、特定債務者の経済的再生のために、特定債務者と関係権利者（債権者など）について、以下の内容について調停が行われます。

①金銭債務の内容の変更…元本の一部放棄、利息・損害金の減免、返済期間の変更等。高金利の場合は、利息制限法の金利による計算のやり直し

②担保関係の変更…担保権の一部放棄、担保不動産の差し替え等

③その他の金銭債務に係る利害関係の調整…保有する不動産の処分、保証人の保証債務に関する調整等

こうした点についての合意が成立すれば、調停調書が作成されます。この調停調書は確定判決と同一の効力を持ち、調書に記載された内容のとおりに返済をしなければ、強制執行されることになります。

なお、不成立の場合には、自己破産などを考えることになります。

借金整理の方法は他にもある

借金整理には、この他、任意整理（当事者間の話し合い）、民事再生、自己破産などもあります。

特定調停の場合には、あくまで話し合いにより、借金の減額あるいは借金の返済期間の延長などを合意し、返済していくものです。

この点、民事再生では一定額の返済をすることが定められますが、自己破産は返済はなく、債務者の財産の配当です。

特定調停申立書のサンプル

▼簡易裁判所の書式例

◆特定調停を申し立てることができるのは特定債務者（金銭債務を負っている者であって、支払不能に陥るおそれのある法人・個人）です。書式は簡易裁判所にあります。

1枚目（表題・当事者の表示等部分）

符号

特 定 調 停 申 立 書 ← 1

令和　　年　　月　　日

○○　簡易裁判所　御 中

特定調停手続により調停を行なうことを求めます。 ← 2

申 立 人	住所（〒　　－　　） ← 3 （フリガナ） 氏名　　　　印（☎　　　　） （FAX　　　　） （送達場所） （送達受取人）
相 手 方	住所（法人の場合は本店）（〒　　－　　） ← 4 氏名（法人の場合は会社名・代表者名）（☎　　　　） （FAX　　　　） 代表者代表取締役 （支店・営業所の所在地）（〒　　－　　） （☎　　　　） （FAX　　　　）
申立ての趣旨	（該当の項目に○を付けてください。） 1　債務額を確定したうえ債務支払方法を協定したい。 ← 5 2　紛争の要点2の債務を負っていないことを確認する。

受 付 印	調停事項の価額　　円 手　数　料　　円 ↑ 6		貼用印紙欄
	ちょう用印紙　　円	印	
	予納郵便切手　　円		

（一般個人用）

作成のポイント

◉特定調停を申し立てるには、調停申立書という書類を、相手方の住所のある地区を受け持つ簡易裁判所に提出します。このときに、「特定調停の手続きを利用したい」ことを明らかにします。また、毎月、どのくらいの額なら支払えるのか、期限をどのくらい猶予してもらいたいのかも示します。

事業者が申し立てる場合には、債権者などとの交渉の経過についても明らかにします。会社などの法人が申し立てる場合には、法人の名称や所在地、代表者名、連絡先なども明らかにします。

相手方（特定債権者）が複数のときは、債権者全員を相手方として特定調停を申し立て、順次調停を成立させるという運用がなされているようですが、この点は受付窓口で確認してください。

なお、申立用紙については、簡易裁判所の窓口に用意してありますので、相手方の住所地を管轄する簡易裁判所で入手してください。書式は異なる場合があります。

上記申立書の他に、特定債権者の資料等、関係権利者の一覧表も記載し提出します。また、生活の状況が分かるもの（給与

◉特定調停申立て後の手続き

調停の申立てをすると、申立て後に裁判所から当事者に対して呼出しがあります。その日を調停期日といい、この期日に調停委員会が申立人から生活や事業の状況、これからの返済方法などについて聞いた上で、相手方の考えも聞き、債務（借金の総額）を確定し、残っている債務をどのように支払っていくことが公正かつ妥当で、経済的に合理的なのかについて、双方の意見を調整していきます。そして、合意が成立したら調停調書が作成されます。

2枚目（紛争の要点）

紛争の要点

相手方＿＿＿＿＿＿＿＿

1　債務の種類 ← ⑦

□　借受金債務

□　保証債務（借受人氏名　　　　　　　　）

□　立替金

□　その他

2　借受金額等

契約日	借受金額	利息 年　%	損害金 年　%	備考

3　返済状況

期間	返済した金額	残元本	利息・損害金 年　%	備考

備考 □契約番号（　　　　　　）□生年月日　大・昭　　年　　月　　日

添付書類

□契約書（写）　□領収書（写）

□その他

明細書、家計簿、通帳の写しなど）、借入金の内容が分かるもの（契約書の写し）、返済の内容が分かるもの（領収書の写し）、なども必要です。提出書類は、各簡易裁判所によって異なる場合がありますので、管轄の簡易裁判所でお尋ねください。

①▼申立書の標題は「特定調停申立書」とします。

②▼特定調停の申立てでは「特定調停手続きにより調停を行うことを求めます」とします。これにより、通常の調停ではなく、特定調停によることになります。

③▼自分（申立人）の住所・氏名を記載します。ファックスがあれば、これも忘れないように。送達場所は裁判所からの書類の送り先のことです。

④▼相手方の住所・氏名の記載欄です。

⑤▼申立ての趣旨欄は、申し立てることになった理由の欄です。該当の項目に○印をつけるだけで結構です。

⑥▼特定調停の手数料は、債権者数×５００円です。また、この他、予納郵券（東京簡裁の場合債権者数×４３０円分の切手）が必要です。

⑦▼紛争の要点では、まず債務の種類についてチェックし、借受金額等、返済状況を記載します。記載漏れがないように注意しましょう。

民事事件の訴え方 17

民事再生手続きはどのように利用するか

■裁判所に申し立ててする再生手続き

▼破産せず裁判所が決めた減額した金額を返済

■民事再生手続きは、経済的に窮境の状態にある個人が破産しないで再生することができ、債権者も破産の場合よりも債権回収が多くできます。

特定調停や自己破産との違い

民事再生と特定調停との違いは、特定調停が調停という性質上、債務者（貸主）の合意がなければ、支払いの一部免除や返済期間の延長をしてもらうことができないのに対して、民事再生では、裁判所の決定でこうした一部免除や返済期間の延長がなされる点です。

また、自己破産との違いは、自己破産は、原則として一定の生活に必要な財産（差押え禁止財産）以外は、破産管財人によって差し押えられ、処分・換金され債権者に配当されるのに対して、民事再生では、財産を失うことはありません。

ただし、自己破産では免責が得られれば、借金は免除になりますが、民事再生では、再生計画にしたがって減額された一定の金額を支払っていくことになります。

個人の民事再生手続きには、①小規模個人再生、②給与所得者等再生と、①②と共にする③住宅資金貸付債権の特則の3つがあります。

小規模個人再生による再生手続き

小規模個人再生は、小売店や農家など継続的にまたは反復して収入を得る見込みがあり、負債額が5000万円（住宅ローンなど抵当権で担保されている負債等は除いた額は除く）を超えない個人債務者を対象されます。

小規模個人再生手続きの概略は以下のとおりです。

①小規模個人再生手続開始の申立ては、原則として、住所地を管轄する地方裁判所に、申立書および付属書類に所定事項を記載して提出します

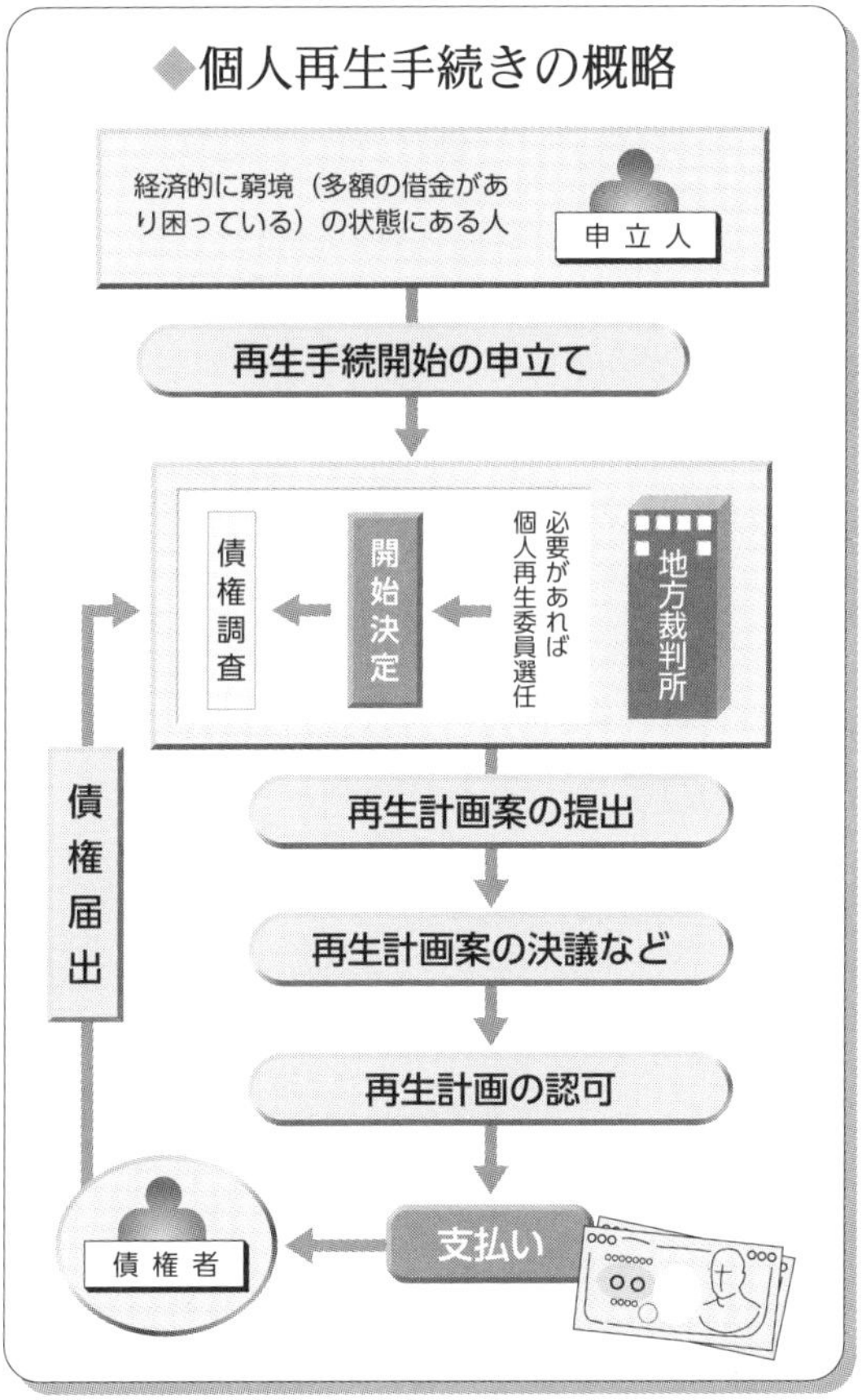

（用紙は裁判所にあります）。

②裁判所において再生手続開始の決定の審理がなされます。再生計画案の作成もしくは可決の見込みまたは再生計画の認可の見込みがないときなどには、再生開始の申立ては棄却され、手続開始決定はされません。

再生開始がなされると、公告がなされ、債権調査が行われます。

③債務者は再生計画案を裁判所に提出します。

この再生計画案は、債権者の決議に付され、不同意の議決権者の数が2分の1未満で、その債権額が2分の1を越えなければ、再生計画案は可決されたものとされます。

再生計画案が可決されると、一定の不許可事由（最低弁済価格に返済額が足りないなど）がないかぎり、再生計画の認可が裁判所よりなされます。そして、その後は、再生計画にしたがって返済していくことになります。（最低弁済価格については次ページ参照）。

給与所得者等再生による再生手続き

給与所得者等再生手続きが利用できる人は小規模個人再生の要件（住宅ローンを除く負債が5000万円を超えない等）に該当する人のうち、給与または給与に類する定期的な収入を得る見込みがあり、かつその額の変動の幅が小さいと見込まれる人です。

給与所得者等再生手続きは、小規模個人再生手続きの特則とも言えるもので、したがって、その手続きは大差がありません。しかし、再生計画案では多数の同意を不要とし、裁判所が債権者の意見を聞いて再生計画案を認可するかどうかを決めます。また、最低弁済額も異なります。

住宅資金貸付債権の特則の手続きについて

住宅ローンの返済が滞ると、最終的には抵当権が実行され競売に付されます。こうしたことがないよう住宅資金貸付債権の特別条項を置くことにより、生活の基盤である住宅を確保し、住宅ローンの返済猶予・延長により（減額・免除はありません）、再生を図ることを目的とする制度です。

したがって、この制度を活用する場合は、前記の再生計画に特別条項を設ける方法で行われます。特約条項の内容は、最終弁済期間の延長（原則として最大10年）、元本の一部の弁済を猶予する（利息は支払う）などです。

◆再生計画案のクリア事項

●返済方法・返済期間についての制約（最長弁済期間）

返済方法は、弁済期が３か月に１回以上到来する分割払いによること。

返済期間は、原則３年間で特別な場合には５年間で返済することが必要。ただし、債権者の同意があれば別。住宅資金貸付債権の特別条項での返済期間の延長は、最大10年。

●最低弁済額

（小規模個人再生）

①債務者の財産を全て処分した場合に得られる金額（破産したと仮定した場合の財産の金額）

②負債総額に応じた次の金額の返済
- 負債100万円未満……………………負債全額
- 負債100万円以上500万円未満…………………………………………………100万円
- 負債500万円以上1,500万円未満………………………………………負債の５分の1
- 負債1,500万円以上3,000万円未満…………………………………………………300万円
- 負債3,000万円以上5,000万円以下……………………………………負債の10分の1

上記①②のうちで多い金額を最低でも返済することになる

（給与所得者等再生手続き）

①債務者の可処分所得（収入の合計額から所得税、社会保険料および政令で定められた必要生活費を差し引いた額）の額の2年分の金額

②債務者の財産を全て処分した場合に得られる金額（破産したと仮定した場合の財産の金額）

③負債総額に応じた次の金額
- 負債100万円未満……………… 負債全額
- 負債100万円以上500万円未満 100万円
- 負債500万円以上1,500万円未満……………………………… 負債の5分の1
- 負債1,500万円以上3,000万円未満………………………………… 300万円
- 負債3,000万円以上5,000万円以下 負債の10分の1

上記①②③のうちで、最も多い金額を最低でも返済することになる

※これをクリアする内容でないと再生計画は認可されない。

再生手続開始申立書のサンプル

▼地方裁判所の書式例

◆小規模個人再生は、地方裁判所に再生手続開始の申立てを行いますが、申立書および添付書類は裁判所に用意されていますので、その記載事項に従い記入します。

再生手続開始申立書（小規模個人再生）

令和　　年　　月　　日

東京地方裁判所民事20部　御中

（裁判所使用欄）

申　立　人

ふりがな
氏　　名

生年月日　昭和・平成　　年　　月　　日（　　歳）

現在地　〒

職　　業

申立人代理人

氏　　名　　　　　　　　　　　　　印

事務所住所　〒
（送達場所）

電話番号　　　　　　　　FAX番号

申立ての趣旨

申立人について，小規模個人再生による再生手続を開始する。

申立ての理由等

1（申立要件及び手続開始要件）

申立人は，本申立書添付の債権者一覧表のとおりの債務を負担しているが，収入及び主要財産は別紙収入一覧及び主要財産一覧に記載のとおりであり，破綻の原因たる事実の生じるおそれがある。

申立人は，将来においても継続的又は反復して収入を得る見込みがあり，また，民事再生法２５条各号に該当する事由はない。

2（再生計画案作成についての意見）

申立人は，各再生債権者に対する債務について，相当部分の免除を受けた上，法律の要件を充たす額の金銭を分割して支払う方針である。

なお，現時点での計画弁済予定額は，月額＿＿＿＿＿＿円であり，この弁済の準備及び手続費用支払の準備のため，申立後１週間以内の日を第１回とし，以後毎月＿＿＿日までに個人再生委員会の銀行口座に同額の金銭を入金する。

3（他の再生手続に関する申述）

申立人は，法律が定める他の再生手続開始を求めない。

必要書類と費用

●申立ての書式や添付書類は、各裁判所で多少異なる。

①小規模個人再生手続開始の申立書および陳述書（通常、セット）

②申立書の添付書類…⑴戸籍謄本（全部事項証明書）、⑵住民票の写し、⑶債権者一覧表

③収入を証明する添付書類…給与証明書（年金受給者は受給証明書）など

③現在の住居に関する添付書類…賃貸借契約書など

④生活の状況に関する添付書類…同居人の給与証明書など

⑤債権者との訴訟等の状況に関する添付書類…⑴支払督促正本、⑵判決正本など

⑥財産に関する添付書類：預貯金の通帳、残高証明書、有価証券のコピー、自動車の車検証、高価な品物の目録など

⑦不動産登記簿謄本（登記事項証明書［土地・建物］）・固定資産税評価証明書など

〈個人再生事件・申立て等の費用〉

①申立書に貼る収入印紙（手数料）……1万円

②予納金…官報広告費用…12万円（個人再生委員に対する報酬…15～20万円）

③予納郵券…4000円～8000円程度

※詳細は窓口で確認してください。

④この他、弁護士や司法書士に依頼する場合は費用が必要。

民事事件の訴え方 18

■自己破産手続き

自己破産の申立てはこうする

▼自己破産は借金地獄から脱出する最後の手段

■自己破産は、申立てにより破産手続開始決定がなされ、その後、免責が決定・確定することにより、借金はなくなります。

自己破産の申立てができる場合とは

破産手続開始の申立てをするには、「破産原因」が存在することが必要です。個人の破産原因は支払不能だけです。

支払不能とは、「債務者が弁済能力の欠乏のために即時に弁済すべき債務を一般的かつ継続的に弁済することができない客観的状態」をいうとされています。

支払不能かどうかは、債務者の財産・職業・給料・信用・労力・技能・年齢・性別などを総合的に判断して、ケース・バイ・ケースで認定されます。

●破産手続き

自己破産する場合、債務者は「破産手続開始の申立書」を債務者の住所地を管轄する地方裁判所に提出します。住民票があるところではなく、債務者が現に住んでいるところです。債務者からの申立てがあると裁判所は、その申立てが法律で定める条件を満たしているか、破産手続きを開始する原因があるかどうかなどを審理します。

その審理の方法としては、通常、申立人が提出した書面（申立書や陳述書など）などの書類を審理する書面審理と、破産申立ての内容について裁判官が破産申立人に直接口頭で質問をする「審尋」があります。裁判官に尋ねられるといっても、破産するに至った事情などで、破産手続開始の申立書の陳述書に書いたようなことですので、さほど心配することはありません。

審尋の結果、債務者に支払不能などの破産手続開始の要件が備わっていれば、審尋の日からあまり間隔をおかずに破産手続開始の決定がなされます。その目安は、破産申立てから1～2か月後です。

ただし、東京地方裁判所などでは、即日面接手続き（弁護士が代理人と

◆破産申立てから免責決定までの手続きの流れ

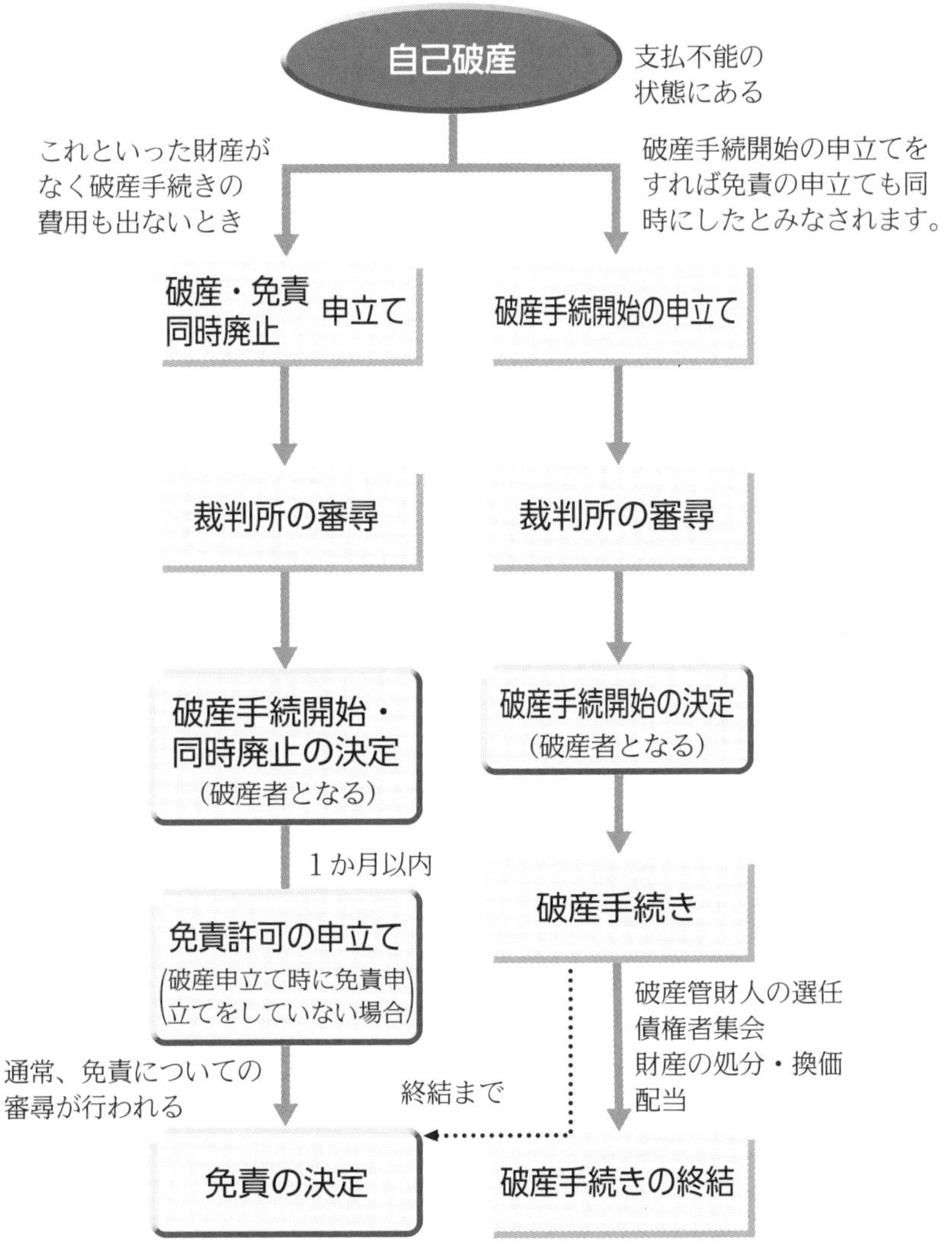

※1．債務者が破産の申立てや債務整理を弁護士等に依頼すると、貸金業者は取立てが禁止される。

※2．租税、一定の不法行為による損害賠償、夫婦間の扶養・子の養育費の請求権は免責されない。

なることを条件に破産手続開始の申立てがあった日に破産手続開始の決定がなされる）により、破産手続きの期間は大幅に短縮されています。

財産がない人の自己破産手続き

債務者の財産が少なくて破産手続きの費用すら出ず（30万円～50万円が目安）、債権者に配当ができないことが破産の申立てのときにわかっている場合、これ以上破産手続きを進めても意味がないので、以下の破産手続きを省略して破産手続開始の決定と同時に破産手続きを終結する宣言をします。これが、同時廃止です。

同時廃止の場合には、破産管財人は選ばれず、破産者の財産が換価されることもなく破産手続きは即時に終了します。

同時廃止では破産手続開始の決定時に所有していた財産の管理処分権は喪失しませんし、破産手続開始の決定後に新たに取得した財産は自由に処分できます。家財道具も債務者所有のまま自由に使用できます。

財産がある人の自己破産

破産債務者に「破産手続き費用を支出するに足りる一定の財産があるとき」には、破産手続開始決定と同時に破産管財人が裁判所より選任されます。つまり、同時廃止決定がなされないときには破産管財人が選任され、破産手続きが開始されます。

破産者の財産は破産財団に属することになり破産管財人は裁判所の監督のもと、この破産財団を管理し、売却・現金化して（換価手続き）すべての債権者に対して、債権額に比例した割合で公平に分配する仕事をします（配当手続き）。

なお、破産手続きを行う場合でも破産者の生活に必要最小限のものとして差押えが禁止されている物（生活必需品や現金99万円まで）については、破産財団に含まれず、破産者の手もとに残されます。

破産手続開始決定と確定

審尋の後、申立人が支払不能の状態にあると裁判官が判断すれば、破産手続開始決定がなされます。

「破産手続開始決定」により、今ある破産者の財産の限度で、破産者の債務を清算するといった破産手続きが開始します。

また、破産手続開始決定は官報に公告され、公告後、2週間を経過すると破産手続開始決定は確定します。

一方、破産者は公私の資格制限などの不利益を受けます。

免責の決定・確定

破産者となっても借金はなくなりません。その後、免責の決定を得て初めて借金はなくなります。

自己破産するのに費用はいくらかかるか

自己破産の申立てに必要な費用は、以下のものです。

①収入印紙（破産手続開始および

免責の申立書に貼る) 1500円(免責手数料500円含む)
②予納金 予納金は、裁判所に破産手続きをしてもらうための費用です。原則として破産申立ての際に裁判所に納めます。同時廃止の場合であれば1万円から2万円程度(東京地裁は官報公告費として1万185 8円)。個人管財事件では官報公告費1万8543円+管財人費用最低20万円)、管財事件の場合は安くても50万円程度必要です。
③予納郵券(切手) 4200円(東京地裁の場合)
以上、同時廃止で合計1万3000円程度が必要です。各裁判所によって異なりますので申し立てる裁判所で確認してください。
④弁護士費用(破産に関する一切を弁護士に依頼する場合) 弁護士に依頼する場合の弁護士費用は、着手金だけで20～30万円程度は必要で、免責まで全部依頼すれば、その倍の40～60万円程度が必要です。
ただし、同時廃止の場合は、本人で十分手続ができ、安くすみます。

★破産者になったときの不利益(制約)

①**財産の管理処分権の喪失**
②**説明義務** 破産者は、破産管財人や債権者集会の請求により破産に関して必要な説明をしなければなりません。
③**居住の制限** 破産者は裁判所の許可がなければ居住地を離れて転住または長期の旅行をすることはできません。
④**引致・監守** 破産者は、裁判所が必要と認める場合、身体を拘束されることがあり、逃走または財産を隠したり壊したりするおそれがあるときは監守を命じられることがあります。
⑤**通信の秘密の制限** 破産者にあてた郵便物などは破産管財人に配達され、破産管財人は受け取った郵便物などを開披できます。
⑥**公法上の資格制限** 破産者は弁護士、公認会計士、公証人、司法書士、税理士、弁理士、宅建士などになれません。選挙権、被選挙権などの公民権は喪失しません。
⑦**私法上の資格制限** 破産者は、後見人、後見監督人、保佐人、遺言執行者などにはなれません。なお、従前は合名会社および合資会社の社員は退社事由、株式会社の取締役、監査役は退任事由でしたが、新会社法では退社・退任事由ではなくなりました。
⑧**官報に掲載** 官報に破産者が掲載されます。また、戸籍には記載されませんが、破産者名簿に記載されます。
同時廃止決定がなされた場合、前記①～⑤についての制約はありませんが、⑥⑦の公法上・私法上の資格制限はあります。このような資格制限は、免責により復権することによって、なくなります。

破産手続開始および免責申立書のサンプル

▼地方裁判所の書式例

◆破産手続開始の申立は、申立人の住所地を管轄する地方裁判所に行います。申立書と破産申立関係書類を裁判所に提出しますが、書式は裁判所によって異なります（定型書式がない所もある）

破産手続開始及び免責申立書

（同時廃止用）

収入印紙 1,500円 消印しないこと

地方裁判所　　支部　御中

令和　　年　2月　5日

住　　所　〒〇〇〇－〇〇〇〇
〇〇県〇〇市〇〇町〇丁目〇番〇号

電話番号　（〇〇〇　）〇〇〇　－　〇〇〇〇
携帯電話番号　（０９０　）×××　－　××××
ファクシミリ番号　（〇〇〇　）〇〇〇　－　〇〇〇〇
（住民票上の住所）〒
〇〇県〇〇市〇〇町〇丁目〇番〇号

送達場所　〒

電話番号　（　　　）　　－

ふりがな　やまだ　いちろう
債務者（申立人）
氏　　名　山田　一郎　㊞

（生年月日　明・大・㊐昭　年　5月　1日生　41歳）

（　旧姓　　昭　平　・　・　改姓）

申立人代理人弁護士　　㊞

電話番号　（　　　）　　－
ファクシミリ番号　（　　　）　　－

申　立　て　の　趣　旨

1　債務者（申立人）について破産手続を開始する。
本件破産手続を廃止する。
2　債務者を免責する。
との裁判を求める。

申　立　て　の　理　由

1　申立人の資産・収入の状況等の生活状況及び申立人が負担する債務は，別紙陳述書及び債権者一覧表にそれぞれ記載したとおりです。
2　上記の記載によれば，申立人について破産原因の存在は明らかであると考えられます。また，申立人には，破産財団を構成すべき財産がほとんどなく，破産手続の費用を償うに足りないことは明らかです。
3　よって，本件破産手続開始及び破産廃止の決定を求めます。
4　なお，添付書類は次のとおりです。
陳述書
債権者一覧表
住民票写し（本籍の記載が省略されていないもの）

裁判所受付欄

◉平成17年1月から改正破産法が施行されています。この改正の1つは、差押禁止財産の必要生計費が2か月分から3か月分（99万円）に引き上げられ、また今まで別個だった破産と免責の申立てが破産手続開始の申立てをすれば、免責の申立てもしたものとみなされる点です。なお、刑事事件や交通事故などの被害者への損害賠償や子の養育費は免責されません。

必要書類と費用

申立時提出書類は以下のとおり。

①破産手続開始及び免責申立書
②戸籍謄本（全部事項証明書）
③住民票
④陳述書…破産に至るまでの事情、生活状況、財産状態等を記載。
⑤資産目録…債務者の財産の内訳を記載。
⑥家計全体の状況
⑦債権者一覧表…借金の借入先をすべて記載。

〔関連書類の提出〕
①給料明細書または源泉徴収票
②離職票・退職金支給額明細書

〔その他〕
①生活保護受給証明書
②生命保険証書・解約返戻金の証明書
③家屋賃貸借契約書のコピー
④土地・建物登記簿謄本（登記事項証明書）
⑤借用書など

〈申立ての費用〉
①破産手続開始及び免責申立書に貼る収入印紙…1500円
（破産手続開始申立1000円＋免責申立500円）
②債権者の連絡等の予納郵券
③裁判所に納める予納金
同時廃止…1万円～3万円
破産管財人を選任し手続を進める場合…安くて20～50万円程度。
④弁護士に頼む場合はその費用。
※申立てる裁判所で確認のこと。

第2部 PART 2

家庭内や職場の紛争を解決する手続き

家庭内で起きたモメゴトは家庭裁判所で

◆離婚や遺産分けなど家族の内々のトラブルで、裁判までコトを大きくするのは考えものです。また、職場での紛争は、狭く閉じられた社会で人間関係の問題が後を引くところが、家庭内の紛争とよく似ています。

◆これらの紛争では、貸金返済や代金支払いなど、ドライに処理できるものとは違った手続きがあることを知っておきましょう。

家庭内で起きたモメゴトは家庭裁判所で

家庭内のトラブルはどんな訴訟手続きになるか

◆「法は家庭に入らず」という法律の格言があります。家庭内の出来事は、誰でも人に知られたくないものです。そのために設けられたのが家庭裁判所です。

●家庭内のトラブルの解決法

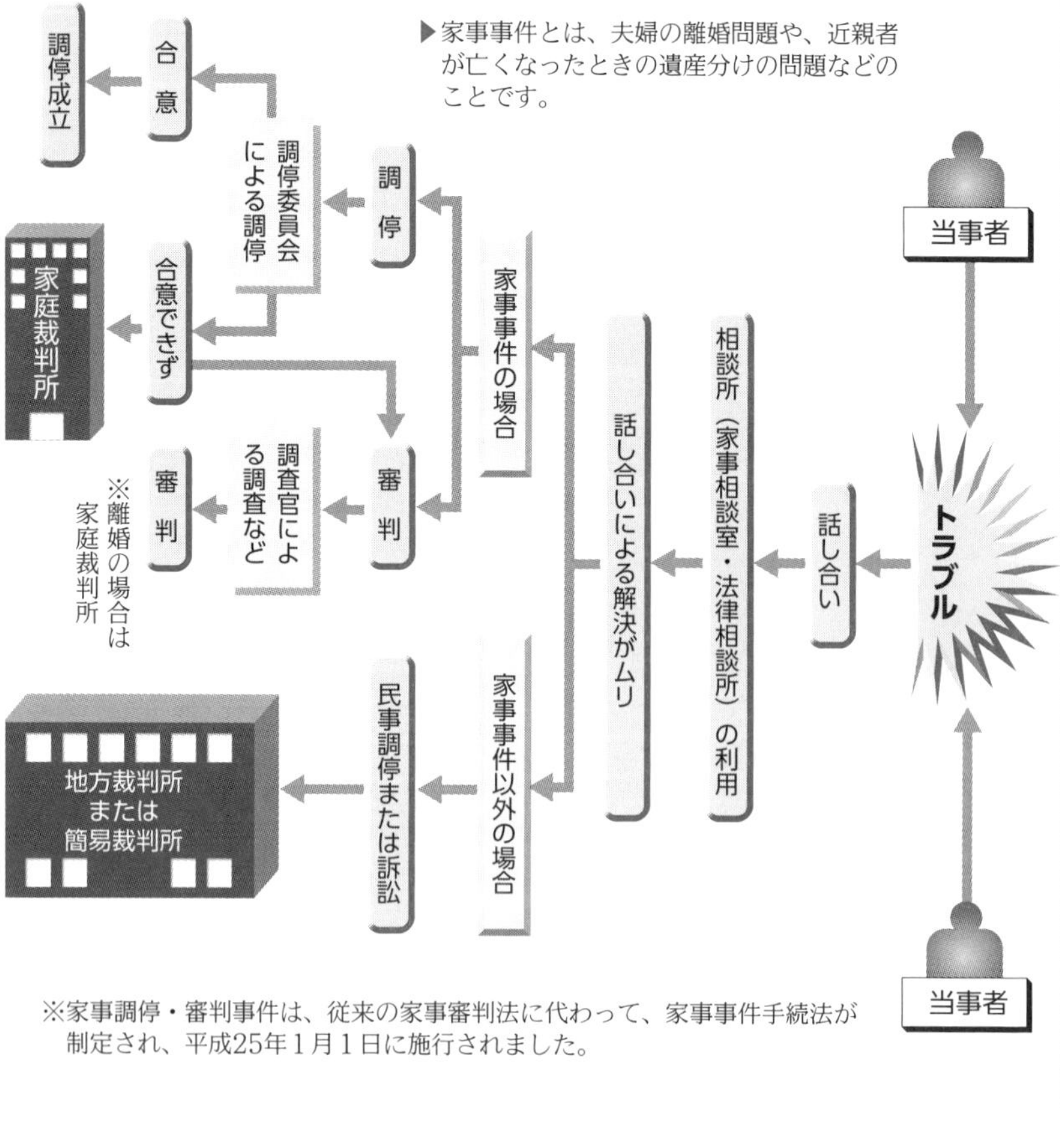

▶家事事件とは、夫婦の離婚問題や、近親者が亡くなったときの遺産分けの問題などのことです。

※家事調停・審判事件は、従来の家事審判法に代わって、家事事件手続法が制定され、平成25年1月1日に施行されました。

■家庭内の事件は家庭裁判所

夫が家に金を入れない、長男が独り占めしている遺産を分けてもらいたいなど、家庭内で起こる事件は数多くあります。

そのような家庭内で起きた事件を、一刀両断の下に白黒をつける裁判や、純然たる法律問題として当事者の感情や気持ちを考慮しない解決手続きにかけるのは、家庭平和のために望ましいことではありません。

このようなとき、要望を満たしてくれるのが、家庭裁判所です。家庭内のモメゴト、争いごとは、法律という尺度にかけるのではなく、まず家庭的な話し合いによる解決を目指すのが家事事件の解決指針です。

■少年事件も家庭裁判所の管轄

荒れる少年事件が、マスコミを騒がせています。未成年者が犯罪を犯した場合に適用される少年法では、少年保護事件と呼んでいるように、少年の将来のための保護・養育という面を重視した処分を定めています。

そのため少年事件は、通常の刑事事件を扱う地方裁判所ではなく、家庭裁判所で扱われます。家庭裁判所へ送られてきた事件については、事件の内容、少年の家庭・保護者の関係、教育の程度、心身の状況など、調査官にくわしく調査をさせ、その上で少年に対する処遇が決められます。処遇は家庭裁判所の審判によって決められますが、裁判所が必要と認めたときは検察官の立会いも許されます。非公開で、なごやかに行われます。

●少年事件の裁判手続き

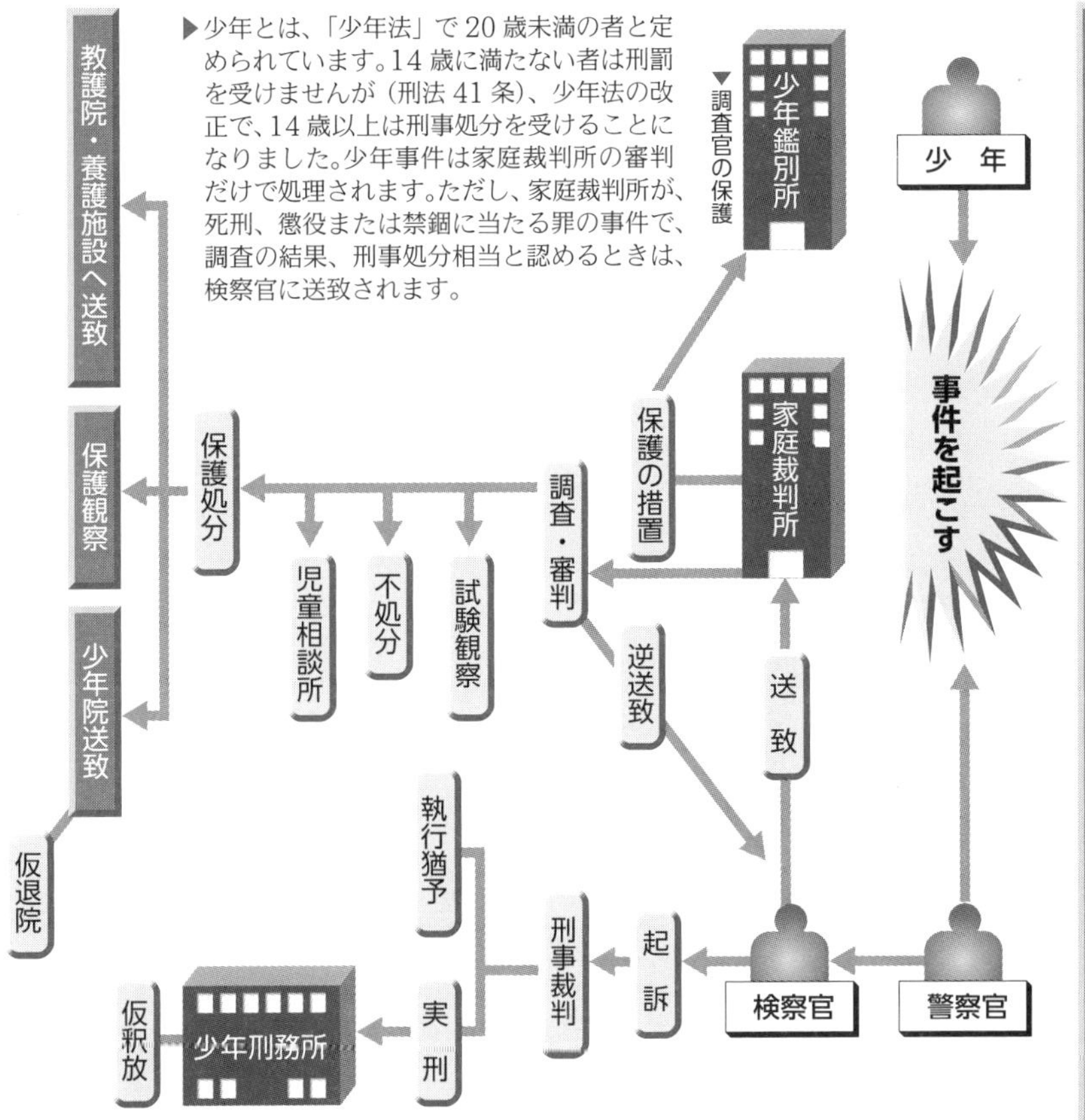

▶少年とは、「少年法」で20歳未満の者と定められています。14歳に満たない者は刑罰を受けませんが（刑法41条）、少年法の改正で、14歳以上は刑事処分を受けることになりました。少年事件は家庭裁判所の審判だけで処理されます。ただし、家庭裁判所が、死刑、懲役または禁錮に当たる罪の事件で、調査の結果、刑事処分相当と認めるときは、検察官に送致されます。

家庭や職場の裁判手続き
1

■家事調停のしくみ

家事調停手続きはどんなときに利用するのか

▼家庭内で起きた事件は家庭裁判所の調停を経ることが必要

■調停には、簡易裁判所で行う一般の事件についての民事調停と家庭内の事件について家庭裁判所で行う家事調停、それに新しくできた債務整理等を行う特定調停（簡易裁判所）があります。家事調停は、裁判官一人と学識経験者や弁護士等からなる調停委員二人からなる調停委員会で、調停委員によるアドバイスを受けながら当事者の話し合いにより解決が図られるものです。

家庭内で起きた事件はいきなり裁判にできない

夫が不倫を繰り返すので離婚したい、親の面倒を死ぬまでみたのに遺産を等分に分けろと言われた、あるいは養子をとったが乱暴を働くので縁組を解消したいなどなど、家庭内で起こる事件は、その家族にとって極めてプライベートなものであり、人に知られたくない性質の事件です。一般の訴訟事件のように、多くの人の見守る公開の法廷で、証拠調べや証人調べを行って、裁判官が、一刀両断の下に白、黒をはっきりさせ決着をつけるという解決法になじまないものです。

家事事件の特徴は、権利をめぐっての対立というより、微妙な感情のもつれ、家庭環境の違い、性格の相違といった側面が多く見られます。

そのため、法律の条文に従って判決を下す前に、当事者が冷静になって、第三者を交えて、じっくり話し合いをして、解決を目指した方が好ましいのです。そこで、原則として、家庭内の事件に関しては、最終的には訴訟の場で解決する場合でも、まず家庭裁判所の調停を行うことを義務付けました。これを「調停前置主義」と言っています。

家庭内のトラブルは家裁の家事手続相談を

家庭裁判所は、今まで裁判にはまったく縁のなかった人でも、誰でも、気軽に利用できるような配慮を

◆家事事件手続きの流れ

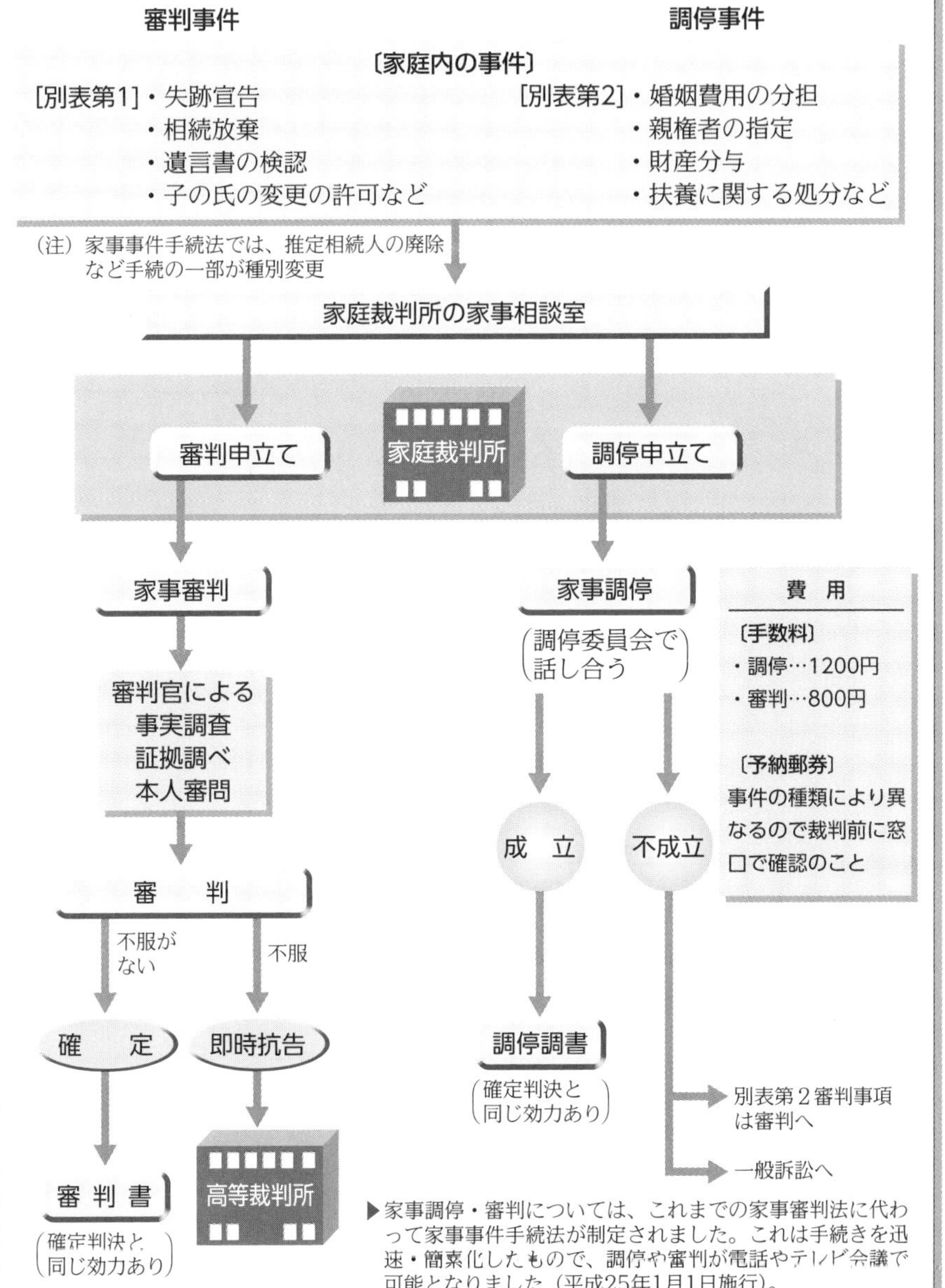

▶家事調停・審判については、これまでの家事審判法に代わって家事事件手続法が制定されました。これは手続きを迅速・簡素化したもので、調停や審判が電話やテレビ会議で可能となりました（平成25年1月1日施行）。

しております。

家庭内の事件は、まず調停（家事調停）を経なければ、通常の訴訟も起こせないことは前に述べましたが、では、家庭裁判所で調停を申し立てたいという場合にはどうしたらよいでしょうか。

このような人のために、家庭裁判所では家事手続案内を行い、家庭内の問題を解決するために利用できる手続きや申立てのしかたを説明しています。ただし、事件の内容についてのどちらが正しいとか、こうしたら有利になるとかの判断は、弁護士ではありませんのでしてくれません。どんな書類を、どこの裁判所に出せばいいか、必要な書類は、費用はどれくらいかかるか、提出する申立書類の書き方はなどについて、相談に乗ってくれます。

家庭裁判所で扱う事件は、家事事件と少年事件です。このどちらについても手続きなどを案内してくれます。もちろん、家庭内の事件は人に知られたくないものです。しかし、家庭裁判所で案内を受けたことは、どんな内容であっても、秘密は守ってもらえますので、安心して利用してください。費用は無料です。

家庭裁判所は、地方裁判所と同じく（同居している例が多い）、全国の都道府県の県庁所在地にあるほか、函館、旭川、釧路に本庁があり、その他主要な都市に支部と出張所が設けられています。

家庭裁判所での調停はどのようにして行われるか

家庭裁判所の調停を利用する人の原因は、夫婦・親子の問題、相続に関する問題、遺言に関する問題などが大半です。

では、その調停は、どのようにして進められるのでしょうか。

まず、利用者は、自分の住んでいる地域を管轄する家庭裁判所に出向いて、窓口へ行けば、そこに事件の種類に応じた調停申立書が備えつけてありますので（無料です）、それに必要な事項を書き込んで提出します。書き方がわからなければ、窓口で係の人に相談するとよいでしょう。

申立てが受理されますと、20日から1か月以内に、裁判所から第1回の期日が指定され、○月○日○時、○○家庭裁判所のどこそこまで出頭するようにとの通知が来ます。この通知は申立人と相手方にも来ます。

通知を受け取った当事者が、正当事由もないのに出頭しない場合は、5万円以下の過料になるとの予告を出したり、家庭裁判所の調査官が事実調査に出向いたりします。

さて、予定の日に出頭しますと、調停ならば調停室で調停が行われます。当事者本人のほか、代理人を頼んだ弁護士がいれば同席してもらうことができます（本人が来所せず代理人だけ出席することもできなくはありませんが、その場合は本人の意向が正しく反映されるよう、よほど周到な事前の打合せが必要です）。近親者や友人など付き添ってくれただけの人は、原則として調停室にまで入ることはできません。

部屋には、テーブルと椅子が置かれているだけです。ここでは、申立人、相手方、裁判官（審判官）と調停委員（男女1名ずつが多い）がテーブルを囲んで自由になんでも話し合うことになっています（裁判官は事件を同時に多数抱えている関係で、毎回同席するとは限りません）。

申立人と相手方との関係が悪化しており、顔を合わせると喧嘩にもなりかねないという場合には、一方の当事者を控室に待たせ、交互に調停室に入ってもらい話し合いをするような配慮もしてもらえます。

1カ月に1～2度の割合で調停が行われ、調停を通じて話がまとまれば、裁判所により話がまとまった内容を記載した『調停調書』が作成されます。これは判決と同じ効力を持つものです。これで調停は終了します。

また、調停が成立する見込みがない場合には、申立人が取り下げて終わるか、裁判所の調停不成立という処分で終了します。

事件の内容が、もともと審判手続きでもできるものであった場合（婚姻費用の分担、子の親権者の指定、遺産分割の協議など）は、不成立の後、審判の手続きに移ります。

なお、調停で合意した内容が守られなかった場合のために家庭裁判所では「履行勧告」の制度を設けています。家庭裁判所に履行勧告の申立てをしますと、家庭裁判所は義務者に義務を履行するよう説得・勧告をします。費用はかかりませんが、強制力もなく、相手方が応じない場合は別途強制執行の手続きをする必要があります。

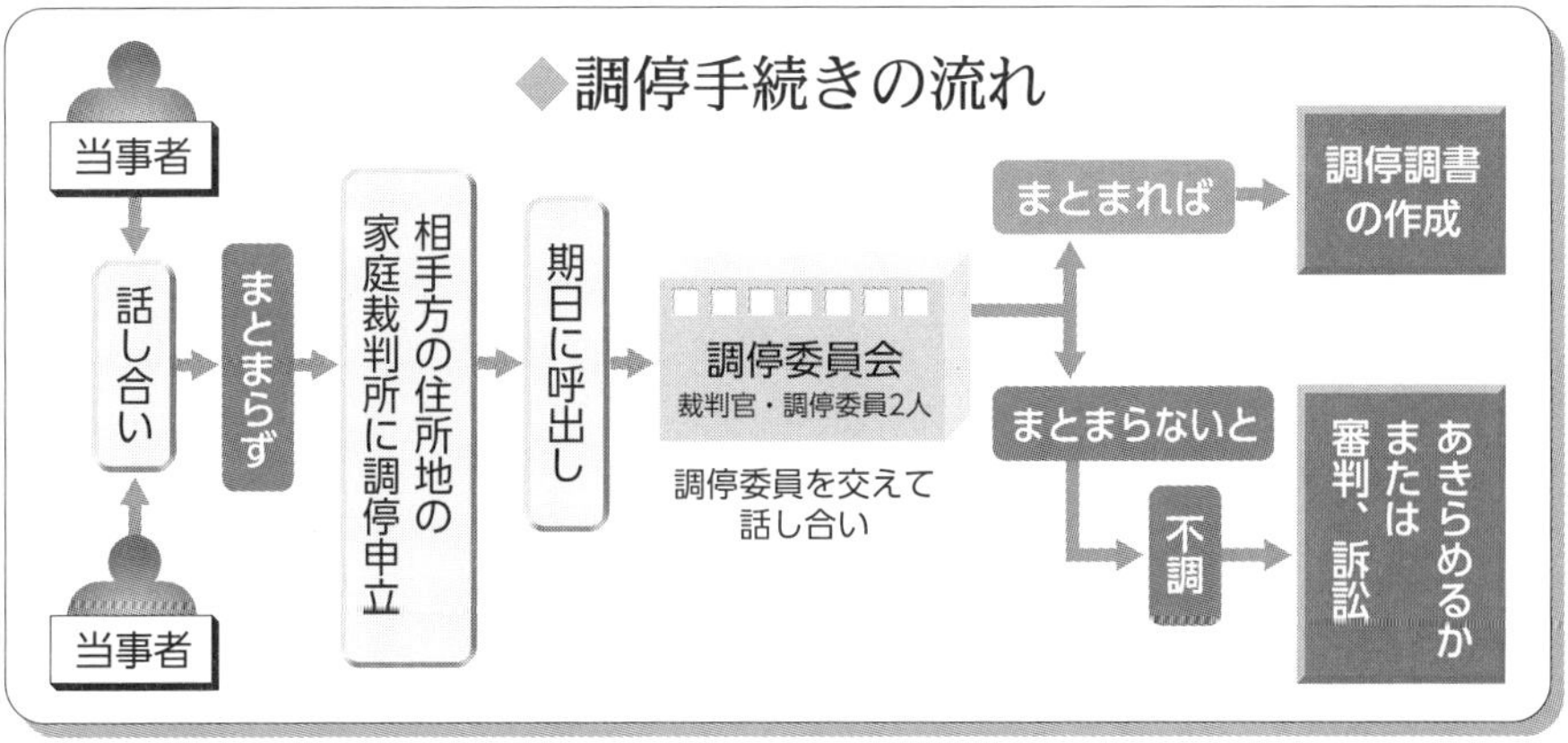

家庭や職場の裁判手続き 2

■離婚調停

離婚の調停は実際にどのように行われるか

▼協議離婚ができなければ家庭裁判所に離婚調停を申し立てる

■わが国では、離婚する人の約九割が夫婦で話し合って離婚を決める「協議離婚」の方法で離婚しています。話し合いで解決できない場合、いきなり離婚訴訟を起こすことはできませんので（調停前置主義）、相手方の住んでいる住所を管轄する家庭裁判所へ離婚調停の申立てをすることになります。

夫婦関係の調整か離婚調停か

家庭裁判所へ申し立てられる離婚調停事件では、真剣に離婚したいのに相手が応じてくれない、離婚には同意したが子供の親権、あるいは財産分与・慰謝料で話がつかないというケースが多いようです。

同時に、相手に離婚を告げられたが、離婚するほどには婚姻生活が破綻しておらず、離婚するかどうか迷っているというケースも少なくありません。この場合には、「夫婦関係（婚姻、内縁）の円満調整」の調停申立てをするとよいでしょう。

家庭裁判所で円満調整を求める調停が不調となれば、そのまま現状に戻るか、離婚調停にさらに進むかは、その段階で決めればいいからです。

円満調整の調停では、お互いの不満や言いたいことを交互に聞き出して、円満な関係に復するのに必要と思われる部分を相手方に伝え、できるだけ歩み寄りができるよう図ってくれます。

お互いが歩み寄るほどの余地のない場合には、離婚調停へと進むことになります。

離婚調停はどのように進められるのか

離婚調停の申立ては、相手方の住所地の家庭裁判所へ146ページのような離婚調停申立書を提出します。申立書には印紙、その他郵便切手数枚、添付書類として戸籍謄本（全部事項証明書）が必要です。

離婚前に別居しており、お互いの住所が遠く離れている場合には、事情によっては申立人の住所地に変更してもらえることもあります。もちろん、相手が同意してくれれば、双方の便利な所に変更することもできます。

調停の進行状況は、前に述べた通りです。相手が暴力をふるう危険性があったり、罵倒や罵り合いになるような場合は、最初の調停手続きの説明の段階（通常は同じ部屋で説明を受けます）から、同じ部屋へ入れることはありません。調停委員は、当事者を交互に部屋に入れ、話を聞いて、解決に必要な部分だけを他方に伝えるのが原則です。どちらか一方が、絶対に離婚しないという場合、あるいは相手が毎回出頭しない場合には、調停が成立する見込みはありませんので調停期日を2~3回開いた後、調停不調となります。

離婚することは承知しているが、財産分与や慰謝料の額で開きがある、子供の親権については妻が引き取ることを了解しているが養育費の額でモメているなど、譲歩の見込みがあり、説得の可能性がある場合には、辛抱強く調停を続けてくれます。

養育費については、従来いろいろな算定方式があり、モメることも多かったのですが、平成15年に専門の裁判官を中心とする養育費等研究会が新しい養育費算定方式を公表しました。これは、従来家庭裁判所の実務で採用されていた方式を基本とし、統計資料等を検討して、個別に計算されていた養育費を一定割合や指数に置き換えて、誰でも簡単に計算できるシステムになっており、最近では調停や審判でも利用されています。令和元年12月には、新しい養育算定表が発表されています。

また、人事訴訟法が制定され、調停がまとまらず訴訟になった場合の裁判所が、地方裁判所から家庭裁判所に変わりました。

★家庭裁判所の管轄とは

家庭内でトラブルが発生した場合に当事者間の話し合いで解決できなければ、家庭裁判所に調停を申し立てなければなりません（いきなり裁判はできません）。その場合、どこの家庭裁判所に申し立てるかです。これを管轄といいます。裁判所の縄張りみたいなものです（家庭裁判所の家事手続案内で教えてもらえます）。

離婚や婚姻外の男女間のトラブルでは、原則的に相手方の住所地を管轄する裁判所に申し立てますが、相手方が応じてくれれば合意できた裁判所（つまり自分が通うのに都合のよい近場の裁判所や、双方の中間地点にある裁判所）でもよいのです。

「相手方」は、子について嫡出否認（父親側から自分の血を受けた子ではないことを主張する訴え）をする場合には、「その子または親権を行う母」の住所地ということになりますが、申立てをする裁判所は右に述べた原則のとおりです。

受付印	夫婦関係調停申立書 事件名（ 離婚 ）
収入印紙　　　円 予納郵便切手　　　円	（この欄に収入印紙1，200円分をはる。） 印　紙 （はった印紙に押印しないでください。）

準口頭		関連事件番号 平成　　年（家　　）第　　　号

○○家庭裁判所 御中 令和 ○ 年 ○ 月 ○ 日	申立人の署名押印 又は記名押印	甲野　花子　（甲野）

添付書類	申立人・相手方の戸籍謄本　1　通

申立人	本籍	○○ 都道府（県） ○○市○○町○丁目○番地		
	住所	〒○○○－○○○○　電話 ○○○（○○○）○○○○ ○○県○○市○○町○丁目○○番地○○号 （　　　方）		
	呼出しのための連絡先	〒　　－　　電話　（　　） （注：住所で確実に連絡できるときは記入しないでください。） （　　　方）		
	フリガナ 氏名	甲野《コウノ》　花子《ハナコ》	昭和 ○ 年 ○ 月 ○ 日生	
	職業	主婦	勤務先	電話　（　　）
相手方	本籍	都道府県　申立人の本籍と同じ		
	住所	〒　　－　　電話　（　　） 申立人の住所と同じ （　　　方）		
	呼出しのための連絡先	〒　　－　　電話　（　　） （注：住所で確実に連絡できるときは記入しないでください。） （　　　方）		
	フリガナ 氏名	甲野《コウノ》　太郎《タロウ》	昭和 ○ 年 ○ 月 ○ 日生	
	職業	会社員	勤務先	電話 ○○○（○○○）○○○○ ○○株式会社

（注）　太枠の中だけ記入してください。

申立ての趣旨	
円満調整	夫婦関係解消
※ 1 申立人と相手方間の婚姻関係を円満に調整する。 2 申立人と相手方間の内縁関係を円満に調整する。 3 相手方は，申立人と同居する。 4 相手方は，申立人に夫婦関係を維持するための生活費として，毎月金＿＿＿＿円を支払う。 5	※ (1) 申立人と相手方は離婚する。 2 申立人と相手方は内縁関係を解消する。 （付随申立て） ((1)) 未成年の子の親権者を次のように定める。 ＿＿＿＿については父。 長男一郎、次男次郎 については母。 ((2)) 相手方は，申立人に未成年の子の養育費として，1人当たり毎月金 ○○ 円を支払う。 ((3)) 相手方は，申立人に財産分与として，金 ○○ 円を支払う。 ((4)) 相手方は，申立人に慰謝料として，金 ○○ 円を支払う。 (5)

※ 当てはまる番号を○で囲んでください。

申立ての実情	
同居を始めた日……昭和・(平成)・令和 ○ 年 ○ 月 ○ 日	別居をした日……平成・令和 ○ 年 ○ 月 ○ 日

（夫婦関係が不和となった事情，その後のいきさつなどを簡単に記入してください。）

相手方は1年くらい前から勤務先の部下である夏原秋子と男女の関係となり、申立人がいくら別れてくれと頼んでも受け入れず、最近は生活費すら本人に渡さなくなりました。2か月前には家を出て、夏原秋子のアパートで同棲を続けています。つくづく愛想がつきたので、子供を引き取って別れたいと思い、慰謝料のことも含めてこの申立をした次第です。

（特に希望したいことなどがあったら記入してください。）

相手方の愛人である夏原秋子（新宿区○○町1丁目2番）を呼んで下さい。

申立ての動機			
※1 性格があわない	((2)) 異性関係	3 暴力をふるう	4 酒を飲みすぎる
5 性的不調和	6 浪費する	7 異常性格	8 病気
9 精神的に虐待する	(10) 家族をすててかえりみない	11 家族と折合いが悪い	
12 同居に応じない	13 生活費を渡さない	14 その他	

（注） 太枠の中だけ記入してください。 ※の部分は，当てはまる番号を○で囲み，そのうち最も重要と思うものに◎を付けてください。

家庭や職場の裁判手続き 3

■相続調停

相続の調停は実際にどのように行われるか

▼遺産分割の調停が成立しなければ審判で決めてもらう

■よく「相続争い」と言われますが、これは相続人がお互いに自分の相続権を主張する権利主張であり、紛争ではないという意見があります。問題は、相続の当事者が親、兄弟姉妹、子等の身内であり、いったんこじれると、相続事件が落着しても、後々までしこりを残しかねないことです。

遺産分割の協議で話がつかない場合は調停へ

被相続人が死亡して、遺言書が出てきた場合には、法定相続の規定よりも遺言が優先し、遺言書の内容に従った遺産分割をすることになります。遺言書を発見した人は、家庭裁判所へ検認の申立てをしなければなりません（公正証書なら不要）。

遺言書がない場合には、法定相続となり、法定相続人の誰が、どの財産を、いくら相続するかを、相続人全員が話し合って決めることになります（遺産分割協議）。相続人が一人でも欠けると遺産分割協議は無効となりますので、注意してください。

協議がまとまった場合には、その内容を遺産分割協議書として作成し、各相続人が署名・押印（実印）し、預金や不動産の名義替えなどをする場合にはこれに印鑑証明書を添付することになっています。この分割協議書が、相続権のあることを証する添付書類として必要だからです。

いくら話し合ってもまとまらないときは、家庭裁判所へ調停または審判の申立てができますが、審判を申し立てても、家庭裁判所は職権で調停に回すことが常なので、まず調停の申立てをすべきでしょう。

また、相続人の一人が被相続人と一緒に働き財産の蓄積に貢献した、あるいは死ぬまで親身になって看護したなどの事情がある場合には、「寄与分」が認められます。法改正により、嫁等の六親等の親族も介護費用などを「特別の寄与」として請求できるようになりました。

寄与分を認めるかどうか、認めるとしてもいくら認めるかについても、話がまとまらないときは、家庭裁判所の調停を申し立てます。

申立ては相続人であれば、誰でもかまいません。一般には、分割について意見の一致した人が何人かで申し立てるケースが多いようです。

調停を申し立てる家庭裁判所は、相手方の住所地の裁判所です。相続の場合は相手方が複数の場合が多いでしょうが、そのうちの一人の住所地の家庭裁判所であれば、どこでもよいことになっています。

また、管轄について相続人の間で合意できれば、合意した裁判所に申し立てることができます。なお、ここでいう住所地は本籍ではなく住民登録をしている住所をいいます。

相続の調停はどのように進められるのか

相続調停の申立ては、相手方の住所地の家庭裁判所へ遺産分割調停申立書を提出して申し立てます。申立書には1200円の印紙を貼らなければなりませんし、その他に郵便切手（申立先の家庭裁判所で確認してください）を予納します。

また、添付書類として、申立人の戸籍謄本（全部事項証明書）、相手方の戸籍謄本（全部事項証明書）、住民票、被相続人の戸籍（除籍）謄本（全部事項証明書）、土地・建物登記簿謄本（全部事項証明書）、遺産目録等が必要となります。

家庭裁判所での調停の進行状況は、前述した通りです（142ページ）。実情に合った適正な分割を、できるだけ早くしてもらうために、遺産の額や種類、相続人の範囲と関係、生前の特定人への贈与などについてできるだけ詳細に証拠書類を提出します。裁判所によっては調停前に「事実調査表」を渡して記入してもらい、争点を整理して調停を進めることにしています。

★調停が不成立のときは

遺産分割の紛争については審判も調停も行えますが、人事訴訟事件は調停前置主義が原則なので、審判を申し立てても裁判官の職権で調停に回されるようです。

調停で話し合いがつかなければ、不成立となり、調停の申立てがあったときに遺産分割の審判申立てがあったものとみなされて、審判手続きに移行して、審判官の裁量的判断によって、遺産分割を行うことになります。

審判では、審判官の職権によって事実の調査や証拠調べなどを行い、当事者の意向を十分考慮した上で判断を下します。

なお、協議ができずに審判を求めた場合、相続人の範囲や遺産の範囲について問題があり、直ちに分割できない場合など特別の理由があるときには、5年の範囲内で遺産の全部または一部について分割を禁止することができます。

家庭や職場の裁判手続き 4

■職場の紛争と救済手続き

職場でのトラブルを訴えるにはどうしたらいいのか

▼裁判を起こす前にできる手続きもある

■職場のトラブルには、リストラ、内定取消し、セクハラ、パワハラなどがあります。また、過労死と労災の紛争も少なくありません。

ここでは、民間会社の従業員（労働者）が会社と対立した際、裁判以外に使える紛争の解決手続きと救済機関を紹介します。

裁判を起こすのは最後の手段である

リストラやセクハラ、パワハラなど、雇用や労働待遇、労働環境のトラブルについては、労働契約法、労働基準法、男女雇用機会均等法、労働組合法、労働関係調整法、個別労働関係紛争解決促進法などで、裁判以外の紛争解決手続きを定めています。話し合いがまとまらない場合や会社が話し合いに応じない場合、従業員は総合労働相談コーナーなど法定の紛争救済機関に相談や申立てができます（次ページ）。このような紛争救済方法がある点が、一般の民事トラブルの場合とは異なるのです。

なお、右のような紛争処理機関で解決ができない場合、解雇・雇止め、労働条件引下げ（変更）、出向・配転など個別労働関係民事紛争については、労働審判制度が利用できます。これは、平成18年4月1日から施行された制度で、会社または従業員が地方裁判所に申し立て、調停または審判による解決が図られるものです（労働審判法、162ページ参照）。

ところで、セクハラやパワハラ等を受けた従業員にとって、直接の加害者は上司や同僚ですが、この場合、直接の不法行為者でない会社を訴えることもできます。会社の使用者責任や職場環境の整備義務を怠った不作為を追及すればいいのです。いずれにしても、職場のトラブルを解決しようとする場合、話し合いの場に会社を引き出すことが重要です。

労使間で設置した苦情処理委員会への申立て

職場のトラブルも、当事者同士の

◆労働者が職場のトラブルを訴える窓口

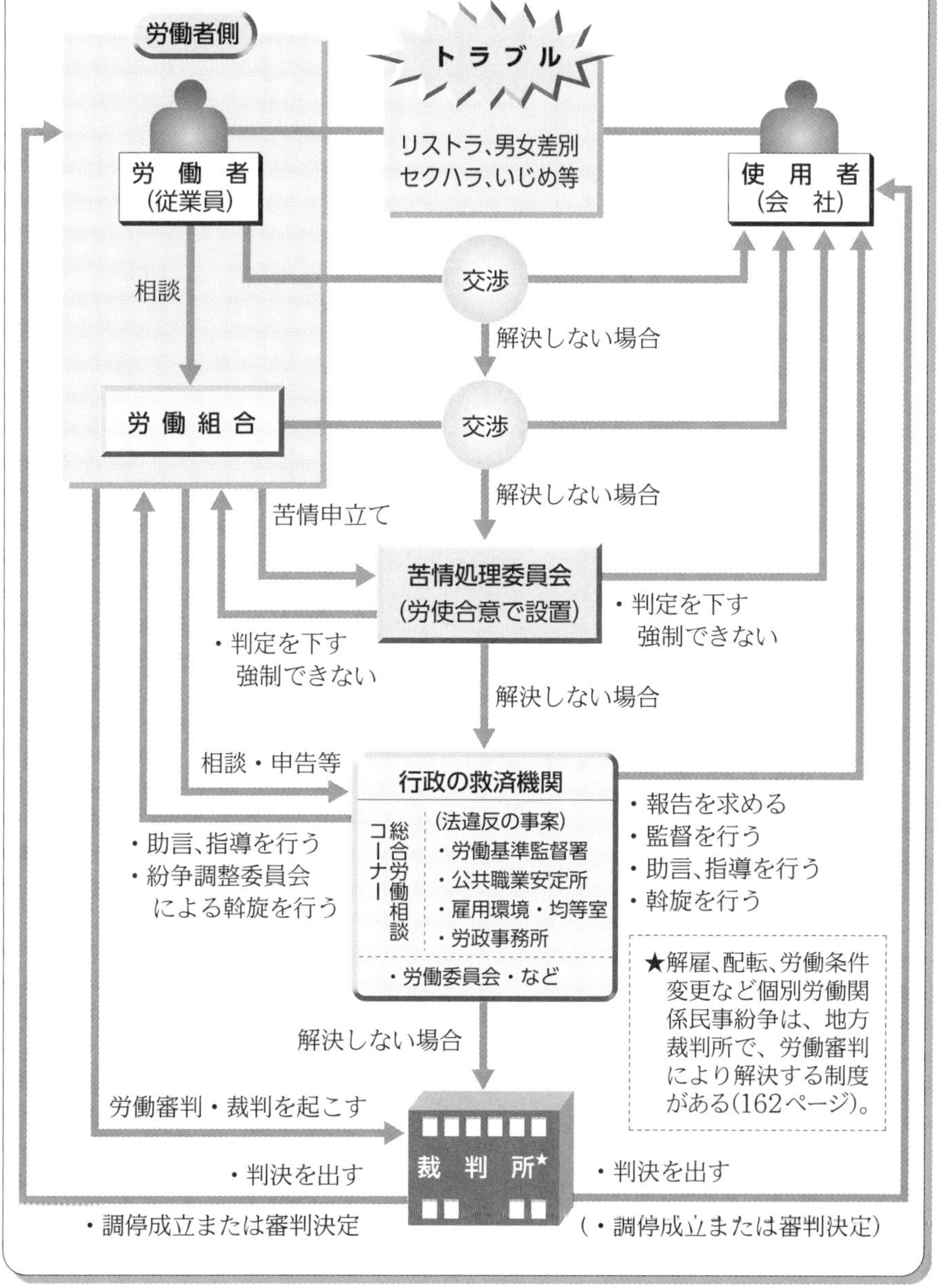

話し合いで解決できれば、それにこしたことはありません。まずは、従業員本人が、あるいは第三者に依頼して会社や上司（あるいは紛争相手）と直接交渉し、話し合って解決の糸口を見つけることです。

しかし、この交渉が上手くいかなくても、慌てて裁判を起こす必要はありません。もちろん、会社や紛争相手を裁判所に訴えることはできますが、裁判は時間と金がかかるため、あくまでも最終的な手段です。一般的には、法律や労使協定などで定めた様々な救済機関を利用して、紛争の解決を図ります。社内の救済機関は、労働組合と苦情処理委員会です。

①労働組合

労働組合があれば、所属の労組に相談するのが一番の早道です。従業員の解雇や配転は労組の同意が必要という会社も多く、時には従業員本人の代わりに労組が会社と交渉してくれます。会社や上司とのトラブルで困った時や一方的な解雇や配転を命じられた場合、まずは会社の労組に相談することです。

ただし、会社との軋轢を好まない御用組合など頼りにできない組合があるのも事実ですし、アルバイトやパート、派遣社員からの相談に消極的な組合も少なくありません。

②苦情処理委員会（苦情処理機関）

労働協約などに基づき、労使間の合意により設置された協議機関で、労使の代表が自主的に紛争の解決を図ります。

リストラによる解雇や男女差別、セクハラなどの紛争が主な対象ですが、従業員からの申立てに対しては公正な立場で判定を下します。その判定に不満なら、第三者機関の仲裁手続きや労働委員会の救済手続きを利用するか、あるいは裁判所に調停や労働審判、訴訟を申し立てるしかありません。

裁判にする前に行政の救済機関が利用できる

従業員が上司や会社とのトラブルで会社と直接交渉する場合は、労働組合の支援が欠かせません。組合の支援なしに会社と交渉しても、満足のいく回答や結論を引き出すことはまず無理です。それどころか、会社側は交渉のテーブルに着くことさえしないでしょう（無視する）。

なお、労働組合の組織率が2割に満たない今日、個々の従業員が会社とのトラブルを解決するためには、社外の救済機関の利用も考えてみるべきです。

たとえば、解雇、雇止め、配転、社内いじめや嫌がらせなど、個別の労使紛争については、個別労働関係紛争解決法で裁判手続きによらずに紛争の円満な解決を図る簡易な制度（個別労働紛争解決制度という）もあります（総合労働相談センター、都道府県労働局長の助言・指導制度、紛争調整委員会のあっ旋制度、労働審判制度）。

いずれにしろ、個人でも社外の救済機関に相談や救済申立てがしやすくなっていますので、これらを利用するといいでしょう。相談や申立てできる行政主宰の救済機関には、次のようなものがあります。

①総合労働相談センター

労働基準監督署や都道府県労働局などに設けられた相談窓口で、労働に関するあらゆる相談に対応します（令和元年度118万8340件、うち民事上の個別労働紛争の相談は27万9210件）。

②労働基準監督署

賃金支払いや不当解雇などの法令違反の案件の他、いわゆる労働事件の紛争解決の援助をしてくれます。従業員から相談や申告を受けると、労働基準監督署長は必要に応じて、会社に助言や行政指導を行います。

たとえば、労働基準法違反の解雇をされた従業員は、会社を管轄する労働基準監督署長に申告することができ、申告を受けた労働基準監督署長は会社に解雇を撤回するよう行政指導をしてくれます。

③労政事務所

労働問題全般の相談に応じる相談機関で、全国の自治体に設置されています。

なお、労使だけでは解決が困難という場合には、労使間をあっ旋する（自主的な解決をうながす）こともあります。

④労働委員会

会社が団体交渉を拒否するなど、いわゆる不当労働行為を受けた場合に利用できます。たとえば、解雇が不当労働行為と判断されると、労働委員会は会社に対し、その従業員を解雇当時いた元の職場に復帰させるよう命じる救済命令を出します。

⑤雇用環境・均等室

男女差別の紛争を扱います。援助を求められると、従業員本人や会社に必要な助言や指導、勧告を行い、また機会均等委員会を設置し、調停を行うこともできるのです。この他、弁護士会や市区町村が行う無料法律相談も利用できます。

これらの救済機関を利用しても、会社側と合意ができない場合、後は裁判所の手続き（調停、労働審判、訴訟）を利用するしかありません。

★内部告発社員は解雇できない

談合など会社ぐるみの犯罪や違法行為は内部告発で明るみに出ることが少なくありません。この内部告発者を保護する目的で、平成16年6月に公布されたのが公益通報者保護法です（平成18年4月施行）。同法では会社が、内部告発者を解雇、配転、降格など不利益な取扱いをすることを禁じています（解雇は無効）。

家庭や職場の裁判手続き
5

リストラや差別と闘う裁判

リストラや不当な差別ではどんな訴えが起こせるか

▼解雇無効を求める仮処分と本裁判がある

■総務省によると、令和2年11月の完全失業率は2・9%で前月より改善しましたが、完全失業者は195万人と10か月連続増加しています。また厚生労働省は、1月末から11月の初めまでのコロナ禍が原因の解雇・雇止めの離職者が7万人を超えたと発表しました。

この雇用情勢の悪化は、正社員より契約社員や派遣社員、パートやバイトなど非正規社員が大きな影響を受けると考えられ、行政による手厚い救済措置が必要です。

リストラをするには四つの条件が必要

従業員（労働者）は、法律により働く権利を保護されています。会社は、正当な理由がなければ、むやみに従業員を解雇できません。

正当な理由と認められるのは、①30日前までに解雇の予告をした場合、②従業員側に責任がある懲戒解雇の場合、③やむを得ない事情で解雇する場合です。ただし、①〜③に該当しても、結婚や出産を理由とする解雇、育児休暇や介護休暇中の解雇、感情的なモツれが原因の恣意的な解雇、就業規則の解雇基準に反する解雇、不当労働行為となる解雇などの場合、原則として解雇できません。

なお、業績悪化によるリストラ（整理解雇）が認められるには、次の四条件が必要です。

①人員整理の必要性があること
会社の存続には人員整理を行うしか方法がないという状況になければできません。

②人員削減の回避努力義務を尽くしたこと
指名解雇（会社側が解雇者を指名）の前に、まず希望退職者を募るなどの措置が必要です。

③整理解雇の基準・選定に合理性があること
高齢者や女性、特定の思想を持つ者などを狙い打ちにした解雇は認められません。

④整理解雇の手続きに合理性があること

◆従業員（労働者）はどんな訴え（裁判）を起こせるか

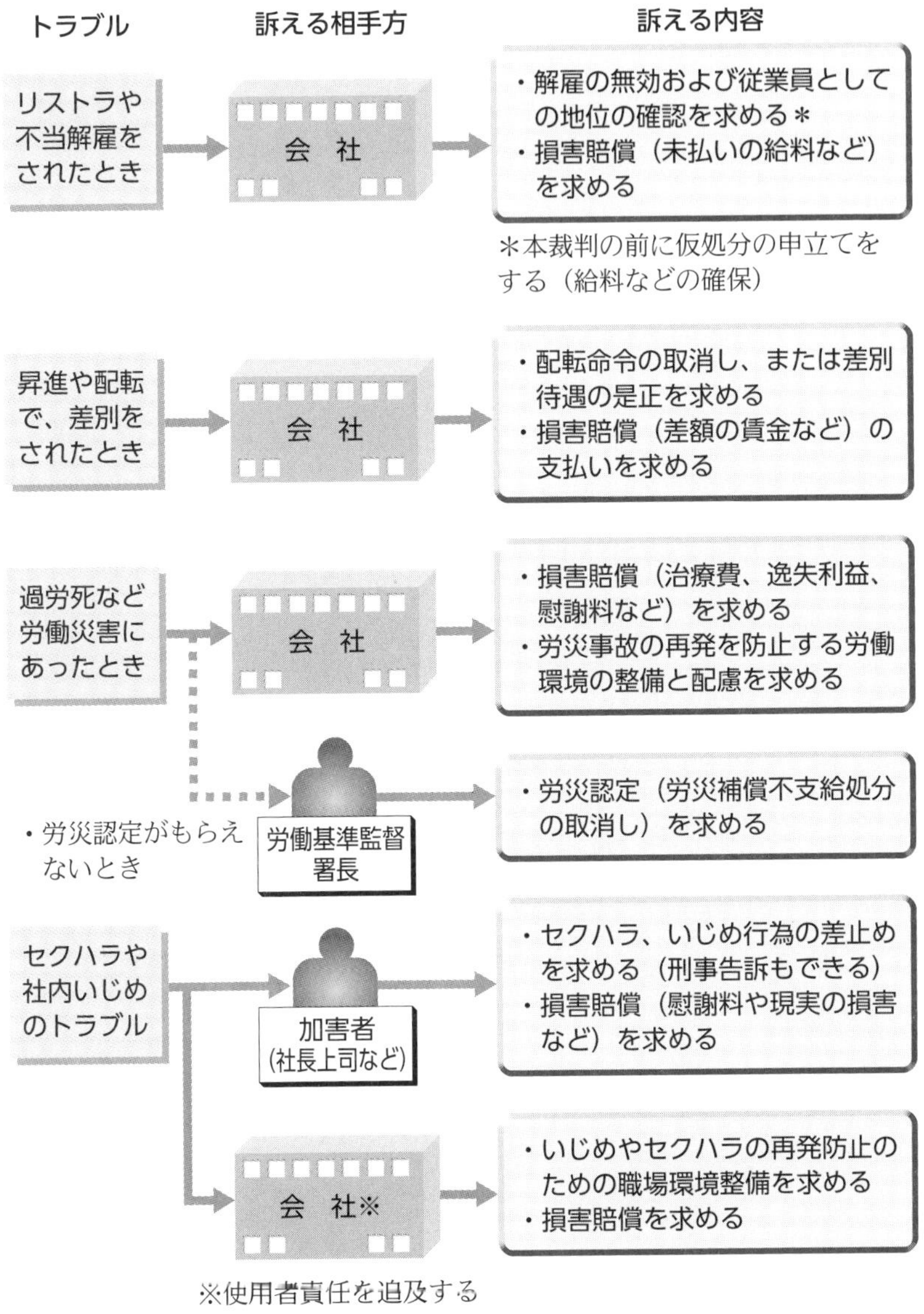
トラブル
訴える相手方
訴える内容
リストラや不当解雇をされたとき
会社
・解雇の無効および従業員としての地位の確認を求める＊
・損害賠償（未払いの給料など）を求める
＊本裁判の前に仮処分の申立てをする（給料などの確保）
昇進や配転で、差別をされたとき
会社
・配転命令の取消し、または差別待遇の是正を求める
・損害賠償（差額の賃金など）の支払いを求める
過労死など労働災害にあったとき
会社
・損害賠償（治療費、逸失利益、慰謝料など）を求める
・労災事故の再発を防止する労働環境の整備と配慮を求める
・労災認定がもらえないとき
労働基準監督署長
・労災認定（労災補償不支給処分の取消し）を求める
セクハラや社内いじめのトラブル
加害者（社長上司など）
・セクハラ、いじめ行為の差止めを求める（刑事告訴もできる）
・損害賠償（慰謝料や現実の損害など）を求める
会社※
・いじめやセクハラの再発防止のための職場環境整備を求める
・損害賠償を求める
※使用者責任を追及する

時間のかかる本裁判より まず仮処分の申立てを

職場のトラブルには様々なものがあります。裁判を起こす場合、その種類により相手方や訴える内容が異なります（前頁図解参照）。

たとえば、会社から不当に解雇された場合、会社を相手取り「解雇無効の確認」と「従業員の地位の確認」を求める裁判を起こします。

しかし、裁判は判決が出るまで時間がかかるので、まず同様の内容の仮処分を申し立てるのが普通です。仮処分が認められると、それまでの給料やボーナスが引き続きもらえます（裁判所が会社に支払いを命じる）。従業員は日々の生活費を確保した上で、正式な裁判（本裁判という）に臨めるわけです。

なお、従業員勝訴の場合には、裁判所は会社側に対し、①その従業員の元の職場への復帰、②その間の昇進・昇給なども他の従業員と同様に認めること、③差額賃金の支払い、などを命じます。

また、本人の意思に反した転勤命令や配置転換を拒否して解雇されたという場合も、同様の裁判を起こせばいいわけです。ただし、会社側に業務上の必要性があり、不当な動機がなければ、従業員の被る不利益は社会通念上甘受すべき範囲内のものとして、裁判所が会社側の解雇処分を有効と認める判決（医薬品メーカー単身赴任訴訟―最高裁・平成11年9月17日、音響機器メーカー子育て転勤拒否訴訟―最高裁・平成12年1月28日など）を出すことも少なくありません。

しかし、リストラによる転勤命令や退職要請に応じなかったため会社側の嫌がらせを受けたケースでは、会社側に損害賠償を命じた判決（福島食品容器メーカー訴訟―水戸地裁下妻支部・平成11年6月15日判決、水産加工食品メーカー子会社訴訟―千葉地裁・平成12年2月1日）もあります。

また、セクハラや社内いじめの場合には、加害者本人だけでなく、会社も訴えて、その使用者責任を追及するのが普通です。会社の責任を認めた判決（金沢建設会社セクハラ事件―平成11年7月16日）も出ていますし、職場環境に関連し、会社側がセクハラのない職場環境を調えるのを怠ったとして、その固有の責任を認めた裁判もあります。

過労による自殺なら 会社の責任を問える

会社側の過失で起きた事故や過労死など労災により損害を被った場合、従業員本人やその遺族は、その賠償を求めて会社を相手取り裁判が起こせます。会社の安全注意義務違反や従業員の健康に対する配慮義務違反などを問うわけです。なお、長時間残業による過労自殺にも会社の責任を認めた判決（大手広告代理店社員過労自殺訴訟―最高裁・平成12年3月24日）が出ています。

また、派遣社員の場合には、たとえば労働条件をめぐるトラブルでは原則派遣元の会社を訴えることになりますが、セクハラや労災の裁判では派遣先の会社が相手です（双方の会社を訴えることもできる）。

ところで、職場のトラブルをめぐる裁判は本人でもできますが、会社側は通常顧問弁護士が出てきます。はっきり言って、素人では勝ち目がありません。わずかな未払い賃金を取り戻すため少額訴訟を起こすような場合はともかく、会社相手に解雇処分の取消しなどを求める正式裁判を起こす場合には、従業員側もやはり最初から弁護士を頼む方がいいと思います。

なお、仕事中（業務上）の事故で従業員がケガをしたり病気になった場合、その事故が労働災害（労災）と認められれば、従業員本人や遺族は労災補償を受けることができます。その対象は、業務上の事故のほか、通勤途上の事故も対象です。また、過労自殺にも適用されます。補償の内容は、治療費などを支給する療養補償給付、賃金をカットされた場合の休業補償給付、障害が残った場合の障害補償給付、従業員死亡の場合に遺族に払われる遺族補償給付などがあります。

労災補償を受けるには会社を管轄する労働基準監督署長の認定が必要です。労災と認められなかった場合（不支給という）、従業員本人やその遺族は労働保険審査会に不服申立てし、それでもダメなら労働基準監督署長を相手取り、不支給処分取消しの行政訴訟も起こせます。この場合も弁護士を頼む方がいいでしょう。

★告発社員への配転命令は無効

大手精密機器メーカーの社員が、取引先の社員を不正に引き抜こうとした上司の行為を社内のコンプライアンス窓口に内部通報したところ、窓口の担当者が上司に漏らしたため、通報社員が上司から不当な配転処分を受けたという事件です。

通報社員は、配転は内部通報者の不利益扱いを禁じた社内規定や公益通報者保護法に反するとして、会社と上司を相手取り、配転無効の確認と損害賠償を求めました。

1審東京地裁は通報社員の請求を棄却しましたが、2審東京高裁は、配転命令は報復人事で、社内規定に反しており、人事権の乱用に当たると認め、配転命令は無効とする逆転判決を出しています。また、会社側に慰謝料など220万円を払うよう命じました(平成23年8月31日判決)。なお、最高裁は会社側の上告を棄却、通報社員勝訴の2審判決が確定しています（平成24年5月28日決定）。

家庭や職場の裁判手続き
6

セクハラを受けたときはどんな訴えを起こしたらいいか

■セクハラ裁判と会社の義務
▼セクハラを放置した会社も訴える

■事業主は、男女雇用機会均等法で、女性差別だけでなく性による差別的な取扱いもすべて禁じられています（2条1項前半）。また、職場でのセクハラ防止の措置を講じることも義務付けられました（11条）。なお、都道府県の労働局雇用環境・均等室に寄せられたセクハラ相談は、令和元年度は7323件です。ただし、セクハラ被害者には男性従業員もいます。

不快感を与える性的言動もセクハラだ

セクハラ（セクシャルハラスメント）とは、「職場などで、①相手の意思に反する性的な言動を行い、それに対する相手の対応により仕事を遂行する上で、②相手に一定の不利益を与えたり、③職場環境を悪化させること」をいい、大きく分けて二つのタイプがあります。

一つは、地位利用型で、これは上司などが仕事上の地位を利用して性的関係を強要したり、身体に触るなど直接の行為をすることです。要求を受け入れれば昇給昇進させる、また反対に、断ったら降格・減給などと、仕事上のメリット・デメリットを強調することもあるので、対価型とも言われます。

このような言動が違法で、セクハラに当たるということは、今では大半の人が認識しているでしょう。また、会社側も「セクハラ禁止」あるいは、「セクハラ防止」の社内規則やルール、措置を設けるところも増え、悪質なセクハラの加害者には懲戒解雇などの厳しい処分を行うところもあります。実際に、セクハラを理由に幹部の男性従業員を解雇した処分が有効か無効か裁判で争われた事件もあり、裁判所は会社側の解雇処分を有効と認めています。

もう一つの環境型は、性的な噂を流したり、性的な言葉を使ったり、職場にヌード写真やポスターを持ち込んで周囲に不快感を与えるなど、働く環境を悪化させる性的言動を言います。地位利用型と違って、加害

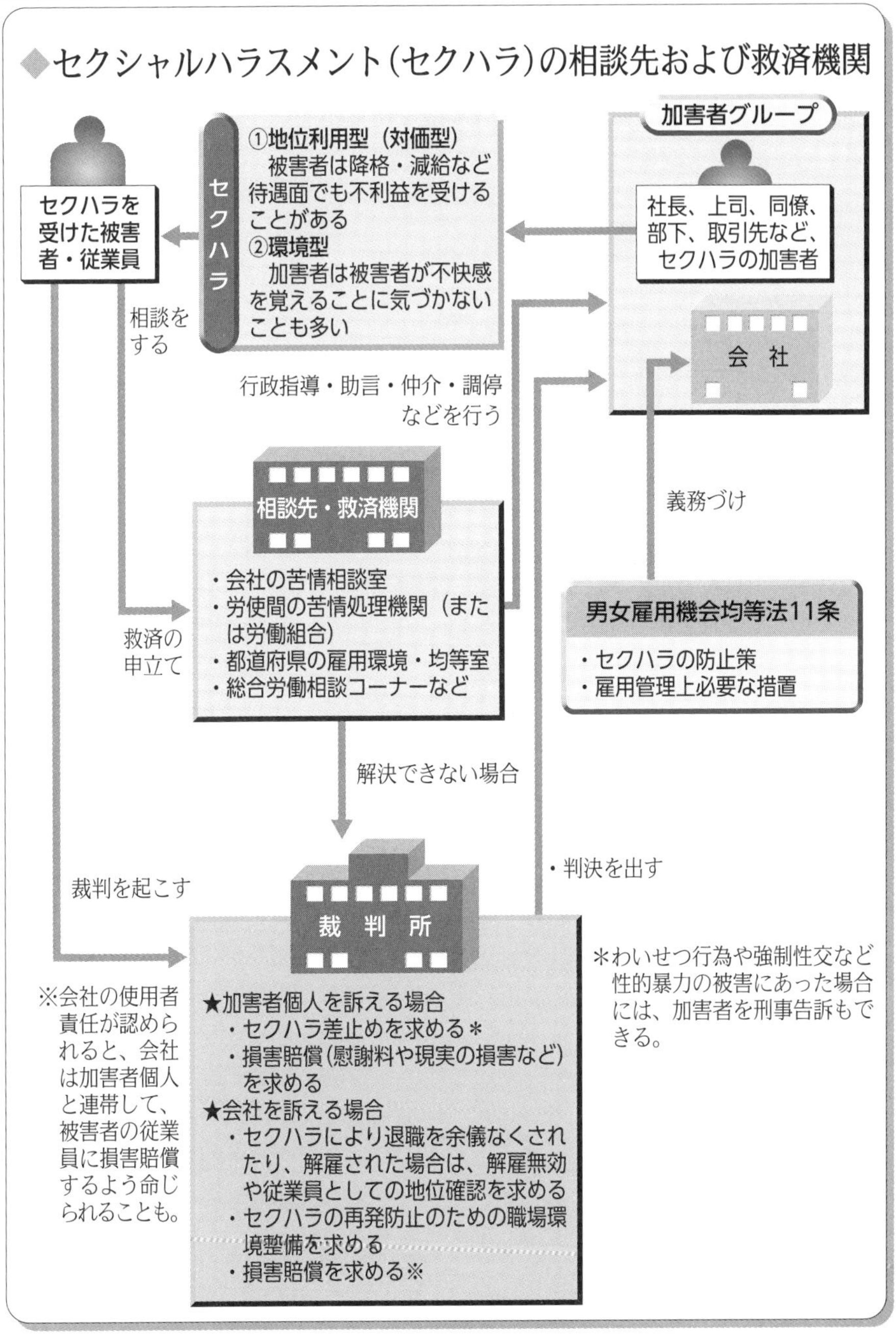
◆セクシャルハラスメント（セクハラ）の相談先および救済機関
セクハラを受けた被害者・従業員
セクハラ
①地位利用型（対価型）
被害者は降格・減給など待遇面でも不利益を受けることがある
②環境型
加害者は被害者が不快感を覚えることに気づかないことも多い
加害者グループ
社長、上司、同僚、部下、取引先など、セクハラの加害者
会社
相談をする
行政指導・助言・仲介・調停などを行う
義務づけ
相談先・救済機関
・会社の苦情相談室
・労使間の苦情処理機関（または労働組合）
・都道府県の雇用環境・均等室
・総合労働相談コーナーなど
救済の申立て
男女雇用機会均等法11条
・セクハラの防止策
・雇用管理上必要な措置
解決できない場合
・判決を出す
裁判を起こす
裁判所
★加害者個人を訴える場合
・セクハラ差止めを求める＊
・損害賠償（慰謝料や現実の損害など）を求める
★会社を訴える場合
・セクハラにより退職を余儀なくされたり、解雇された場合は、解雇無効や従業員としての地位確認を求める
・セクハラの再発防止のための職場環境整備を求める
・損害賠償を求める※
※会社の使用者責任が認められると、会社は加害者個人と連帯して、被害者の従業員に損害賠償するよう命じられることも。
＊わいせつ行為や強制性交など性的暴力の被害にあった場合には、加害者を刑事告訴もできる。

者側にセクハラという認識がないことも多く、そのために被害者側の精神的苦痛をより深刻にしているのです。

なお、セクハラの被害者は、必ずしも女性とは限りません。

会社はセクハラ防止の対策をとる義務がある

男女雇用機会均等法の改正で、会社は平成19年4月1日から、セクハラ防止に必要な措置を講ずるよう義務づけられています（同法11条）。

具体的には、就業規則等にセクハラ禁止の服務規定などセクハラに対する事業主の方針の明確化を盛り込む、相談・苦情窓口の設置など被害者の駆け込み寺（セクハラ加害者＝たとえば上司などの圧力を受けない公平な機関）設置やセクハラ被害の解決とセクハラ防止のための措置が挙げられますが、ようはセクハラのない良好で働きやすい職場環境を作るよう従業員を啓発することが重要なのです（次ページ上図）。

セクハラを受けた場合、会社の苦情相談室や労働組合に相談し、対応策を取ってくれるよう要求できます。会社の対応が不十分なら、都道府県の雇用環境・均等室や総合労働相談コーナーなど行政の救済機関に相談して対策を求めたらいいでしょう。しかし、その助言や指導にセクハラの加害者や会社側が真摯に耳を傾け、被害者への謝罪や対策を講じない場合には、被害者は加害者や会社を相手取り民事裁判を起こすしかありません（前ページ図）。

会社の使用者責任を問うこともできる

裁判では、加害者の不法行為責任（人格権の侵害と良好な職場環境で働く権利の侵害）を追及し、慰謝料など損害賠償を求めるのが普通です（この他、セクハラ行為の差止めも要求できるでしょう）。この場合には、会社を訴えることもできます。会社の使用者責任を追及し、加害者とともに損害賠償を支払いよう求めるわけです。また、働きやすい職場環境を整備する義務を怠ったとして、会社の債務不履行責任も追求することができます。

なお、加害者から暴行を受けたり、わいせつ行為や強制性交などの性的暴力の被害にあった場合には、警察や検察庁に刑事告訴することもできます（強制わいせつや強制性交は不親告罪となり、6か月の告訴期間はなくなりました）。また、会社に対しては、セクハラが原因で退職を余儀なくされたり解雇された場合には、復職の要求（解雇無効や地位確認を求める）ができますし、セクハラの再発防止など職場環境の整備も求めることができると思います。

◆会社に義務付けられたセクシャルハラスメント(セクハラ)の防止策と措置

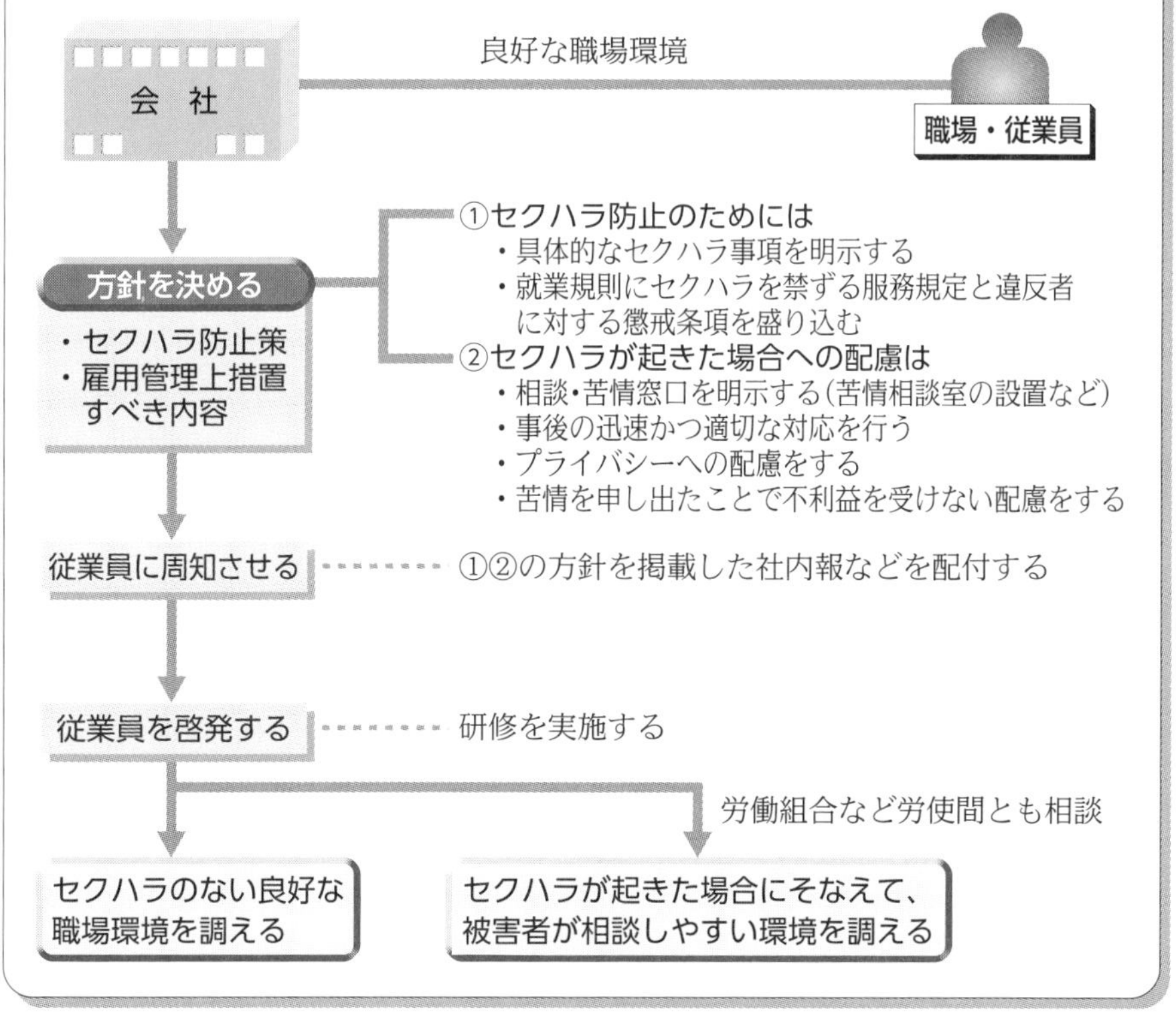

セクハラ加害者の不法行為責任や会社の使用者責任を認め、加害者側に損害賠償を命じた裁判例は少なくありません。中には、一〇〇〇万円を超す判決もあります。ここでは、裁判所が初めて「セクハラ」という用語を使った事件を紹介します。

建設会社に入社した女性（社長宅で家政婦の仕事に従事）が、社長から性的嫌がらせを受け、性的関係などを拒否すると解雇されたとして、社長と会社を相手取り５５０万円の損害賠償を求めた事件です。一審の金沢地裁輪島支部の判決では、初めて「セクハラ」という用語が使われました。

最高裁は、被告の行為自体が違法で人格の尊厳性を疑うとして、被告側（社長と会社）に１３８万円の賠償（一審判決の認容額は、80万円）を命じた二審の名古屋高裁判決を支持し、被告側の上告を棄却しています（平成11年7月16日判決）。

●労働審判制度とは

従業員（労働者）が会社側と個別に争う労働関係の紛争（労働組合が関与しない。個別労働関係民事紛争という）を解決する新しい制度が労働審判制度（労働審判法）で、平成18年4月1日に施行されました。裁判所に持ち込まれた労働紛争を手間と費用のかかる裁判ではなく、その審理に専門家（労働審判員）を参加させて、調停や審判による解決を目指すもので、迅速で現実的な解決を図る手続きです。

★どんな紛争が対象か?

主として、労働契約や労働条件に関わる会社と従業員の個別紛争が対象で、調停や審判による解決ができる事件です。具体的には、解雇・雇止め、配転・出向、さらに労働条件の引下げなどが挙げられます（労働審判法1条）。

なお、この労働審判手続きは、従業員（弁護士や裁判所の許可を得た者を代理人にできる）だけでなく、会社側も申立てができます。

★どこに申立てをするか

会社の所在地や従業員が働いている事務所を管轄する地方裁判所に申し立てます（同法2条）。なお、当事者の一方が申立てをした場合、相手方が反対しても、原則として労働審判手続きで進められます。

★労働審判はどう進むか?

審理は、裁判官1名と労働審判員（中立・公平な立場で参加する労使双方から選ばれた労働関係の有識者）2名で組織する労働審判委員会で行われます（同法7条）。この労働審判手続きは民事裁判と異なり、非公開です（同法16条、例外的に傍聴を許す場合もある）。

なお、労働審判手続きは迅速な解決を目的としているので、審理は特別な事情がある場合を除き、3回以内で終結します。その期日の中で、争点の整理や証拠調べを行い、原則として調停により解決し、当事者間で調停が成立しない場合には、労働審判委員会が審判を行うのです（同法２０条）。

★審判が成立すると?

労働審判は、確定すると裁判上の和解と同じ効力を持ちます（同法21条4項）。しかし、2週間以内に、当事者がその審判結果に異議を申し立てると、労働審判は失効し、労働審判の申立てをした地方裁判所に、申立て時に裁判を提起したとみなされます。また、事件の性質上、この手続きが妥当ではない場合も審判せずに終結します。

第2部 PART 3

犯罪被害にあったとき 訴える手続き

捜査の要請から刑事裁判まで

◆犯罪から身を守るため警察の存在は欠かせません。被害者や被害を受ける恐れがある人々にとって、警察はもっとも身近で手軽な相談先です。とはいえ、警察は私たちが望むような事件捜査や身辺保護を必ずしてくれるわけではありません。

◆しかし、警察が自分たちの望む対応をしてくれないからといって、ただ「警察不信」ばかり唱えても何の解決にもなりません。現実に犯罪に巻き込まれた時、どうすれば警察に保護してもらえるか、どんな手続きで解決するかなど、刑事事件に必要な法律知識は一通り覚えておくといいでしょう。

犯人の処罰は捜査と裁判で決まる

犯罪と刑事処分のしくみ

◆犯罪にあい、生命・身体・財産に被害を被った場合、その被害者や遺族は犯人を訴えることができます。しかし、損害賠償を請求する民事裁判と違って、犯人の処罰を目的とする刑事裁判は、被害者や遺族が直接裁判所に訴えを起こすことはできません。裁判所に訴えを起こせるのは、犯人の取調べなど事件の捜査に当たった検察官だけです。被害者側は、管轄する警察署や検察庁に、事件の犯人を処罰するよう告訴することしかできません。

●犯罪と刑事裁判のしくみ

■犯罪の行為者が未成年者の場合（少年事件という）には、原則として少年法の適用を受け、成人の場合とは取扱いが異なります。左の図は成人事件のもので、少年事件については194頁をご覧ください。

犯罪（事件）が起こる

★令和元年の一般刑法犯認知件数74万8559件（令和2年版犯罪白書）

事件を警察に通報する

・警察や検察は事件が起これば捜査ができる

容疑者（犯人）を告訴・告発する

・被害者が告訴しないと、犯罪とならない事件もある（親告罪―名誉毀損など）
・まず被害届を出して、様子をみる場合もある

1 警察が捜査を行い、容疑者（被疑者という）を取り調べる

・必要に応じて、容疑者の身柄を拘束（逮捕等）することもある

容疑が固まった場合

容疑者を検察庁に書類（または身柄）送検

犯人ではなかった場合

容疑者を釈放する＊

＊容疑は濃いが、自白も物証も目撃者もないという場合、処分保留のまま釈放することも

■犯罪成立の条件■

他人の行為で被害を受けたとき、それが法律上の犯罪となるのは、①加害者の行為が法律で犯罪とされた行為であり（構成要件該当性）、②その行為が法律上許されないもので（違法性）、しかも③加害者に故意過失・責任能力がある（有責性）場合だけです。

■告訴と告発の違い■

どちらも、犯罪事実やその犯人を警察（司法警察官）や検察庁（検察官）に告げ、その犯人を起訴して、処罰してほしいと表明することです。告訴は、犯罪の被害者やその法定代理人、その他一定の告訴権者（たとえば、被害者が死亡した場合は、その配偶者や直系の親族、兄弟姉妹など）ができます。なお、検察官は告訴がなくても犯人を起訴できますが、名誉毀損など親告罪に当たる事件では、被害者の告訴がないと起訴できません。一方、告発は、告訴ができる人（告訴権者という）以外の第三者なら誰でもできます。

■逮捕には3種類ある■

いわゆる「逮捕状」を裁判所から取って、犯人を逮捕するのが原則です（通常逮捕）。しかし、重大な犯罪（法定刑が懲役または禁錮3年以上の罪）を犯した嫌疑が十分で、しかも急を要する場合には、逮捕状がなくても犯人を逮捕できます（緊急逮捕）。また、犯行中や犯行直後の犯人は、逮捕状がなくても、また一般の人でも逮捕できます（現行犯逮捕）。

2 検察官が被疑者を取り調べる

・必要に応じて、警察に補充捜査などを命ずることもできる
・告訴や告発は、検察庁に直接することもできる

被疑者に確実な犯罪の嫌疑があり、かつ刑事処分が相当と判断した場合 → **裁判所に起訴する※**

※100万円以下の罰金または科料事件は被疑者の同意を得て簡易裁判所で略式手続きもできる

容疑が晴れた場合、微罪などで処罰は必要ないと判断した場合 → **不起訴処分または起訴猶予＊**

＊告訴人、告発人、被害者などは、被疑者の不起訴処分に納得いかない場合、検察審査会に起訴するよう申立てができる

3 刑事裁判（公判）が行われる——原則、第1審は地方裁判所

・公判は、①冒頭手続き（被告人を確認する人定質問、起訴状の朗読など）、②証拠調手続き、③最終弁論手続き、④判決宣告手続きの順に進む
・被害者や遺族は、公判で心情などの意見陳述ができるほか、殺人など凶悪事件では被告人質問や検察官の求刑に意見を言える場合もある
・法定刑が、死刑・無期・長期3年を超える懲役または禁錮となる事件の被告人には必ず弁護士を付ける（私選ができなければ国選弁護人が頼める）

公判前整理手続き
第1回公判期日前の争点整理

4 裁判所が判決を言い渡す

・有罪判決には、実刑判決（懲役、禁錮）と執行猶予付判決がある
・重大な刑事事件の裁判は原則、国民が裁判官と一緒に有罪や無罪および量刑を決める裁判員制度による（必ず公判前整理手続きを行う）

[注] 被告人および検察官は、判決に不服がある場合、上級裁判所に上訴（控訴・上告）ができます。なお、判決言渡し後、14日以内に上訴しないと判決は確定します。

犯罪捜査と刑事裁判の手続き

1

■犯罪にあったときの訴えの仕方

犯罪の被害者は、どこに助けを求めたらいいか

▼警察に被害届や告訴状を提出する

■ストーカー被害にあった女子大生が警察に相談、被害届を出したのに、警察が捜査を怠ったため、犯人に殺害されてしまったという痛ましい事件を覚えていますか。この事件は、その犯罪以上に、国民の生活を守ってくれるはずの警察が何もしてくれなかったという事実が大きなショックでした。といって、犯罪の被害者が自分で捜査や取調べを行い、犯人を勝手に処罰することはできません。

犯罪の捜査は警察や検察庁しかできない

事件（犯罪）を捜査し、犯人を逮捕できるのは司法警察職員（巡査部長以上の警察官）と検察官だけです。事件の被害者は、民事訴訟を起こして犯人に損害賠償の請求はできますが、処罰を求めて犯人を直接裁判所に訴えることはできません。犯人（容疑者。法律用語では被疑者という）を裁判所に訴える（起訴、正式には公訴という）ことができるのは、検察官だけです。事件の被害者は、すみやかに警察に被害届を出すか、犯人の処罰を望む場合には、警察（司法警察職員）や検察庁（検察官）に犯人を告訴してください。

どこに告訴すればいいかなど必要なことは、最寄りの警察署や交番に相談すれば教えてくれます。

なお、現行犯以外、たとえ犯人を見つけても、被害者は逮捕できません（前ページ参照）。近くにいる警官に通報するか、110番してください。もちろん、勝手に犯人を処罰することなどできません（被害者やその家族が犯人に体罰を加えたりすると、今度は被害者自身や家族が犯罪の容疑者となる）。

また、事件後、被害者が犯人から力づくで盗まれた金や品物を取り戻したり、犯人に賠償金の支払いを強要するなど、自分で事件を解決する、いわゆる自力救済も許されてはいません（反対に窃盗罪や恐喝罪に問われる）。被害品の返還や賠償は犯人側との示談や民事裁判によります。

◈告訴状のサンプル

告　訴　状

東京都中央区・・・(告訴人の住所)
告訴人　甲　野　花　子
千葉県千葉市・・・(被告訴人の住所)
被告訴人　乙　川　次　郎

上記被告訴人には、以下のとおり、強制わいせつの犯罪事実がありますので取調べの上、厳重に処罰していただきたく告訴いたします。

告　訴　事　実

被告訴人は、千葉県千葉市にて、雑貨販売店を経営しておりますが、同店の従業員として雇用した告訴人に対し、令和　　年4月15日から同年6月5日までの間、前後5回にわたり、自らの性的欲求を満足させるため、わいせつ行為を繰り返したものである。

罪名および罰状

強制わいせつ　　刑法176条

告訴の理由

1　告訴人である私は、令和　　年4月3日に被告訴人の経営する雑貨販売店に採用され、同日より事務の仕事に従事していますが、被告訴人は当初より、私に対して、たびたび性体験などを質問し、また服の上から身体に触れるといったセクシャルハラスメントの行為を繰り返していました。
2　被告訴人は、同年4月15日、打合せがあると言って私に残業を命じ、同店事務所において、無理矢理性的関係を求め、私が拒否すると、私の髪の毛をつかみ、被服を破るなどして、私の下着の中に手を入れるなどの行為をしたものであります。
3　被告訴人は、その後も、私に対し、計5回にわたり性的関係を求め、私が拒否すると、同年6月5日、一方的に解雇する旨を通告してきたものであります。
4　以上の事実は、明らかに刑法の強制わいせつ罪にあたると思われますので、取調べの上、厳重に処分していただきたく、告訴します。
詳しいことは、呼出しがあれば、出頭して申し述べます。

立証方法（省略）

添付書類（省略）

令和　　年7月10日

告訴人　甲　野　花　子　㊞

○○警察署長（または○○検察庁検察官）殿

告訴しないと犯人を処罰できない犯罪もある

犯罪捜査には、必ずしも被害者の告訴は必要ありません。

たとえば、殺人事件や傷害事件は、その事実が明らかになれば、警察は捜査を始め犯人を逮捕します。詐欺や窃盗は、被害者が被害届を出せば、警察は捜査に着手できます。ただし、名誉毀損や未成年者略取誘拐など親告罪に当たる犯罪は起訴できません（捜査はできます）。なお、強制わいせつや強制性交は、以前は親告罪でしたが、法改正により平成29年7月から非親告罪に変わり、現在は被害者の告訴は不要です。

ところで、告訴は「犯人を刑務所に入れるなど処罰してほしい」との被害者の処罰を求める意思を表明するもので、その点が被害届とは異なります。

告訴は、犯罪のあった場所、または犯人の住んでいる場所を管轄する警察署（犯罪捜査をする司法警察職員などが担当）または検察庁（検察官が担当）に行います。被害を受けた場所が何か所にも及ぶ場合や犯人が複数人の場合には、その中の一か所の警察署や検察庁に告訴すればいいのです。告訴ができるのは、①被害者本人、②被害者の法定代理人、そして③被害者が死亡した場合は、その配偶者と直系の親族（親・子供・孫）および兄弟姉妹です。なお、被害者が未成年者の場合、法定代理人の親はその子供の意思とは無関係に告訴できます。

告訴する相手（被告訴人という）は、犯罪行為をした加害者（犯人）本人です。また、被告訴人は原則個人（法人は代表者）で、例外的に会社（法人）を処罰する規定（両罰規定という）がある場合に限って、会社も告訴できます。

犯人の氏名や住所は、正確にわからなくても良く、この場合には「被疑者不詳」として告訴すればいいでしょう。

なお、親告罪以外の告訴期間は、その犯罪が時効（公訴時効という。190ページ参照）にかかるまでです。ただし、親告罪は「犯人を知った日から6か月以内」に告訴しなければなりません。

告訴は口頭も可だが普通は告訴状を出す

被害届は、被害者が自分で書類を作って、警察に提出してもかまいませんが、口頭でもできます。一般的には、警察官が被害者から事件や被害の状況を聴き取り（簡単なメモを被害者に書かせることもある）、それを書類にまとめ、被害者に署名させるという方法で「被害届」を作成するのが普通です。

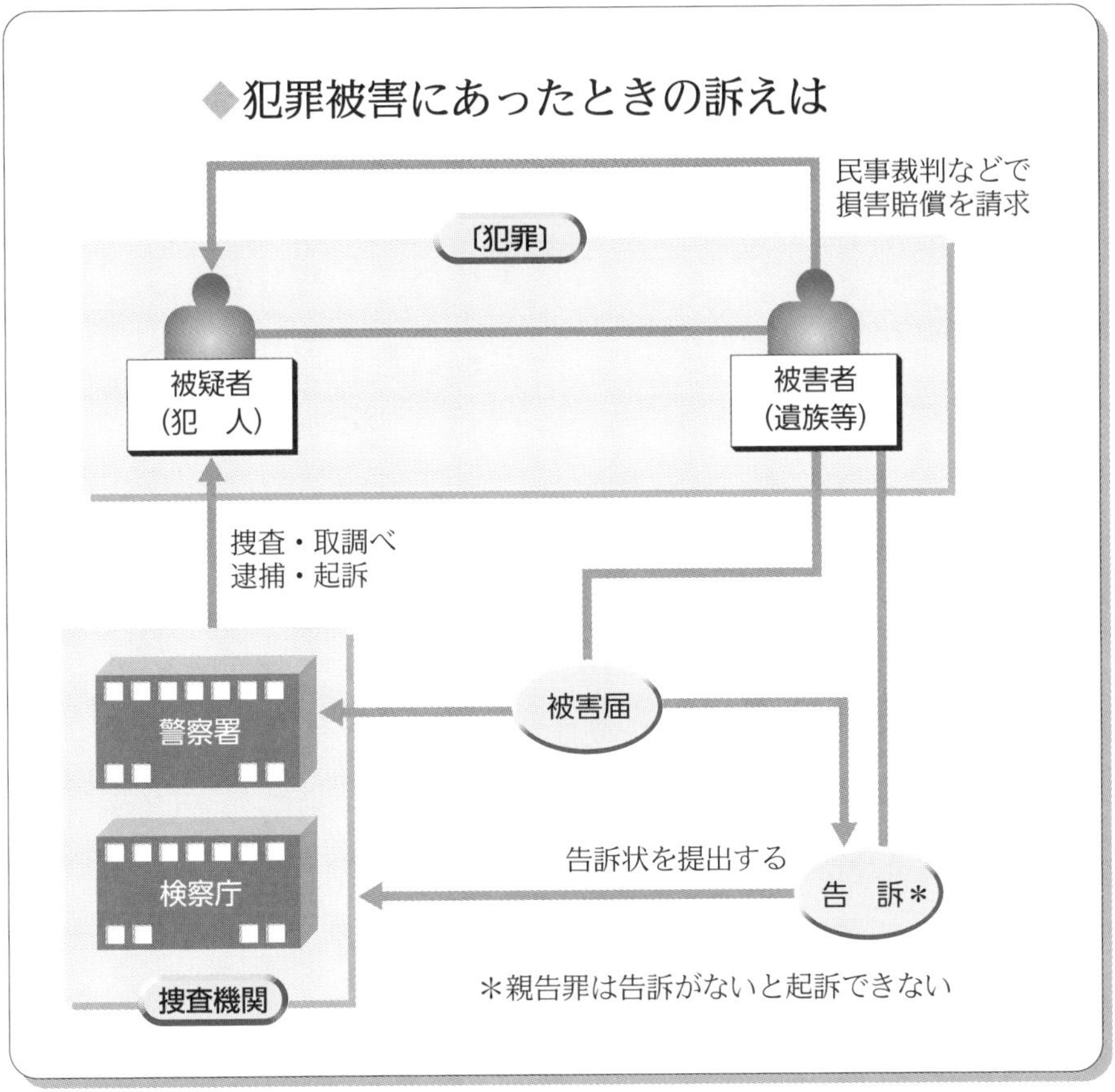

また、告訴も口頭でもできることになっていますが、一般的には「告訴状」という書類を作ってするのが普通です。告訴状には、①誰が、②いつ、③どこで、④誰に（何を）、⑤どんな方法で、⑥どうしたのかなど、犯罪事実を簡潔に書けばいいでしょう。なお、民事裁判を起こす場合と異なり、告訴自体は無料です（告訴状の作成や告訴手続きを弁護士などの専門家に依頼すれば費用がかかります）。

告訴があれば、警察（または検察）は捜査を始めるのが普通ですが、被害者は告訴したことで安心してはいけません。時々は捜査の進捗状況を警察に尋ね、時には早急に捜査を進めるよう促す努力を惜しまないことです。

なお、弁護士に告訴手続きを頼むと、捜査の進捗状況なども、弁護士の方から警察などに問い合わせてもらえます。

犯罪捜査と刑事裁判の手続き
2

■被害者を救済する法的手段

警察や法律は被害者をどうやって守ってくれるか

▼犯罪被害者保護法とストーカー規制法

■わが国は、犯罪被害者に対する保護や支援が不十分と言われています。警察も事件にならない限り、通常は被害者のために積極的には動いてくれません。しかし、十分とまではいかなくても、犯罪被害者救済を目的とする法律の制定や捜査への取組みも行われています。また、裁判員制度の導入に合わせ、被害者が刑事裁判に直接参加する制度なども施行されました。

被害者は、捜査の経過や判決を知ることができる

おかしな話ですが、21世紀になるまで事件（犯罪）の被害者でも、捜査の進捗状況や犯人（被告人）に対する判決内容を知ることは容易ではありませんでした。とくに、少年事件や交通事件では犯人を相手に民事裁判を起こして捜査記録や判決文などを取り寄せない限り、どんな捜査をし、どんな結論を出したか、その詳しい内容はわからなかったのです。そのため、被害者の心情や言い分が判決に反映されないという不満も少なくありませんでした。

しかし平成12年11月、犯罪被害者保護法（犯罪被害者等の権利利益の保護を図るための刑事手続に付随する措置に関する法律）が施行され、これにより、ようやく被害者（本人が死亡した場合は遺族、その心身に重大な故障がある場合は配偶者など家族）は裁判記録の閲覧やコピーができるようになったのです。また、刑事訴訟法の改正により、被害者や遺族は裁判でその心情を陳述できるようになり、平成20年12月からは、刑事裁判への被害者参加制度が施行され、被害者が法廷で被告人に質問したり、検察官の求刑内容に意見を言う権利も認められました（弁護士に委託することも可能）。

この他、警官の捜査上の心構えを規定した国家公安委員会規則（犯罪捜査規範）には、被害者側の心情に配慮して捜査に当たることや、犯人の「お礼参り」を防ぐため被害者の名前を犯人側に伝えないこと、また

◆ストーカー被害者に対する救済法（刑事裁判にならない場合）

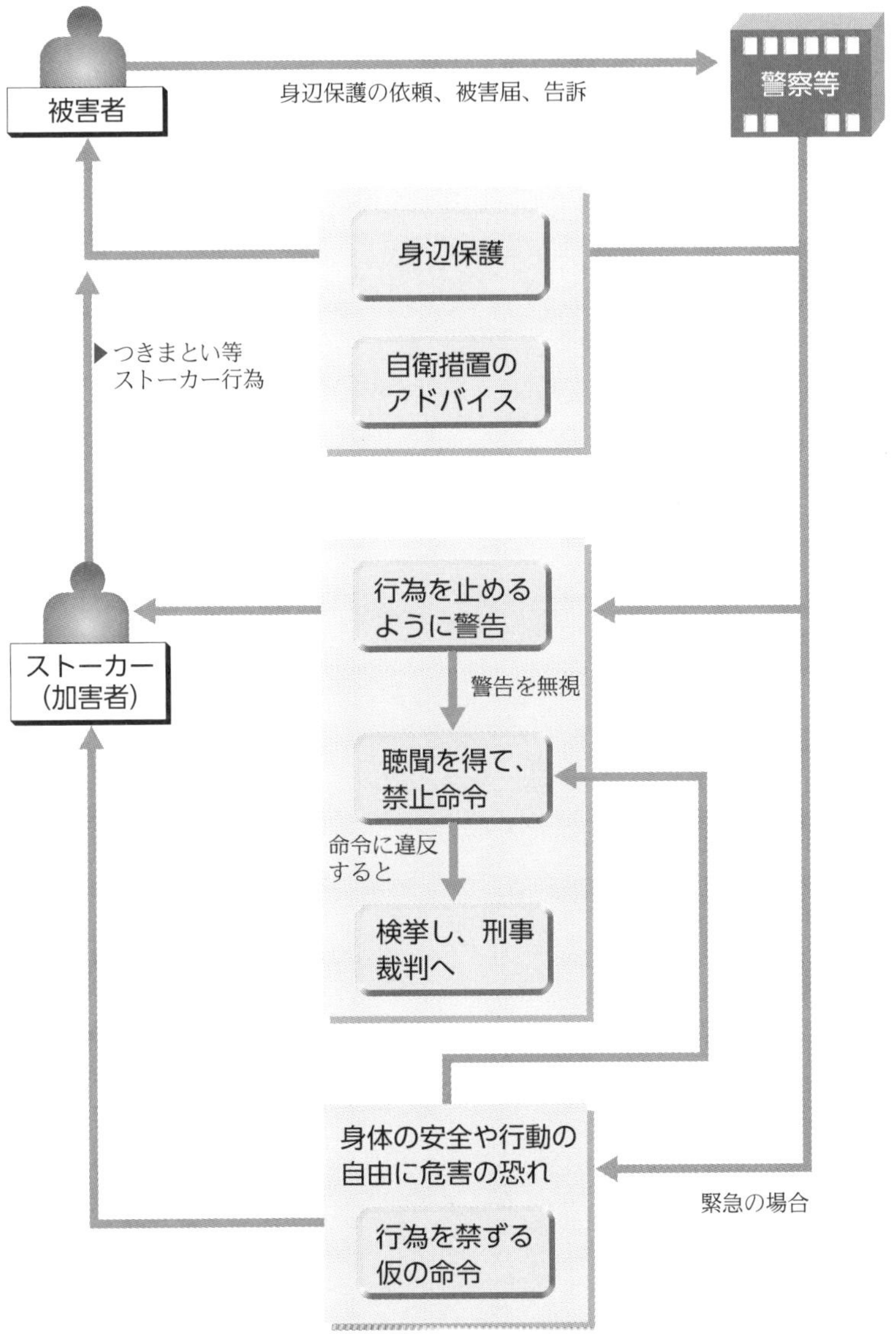

◆犯罪被害者に対する救済内容

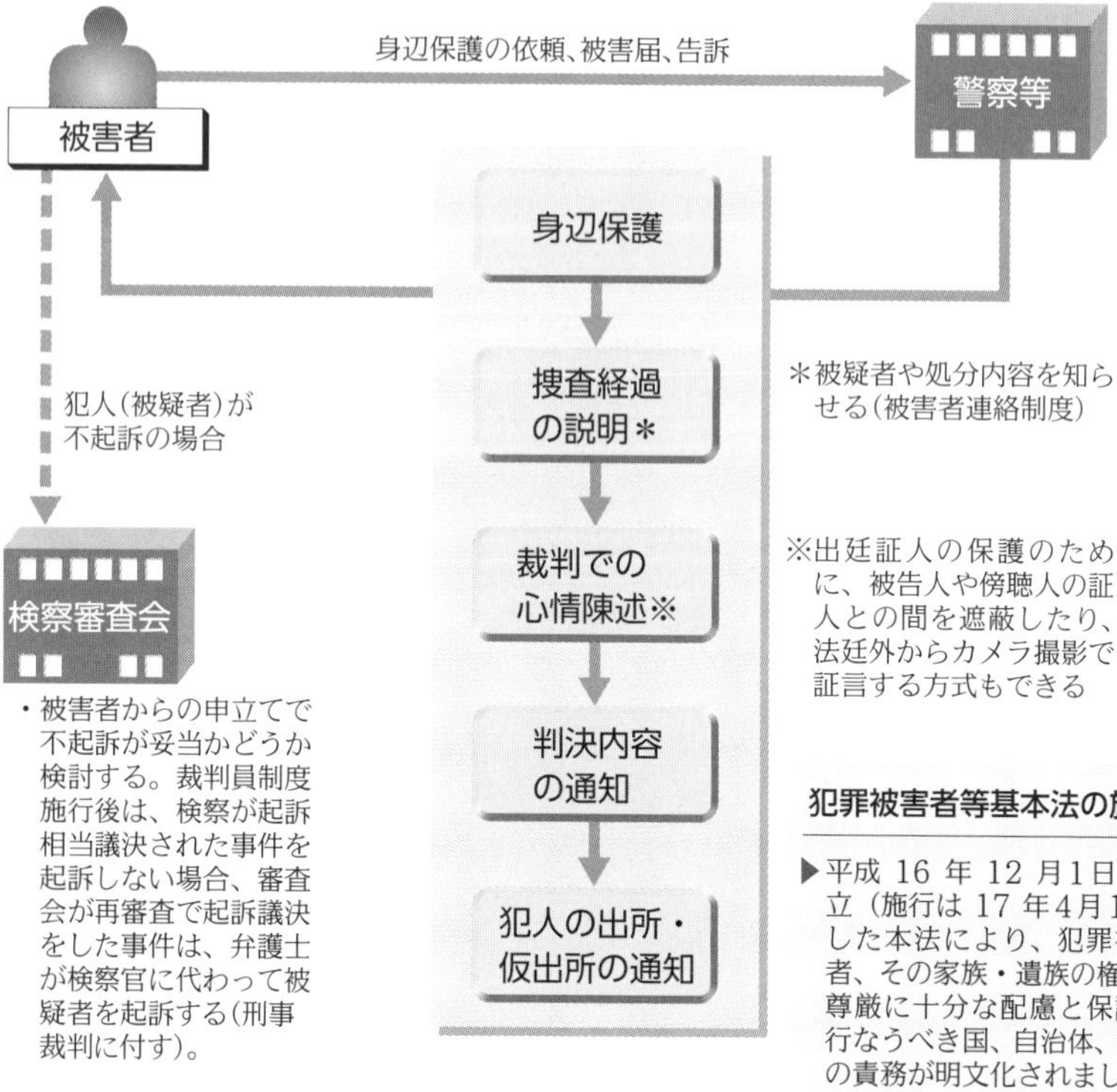
身辺保護の依頼、被害届、告訴
被害者
警察等
身辺保護
捜査経過の説明＊
裁判での心情陳述※
判決内容の通知
犯人の出所・仮出所の通知
犯人（被疑者）が不起訴の場合
検察審査会
・被害者からの申立てで不起訴が妥当かどうか検討する。裁判員制度施行後は、検察が起訴相当議決された事件を起訴しない場合、審査会が再審査で起訴議決をした事件は、弁護士が検察官に代わって被疑者を起訴する（刑事裁判に付す）。
＊被疑者や処分内容を知らせる（被害者連絡制度）
※出廷証人の保護のために、被告人や傍聴人の証人との間を遮蔽したり、法廷外からカメラ撮影で証言する方式もできる

犯罪被害者等基本法の施行

▶平成16年12月1日に成立（施行は17年4月1日）した本法により、犯罪被害者、その家族・遺族の権利・尊厳に十分な配慮と保護を行なうべき国、自治体、国民の責務が明文化されました。

被害者に犯人の出所・仮出所の日程を通知するなど、必要な保護措置を取ることが義務付けられたのです。

警察はストーカー行為の禁止命令が出せる

被害者の保護や支援が不十分だと、事件が起きるたびに指摘される犯罪の一つに、特定の相手に交際を迫り執拗につきまとうストーカー行為があります。この行為を規制、被害者から不安や精神的苦痛を取り除き、その生命や身体の安全を守るために制定されたのが、ストーカー規制法（ストーカー行為等の規制等に関する法律、平成12年11月施行）です。

同法が禁止するストーカー行為とは、特定の人への恋愛感情や好意の感情を満たす（その感情が満たされない場合の怨恨も含む）ため相手につきまとい、待ち伏せや押しかけにより被害者に交際や面会を求めた

り、乱暴な言動をすることです。無言電話や性的羞恥心を害する文書などの送付や配布もストーカー行為です。なお、ストーカー行為をした者は、１年以下の懲役または１００万円以下の罰金に処せられます。

ストーカー規制法の特長は、通常の刑事手続きとは別に、警察が犯人（ストーカー）に対してその行為の禁止を命令できることです。

たとえば、この法律で規定するストーカー行為とまでは言えない程度のものでも、警察署長はストーカーに対し、その行為を止めるよう警告ができます。警告をしても止めない場合には、公安委員会は聴聞を経て、ストーカーに禁止命令を出せます。

また、被害者にすぐ危害が及ぶ怖れがあるような緊急の場合には、「仮」の禁止命令も出せるのです（１７１ページ参照）。

★被害の賠償請求は誰にするのか

犯罪被害者が被った損害（生命や身体・所有物などの財産的損害と慰謝料など精神的損害）は、犯人（加害者）の不法行為によるものです。被害者はもちろん、犯人にその損害の賠償を要求できます。しかし、犯人に誠意がなかったり、資力がない場合、たとえ示談ができても、また民事裁判で勝訴判決を得ても、「画に描いた餅」です。このような場合に備えて、国は犯罪被害者を救済する次のような制度を備えています。

・犯罪被害者等給付金の支給等による犯罪被害者等の支援に関する法律

犯罪に巻き込まれて、その命を落としたり、あるいは重度の後遺症が残った被害者やその遺族は、遺族給付金（上限３２０万円～２９６４・５万円）、重傷病給付金（上限１２０万円）、障害給付金（18万円～３９７４・４万円）を、国に請求できます。

・自動車損害賠償保障法の政府保証事業

ひき逃げや無保険車による交通事故被害者や遺族は、給付金（死亡事故最高３０００万円）を請求できます。

・犯罪被害者等の権利利益の保護を図るための刑事手続に付随する措置に関する法律

被害者は犯人（被告人）との示談が成立した場合、犯人を裁く刑事裁判所（第一審または控訴裁判所）に対し、その示談内容を刑事裁判の公判調書に記載するよう請求できます。犯人が取り決めた示談内容を履行しない場合、被害者はその内容を記載した公判調書により、犯人側の資産に強制執行して賠償金の取立てができるわけです。

また、殺人、強制性交、営利誘拐など同法23条1項に定める犯罪の被害者は刑事裁判所（地方裁判所に限る）に対し、犯人に損害賠償命令を出すよう申立てができ、裁判所は相当と認める場合、賠償命令を出してくれます。

犯罪捜査と刑事裁判の手続き 3

■警察の取調べを受けたとき

犯人として警察の取調べを受け、逮捕されたときは

▼一度は無料で弁護士に相談ができる

■法律上、事件の犯人（容疑者）を「被疑者」と言います。一般的には逮捕された容疑者のことで、まだ犯人とは断定できない場合には「重要参考人」などと言い、原則的には任意で取り調べます。

任意の取調べなら断ることもできる

警察官（司法警察職員）は、事件の捜査に必要な取調べができます。その対象は容疑者だけでなく、事件について何か知っていると思われる関係者（参考人という）に事情聴取することも許されています。ただし、通常の事件では、裁判所から逮捕状を取り寄せていない限り、原則として、どんなに容疑が濃くても逮捕はできません。

逮捕状や家宅捜索令状を取って、容疑者の身柄を拘束して取調べを行う強制捜査に対し、逮捕状を取らずに取り調べる場合を任意捜査と言います。任意捜査の場合、容疑者は警察への出頭や取調べを拒否することもできます。また、出頭後、その取調べの途中で帰るのも法律上は自由です（刑事訴訟法198条）。もっとも、正当な理由もないのに、無闇に出頭を拒否することは余りお勧めできません。事件に無関係ならキチンと出頭して取調べに応じ、身の潔白を晴らすことも必要だと思います。

逮捕されたら当番弁護士を頼むことができる

容疑者は、自分のために弁護士を頼むことができます。これは容疑者に認められている権利です。ただし、起訴前は弁護士を頼むかどうかは自由です（長期3年の懲役または禁錮以上の刑罰がある事件では、起訴されると弁護士を付けなければならない。経済的な理由で弁護士を頼めない人には国選弁護人が付く）。なお、知り合いに弁護士がいなかったり、弁護士を依頼する費用がないという場合には、逮捕後なら弁護士会の当番弁護士制度が利用できます。

◆警察の取調べの手順

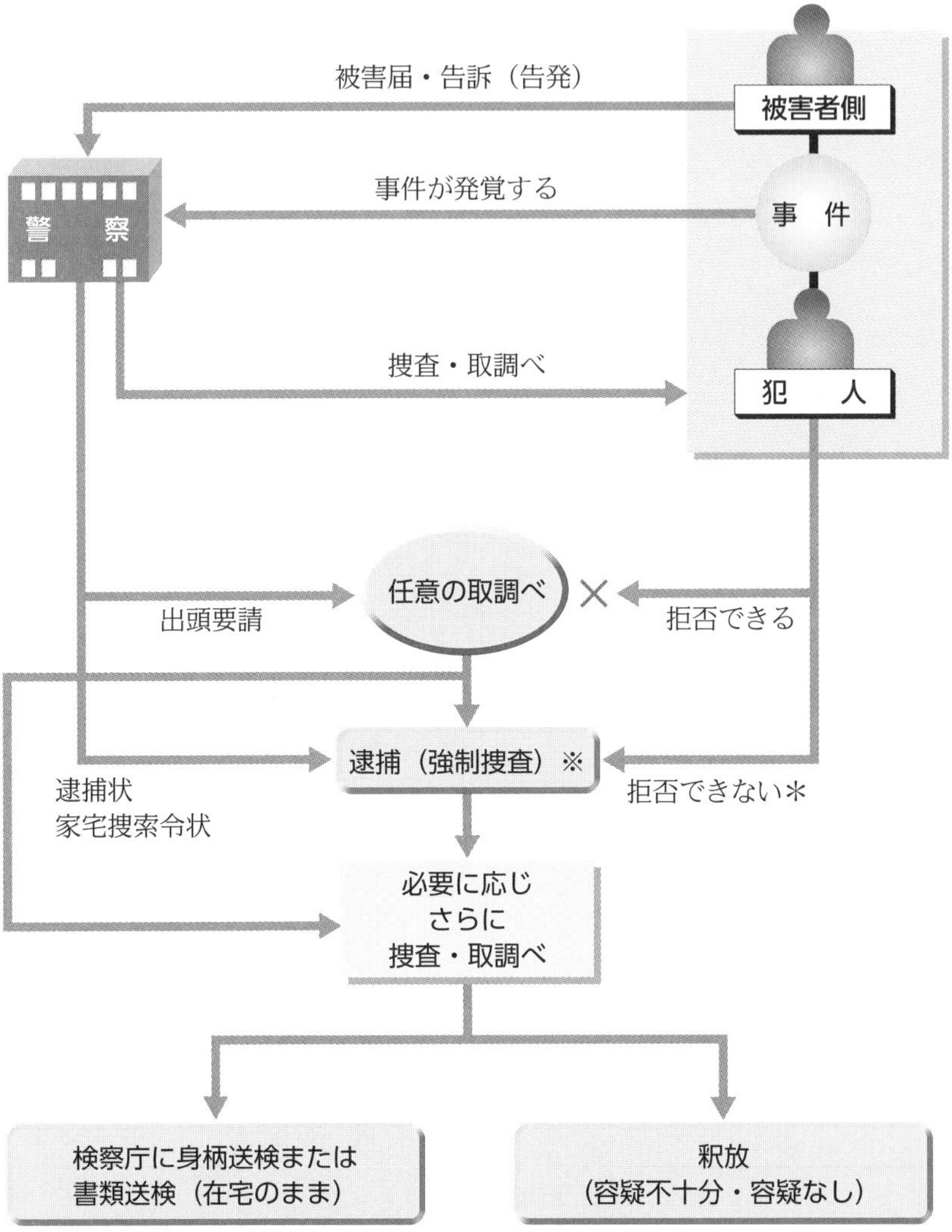

＊当番弁護士制度を利用できる（1回目の相談は無料）

※逮捕は容疑者が逃亡や証拠いん滅の恐れがある場合に行われる。その恐れがなく、法定刑も軽い場合には、在宅のまま取調べを受け、書類送検されることもある。

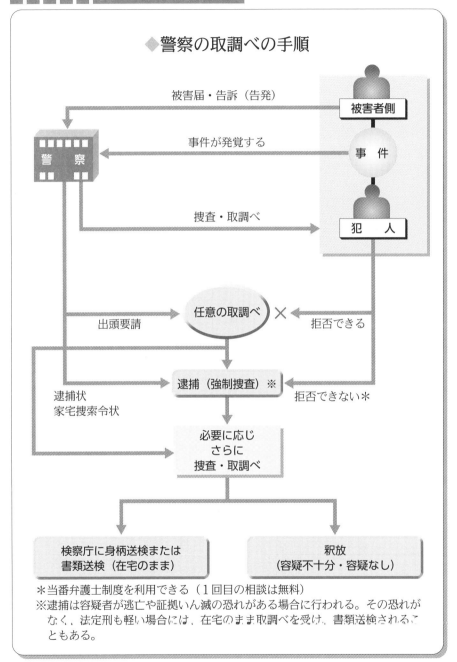

これは、逮捕された容疑者から依頼があると、各弁護士会に登録している当番弁護士が容疑者に速やかに接見し、黙秘権や刑事裁判の手続き、弁護士の選任権など必要な助言をしてくれる制度です。それ以後、正式に弁護を依頼するかどうかに関わりなく、初回の接見は無料です。

なお、刑事訴訟法の改正により、死刑または無期もしくは長期3年を超える懲役もしくは禁固に当たる事件（殺人、強盗、詐欺、窃盗、傷害致死など）については、起訴前の勾留段階でも国選弁護人を選任できるようになりました。

取調べで自白するとそれを翻すのは困難

逮捕され、身柄を確保された容疑者は、たとえ事件に無関係でも、味方が一人もいない状態で警察（留置所）に留め置かれ、長時間の取調べ

★検察官の取調べ

容疑者は、身柄を拘束された場合、逮捕から48時間以内に検察官（検事ともいう）に送致されます。殺人や詐欺などの容疑者は、一般的に地方検察庁に送られ（軽微な交通事件は区検察庁、少年事件は家庭裁判所に送られる）、地検で捜査担当の検察官から改めて取調べを受けるのです。

検察官は、必要に応じて補充捜査をするなど、事件の証拠固めをして、最終的に容疑者を刑事裁判にかける（起訴する）かどうかを決めます。

捜査上の必要があれば、裁判所の許可を得て容疑者の身柄を10日間拘束でき、それでも不十分ならさらに10日間の勾留ができます。

なお、容疑者を起訴するかどうかの権限は検察官にありますが、犯罪の容疑があれば必ず起訴しなければならないというわけではありません。検察官は、容疑者の反省度合や性格、境遇など諸事情を考慮し、起訴猶予処分とすることもできます（起訴便宜主義という）。

容疑者にとっては検察官の取調べをどう乗り切るか、それが警察での対応以上に重要です。自分が無実の場合だけでなく、警察での取調内容に間違いがあったり、自分の供述が十分に調書に反映されていないなど、このままだと自分に不利になってしまうという場合にも、食い違う点や供述したい内容は、はっきりと検察官に主張すべきです。

というのは、検察官は起訴・不起訴を決めるだけでなく、容疑者を起訴した場合には、その求刑（体刑か罰金刑かなど）も決定するからです。検察官の取調べは容疑者にとって、その後の運命を左右すると言ってもけっして過言ではありません。

なお、検察官が容疑者を不起訴処分にした場合、被害者はその処分に不満があれば、検察審査会への審査申立てができます。

を受けるのは不安です。気の弱い容疑者だと、早く釈放されたい一心から、やってもいない犯罪を認めてしまうこともあると聞きます。しかし、いったん自白し、取調調書へ署名捺印してしまうと、検察官の取調べや裁判で、その自白を翻しても中々認めてはもらえません。このような冤罪を防ぐためにも、逮捕されたら速やかに弁護士を頼むことです。

弁護士は容疑者に接見すると、自分に不利な証言は黙秘できること、捜査官の不当な誘導に負けてウソの自白をしてはいけないなど、必要な注意もしてくれます。何より弁護士という強い味方を得たことで、容疑者は落ち着いて取り調べに望むことができるのです。なお、裁判員裁判の対象事件などでは取調べの可視化が義務付けられました（刑事訴訟法301条の2）が、容疑者が捜査員に迎合したり、冤罪を防ぐためにも、全面的可視化が必要と思われます。

★誤認逮捕の謝罪や賠償をしてもらえるか

①まったくの誤認逮捕でも、逮捕者が警察に謝罪や賠償を要求できる場合は限られています。たとえ犯人と疑われても、任意の取調べを受けただけでは謝罪や賠償を要求できません。

また、犯人と信ずるに足りる理由があった場合も、警察に謝罪を要求するのは難しいでしょう。

むろん、誤認逮捕が警察の捜査ミスによるものなら、逮捕された人は謝罪を要求できます。

なお、警察のミスで逮捕された場合には、その警察を管轄する都道府県に対し、国家賠償法による賠償請求ができます。

請求の相手方は、逮捕した警察官個人や警察ではなく、あくまでも地方自治体です。

また、裁判で無罪判決が確定した場合には、国に賠償を請求できます（憲法40条）。

具体的な賠償額（補償額）は、刑事補償法や被疑者補償規程に定められていて、裁判所が無罪となった人の被った損害や精神的な苦痛、捜査機関の過失など諸事情を考慮して決めます。

補償額は、身柄を拘束された期間に応じ、1日1000円〜1万2500円の範囲で支払われます。死刑が執行されてしまった場合でも、補償額は3000万円が最高です（本人の死亡による財産上の損失が立証できれば、さらに3000万円までの加算が可能）。

なお、一般人から犯人として通報され、そのために逮捕されたという場合、逮捕者は原則として、その通報者に対して謝罪も賠償も要求できません。これは、間違えて通報すると賠償責任を負うとなれば、警察への協力者はいなくなり、治安上の問題を生じるという理由からです。ただし、悪意をもって通報した場合には賠償責任を負います。

犯罪捜査と刑事裁判の手続き

4

■起訴されたときの対策

起訴されたときはどんな準備をしておけばいいか

▼起訴されると保釈される場合もある

■司法統計年報によると、全国の地方裁判所で、令和元年中に1審判決が下りた刑事事件（刑法犯、公職選挙法など特別法犯）の有罪率は約98％。起訴された4万8426人のうち、4万7445人に有罪判決が下されています。事件の容疑者として起訴された場合、有罪になる確率が高いということを踏まえて、これから始まる刑事裁判にのぞむべきです。

弁護士と裁判の方針を話し合っておく

容疑者は検察官から起訴されると、法律上の呼び名が、被疑者から被告人と変わります。そして、刑事裁判の被告人（死刑または無期もしくは長期3年以上の懲役や禁錮にあたる事件の被告人）には、弁護人（原則弁護士）を付けなければ開廷できません（刑事訴訟法289条1項）。被告人は自分で弁護士を頼むこともできますが、経済的理由などで弁護士を雇えない場合には、裁判所が職権で弁護士（国選弁護人という）を付けてくれます。

弁護士とは、裁判が始まるまでに打合せをして、どんな方針で裁判にのぞむか（無罪を主張するのか、それとも容疑は認めて情状面を強調するのかなども含めて）を決めておきます。また、必要な証拠集めや、有利な証言をしてくれる証人に出廷を依頼したり、被害者との示談交渉なども、弁護士に頼んだ方が確実でしょう。

勾留されていても、弁護士は被告人と原則自由に接見できます。

なお、弁護士は、捜査資料や被告人からの聴き取りなどをもとに、被告人に有利な判決を得るような弁護方針を立てて裁判にのぞみます。ですから、被告人にウソをつかれたり、隠し事をされると、その弁護活動そのものに支障を来すのです。

弁護士は被告人のために働くのですから、被告人も事件に関することは、自分に不利なことも、すべて正直に話してください。

◆刑事事件の弁護士費用（参考資料）

事件の内容	着手金	事件の結果による報酬金
事案簡明な事件	起訴前・起訴後ともそれぞれ20万円～50万円の範囲内の額（起訴前に受任して、起訴後も引き継いだ場合は、起訴後は起訴前の2分の1）	①起訴前 ・不起訴　20万円～50万円の範囲内の額 ・求略式命令　上の額を超えない額 ②起訴後 ・刑の執行猶予　20万円～50万円の範囲 ・求刑された刑が軽減された場合 上の額を超えない額
それ以外の刑事事件	起訴前・起訴後ともそれぞれ20万円～50万円の範囲内の一定額以上	①起訴前（不起訴・求略式命令） 20万円～50万円の範囲内の一定額以上 ②起訴後 ・無罪　50万円を最低額とする一定額以上 ・刑の執行猶予 20万円～50万円の範囲内の一定額以上 ・求刑された刑が軽減された場合 軽減の程度による相当な額 ・検察官上訴が棄却された場合 20万円～50万円の範囲内の一定額以上

◆少年事件の弁護士費用（参考資料）

事件の内容による着手金	事件の結果による報酬金
①家庭裁判所送致前および送致後 それぞれ20万円～50万円の範囲内の額 ②抗告、再抗告および保護処分の取消し それぞれ20万円～50万円の範囲内の額	①非行事実なしに基づく審判不開始または不処分 20万円～50万円の範囲内の一定額以上 ②その他 20万円～50万円の範囲内の額

◆法律相談料

①初回市民法律相談　30分ごとに5,000円～1万円の範囲内の一定額
②一般法律相談料（①以外の相談）　30分ごとに5,000円以上2万5,000円以下

◆弁護士の日当

①半日（往復2時間を超え4時間まで）　3万円以上5万円以下
②1日（往復4時間を超える場合）　5万円以上10万円以下
＊この他、交通費や宿泊料、通信費、収入印紙代、コピー代などもかかります。
（注）弁護士報酬額（弁護士費用）は現在、個々の弁護士により自由に決めることができます。上の表は、平成16年3月まで使われていた弁護士会の報酬表の抜粋です。一つの目安として利用ください。なお、日本弁護士連合会のホームページで、「市民のための弁護士報酬の目安（弁護士へのアンケートをまとめたものです）」が公開されていますので、参考にするといいと思います（87ページ参照）。

起訴されると判決までは保釈されることも

身柄を留置所に勾留されていた容疑者は、起訴されると、一定の条件付きですが、釈放されることもあります（保釈という）。保釈の請求ができるのは、勾留されている被告人本人と配偶者や法定代理人など一定の親族、それに弁護士です。裁判所は検察官の意見を聞いた上で、保釈が適当と認める場合には、保釈保証金の納付の他、住居制限などの条件を付けて被告人の保釈を許すことができます。

この場合、被告人は裁判所の決めた保釈保証金を納付して始めて、釈放されます。なお、保釈保証金の金額は、犯罪の性質や情状、被告人の資産状況などにより異なり、たとえば、交通事犯は100万円~200万円程度ですが、疑獄事件などでは数千万円になることもあるようです（牛肉偽装事件では20億円の保証金納付が命じられた）。ただし、全額納付が無理な場合には、弁護士の保証書で保釈を認める場合もあります。

この保釈保証金は、有罪、無罪に関わらず保釈条件さえ守れば、判決が出ると返してもらえます。

保釈になった被告人は、自由になったわけではなく、様々な条件を付けられています。たとえば、人定質問や判決言渡しなどのため、裁判所から召還を受けた日時には、被告人は必ず出廷しなければなりません。また、住居制限の条件が付いていると、長期間の旅行や住居を変える場合には、裁判所の許可が必要です。これらの条件を守らない場合、被告人の保釈は取り消され、再び勾留されてしまいます。その場合には、納付した保釈保証金も原則没収です。

なお、裁判所は、被告人が証拠隠滅をする恐れなどがある場合、保釈を認めません。また、裁判官が職権で被告人を勾留することもあります。この場合、被告人本人や弁護士は勾留理由を聞くことができ、不当な勾留に対しては、その取消しを裁判所に求めることもできます。

被害者との示談成立は量刑上でも考慮される

起訴された被告人は、容疑事実を争わない場合、被害者側との示談を成立させておく方がいいと思います。被害者との間で円満に示談が成立し、その結果、被害者としても、もはや積極的に被告人の処罰を求めないということになれば、そのことは刑事処分の上でも考慮され、被害者側と示談をしていない場合に比べて刑事責任（求刑や量刑など処罰の程度）が軽くなります。

もちろん、示談したからといって、検察官の求刑や裁判官の量刑上で、絶対有利になるとは断言できませんが、刑事裁判で、被告人が罪を悔い、深く反省していることなど、情状面を強調するには、効果的です。求刑や量刑を決めるに当たって考慮され、言い渡される刑が減刑される可能性も少なくないと思います。

また、起訴前に示談ができた時は、被告人は示談書や支払った示談金の領収書を捜査をする警察や検察庁に提出することです。起訴された場合の求刑だけでなく、起訴・不起訴のボーダーライン上にあるケースでは、被害者側との示談の有無は検察官の判断に大きな影響を与えます。示談の成立は、被疑者（起訴後は被告人）に有利に働きます。

なお、起訴前でも、起訴後でも、示談が成立した場合には、被害者側から、「被告人の刑を軽くしてくれ」というような上申書がもらえれば、より効果的でしょう。

★結審後に誤認起訴がわかり無罪を求刑

窃盗事件で、結審後に真犯人が捕まり、被告人の無実がわかったという事件です。

被告人は、信用してもらえないという諦めから捜査段階では犯行を自白したものの、公判では無罪を主張したため釈放されず、1年以上も拘置されていました。

自供内容と事実関係に矛盾点がありながら起訴した検察側は捜査上のミスを認め、改めて論告求刑をやり直して無罪を求刑、裁判所も男性に無罪判決を言い渡したのです（松山地裁宇和島支部・平成12年5月26日判決）。

無罪の求刑は、まれにあるようですが、刑事事件となった交通違反や交通事故で真犯人の代わりに自首するなど、ほとんどは身代わり犯によるもので、誤認起訴による無罪求刑は珍しいと言います。

★服役後に冤罪とわかり再審で無罪が確定

身に覚えのない強姦事件（未遂を含め2事件）で懲役3年の実刑判決を受けた男性が、約2年間服役し、仮釈放された後に無実だったと判明したという事件です。

服役した男性は、初め無罪を主張しましたが、警察に信用してもらえない諦めから犯行を自白、公判でもその自白を翻すことなく、結審したのだと言います。その後、別の強姦致傷事件で起訴された真犯人は2件の犯行も自供したため男性の無実が判明、検察が男性の再審を請求したという経緯です。裁判所は、男性の有罪を立証する証拠がないとして、無罪を言い渡しています（富山地裁高岡支部・平成19年10月10日判決）。

捜査段階で男性（被疑者）の主張するアリバイをよく調べれば、冤罪を防げたものと思われます。

犯罪捜査と刑事裁判の手続き

5

■刑事事件の裁判手続き

刑事裁判の進め方はどうなっているのか

▼裁判は三審制である

■刑事裁判は公開が原則です。誰でも自由に傍聴することができます。ただし、スポーツ観戦とは違って、法廷内で騒いだり飲食することはできません。また、傍聴中メモは通常自由に取ることができますが、撮影は裁判所の許可が必要です（まず認められません）。

刑事裁判は有罪か無罪かのどちらか

刑事裁判には、民事裁判の和解に該当するような結論はありません。検察官が被告人に対する公訴を取り消すか、被告人の死亡などで公訴棄却となる場合と免訴の場合を除けば、起訴されると必ず、有罪か無罪の判決が言い渡されます。有罪判決の場合には、被告人には原則として刑罰が科せられます。刑事裁判の手続きは、起訴から判決言渡しまで原則裁判所の中で行われます（公判手続きと呼ぶ。次ページ図解参照）。

法廷では、被告人に相応の処罰を求める検察官と被告人の権利を守る弁護人（弁護士など）が証拠や証人を出し合いながら争い、裁判官（裁判員が参加することもあります）が被告人の有罪・無罪や量刑などを決めるという流れです。

なお、必要的弁護事件（死刑または無期もしくは長期3年以上の懲役または禁錮の法定刑の犯罪事件）の場合、被告人には必ず弁護人を付けなければなりません。被告人が経済的理由などで弁護人を付けられない場合、裁判所は職権で弁護人（国選弁護士という――自分で頼む弁護人は私選弁護士）を付けます。

被告人は自分に不利な証言をしない権利がある

公判の期日が決まると、裁判所から被告人に「召喚状」が届きます。被告人は、保釈された場合でも、公判期日には必ず出廷しなければいけません（50万円以下の罰金または科料に当たる事件など軽微事件については出頭を要しない）。

◆刑事裁判の流れ（公判手続き）

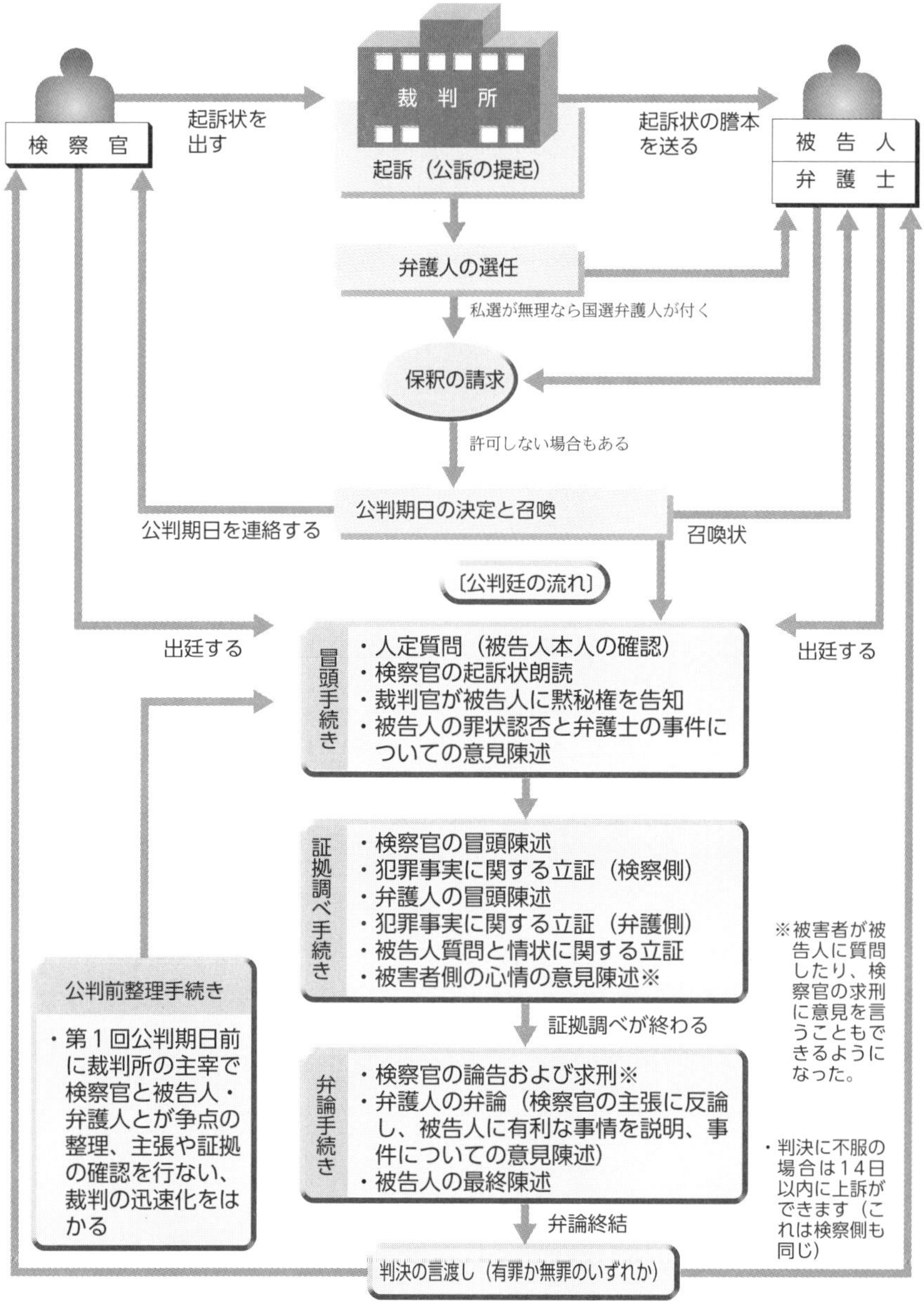

検察官
起訴状を出す
裁判所
起訴（公訴の提起）
起訴状の謄本を送る
被告人
弁護士
弁護人の選任
私選が無理なら国選弁護人が付く
保釈の請求
許可しない場合もある
公判期日の決定と召喚
公判期日を連絡する
召喚状
〔公判廷の流れ〕
出廷する
出廷する
冒頭手続き
・人定質問（被告人本人の確認）
・検察官の起訴状朗読
・裁判官が被告人に黙秘権を告知
・被告人の罪状認否と弁護士の事件についての意見陳述
証拠調べ手続き
・検察官の冒頭陳述
・犯罪事実に関する立証（検察側）
・弁護人の冒頭陳述
・犯罪事実に関する立証（弁護側）
・被告人質問と情状に関する立証
・被害者側の心情の意見陳述※
証拠調べが終わる
弁論手続き
・検察官の論告および求刑※
・弁護人の弁論（検察官の主張に反論し、被告人に有利な事情を説明、事件についての意見陳述）
・被告人の最終陳述
弁論終結
判決の言渡し（有罪か無罪のいずれか）
公判前整理手続き
・第１回公判期日前に裁判所の主宰で検察官と被告人・弁護人とが争点の整理、主張や証拠の確認を行ない、裁判の迅速化をはかる
※被害者が被告人に質問したり、検察官の求刑に意見を言うこともできるようになった。
・判決に不服の場合は14日以内に上訴ができます（これは検察側も同じ）

正当な理由（たとえば病気で安静が必要な場合など）もなく出廷しない場合、保釈を取り消され、身柄を拘束されてしまいます。出廷できそうもないという場合、自分一人で出欠を決めずに必ず弁護士に連絡し、相談してください。

公判は、まず裁判官が出廷したのが被告人本人かどうか確認することから始まります。これを「人定質問」と呼び、裁判官は被告人の名前を尋ねた後、本籍・出生地・住所・年齢・職業などを質問します。

次に、検察官が「起訴状」を朗読します。これは、被告人がどんな犯罪を犯し、その行為がどんな刑罰に触れるかを公表するものです。

それが終わると、裁判官が被告人に、①被告人が法廷で述べたことはすべて証拠になること、②被告人には黙秘権があるので答えたくないことは黙っていてもいいことを告げてから、罪状認否に入ります。

裁判官の心証を良くすれば判決も有利に

罪状認否は、被告人にとって、一番重要な意見陳述です。無罪を主張するか、それとも起訴事実を全面的に認めるか、あるいは一部だけを認め、それ以外は事実と異なるとして争うか、その陳述次第で、以後の公判内容が異なってきます。

たとえば、起訴事実を全面的に認めれば、死刑、無期、短期1年以上の刑の場合を除き、簡易公判手続き（簡易な審理）によることになり、この場合には数回の審理で結審し、判決が言い渡されます。しかし、被告人が無罪を主張して争う場合には、証拠調べの手続きに時間がかかり、1審判決まで10年ということもあるのです（次ページ下段参照）。

ところで、被告人の言い分が認められるかどうかは、確実な証拠や証言にかかっていることは無論ですが、その他に、裁判官の心証も重要な要素なのです。

被告人はその心証を良くするよう、法廷での言動には十分注意してください。

検察官の主張や証人の証言が事実と違っているからといって、大声でその発言を遮るような態度は慎みたいものです。

判決に不服な場合は14日以内に上訴できる

証拠調べが終わると、検察官が被告人にはどの位の刑が相当であると、いわゆる「求刑」を行います。

裁判官は量刑を決めるに当たり、この求刑を考慮しますが、拘束はされません。しかし、求刑を超えた重い判決を出すことはほとんどありません。また、実務上は「こういう内容の事件では、求刑はこれ位で、実際の量刑はこの位になる」というように、一種パターン化（量刑相場などと言う）がなされているとも言われます。

なお、有罪判決を言い渡す場合には、裁判官は判決文の中で、罪となるべき事実、その証拠、適用法令と、その理由を示さなければなりません。

無罪判決が出ると、身柄を拘束されていた被告人も釈放されます（検察側が上訴しても、上訴審開始までは原則身柄を拘束されない）。しかし、実刑判決を受けた被告人は、刑務所に収監されます（被告人が上訴した場合は、保釈が認められる場合もある）。

なお、刑事裁判も原則として3審制です。判決に不服がある場合、被告人は14日以内に上級裁判所に上訴できます（上訴がないと、判決が確定します）。これは、検察側も同様です。たとえば、第1審の地方裁判所（罰金以下の事件は簡易裁判所が扱うこともある）の判決に不服であれば、被告人は高等裁判所に上訴（控訴という）ができます。

高裁でも満足できる判決が得られない場合には、さらに最高裁判所に上訴（上告という）できますが、高裁を飛び越えていきなり最高裁に上訴することはできません。ただし、事実審理は高裁までで、最高裁では、1、2審の判断に憲法違反があったかどうか、また過去の最高裁判例と相反する判決が出た場合、その是非を判断するだけです。上訴しても、審理をしないで棄却もありえます。

また、無罪の主張が認められずに有罪判決が確定し、あるいは刑が執行された後（または執行中）に、真犯人が見つかったり、無罪を証明する新証拠が見つかった場合、被告人は再度審理を求める「再審請求」ができます。この制度は冤罪事件を防ぐ最後の砦ですが、請求が認められるケースは多くありません。

★公判前整理手続きで審理期間が大幅短縮

最高裁によると、裁判員裁判対象事件の平均審理期間は平成19年には11・8か月かかっており、平成21年5月の裁判員裁判（国民が刑事裁判に参加する制度）スタートまでに、裁判の迅速化が大きな問題でした。

この審理期間の短縮のために考え出された制度が公判前整理手続きです。

第1回公判前に、裁判官、検察官、弁護人・被告人が互いにその主張と証拠を開示し、採用する証拠や争点を整理協議しておくもので、裁判員裁判対象事件では、必ず公判前整理手続きが行われます。手続きの終了後は、新たな証拠請求が制限されるため、被告人に不利とも言われますが、審理期間は否認事件でも3か月と当初は短縮されました。

しかし、令和元年にこの手続きを利用した否認事件では13・6か月と、長期化しています（司法統計年報）。

犯罪捜査と刑事裁判の手続き
6

■刑事裁判の刑罰

刑事裁判では刑罰の重さはどのように決まるのか

▼死刑から没収まで刑罰は7種類

■どんな行為が犯罪になり、またその行為者にどの程度の刑罰を科すか、その内容や刑罰の重さは刑法などの法令に決められています。法令に定めのない場合は、その行為者を処罰できません（罪刑法定主義という）。

懲役刑と禁錮刑は刑務所に拘置する

刑法では、死刑、懲役、禁錮、罰金、拘留、科料（主刑という）、そして没収（付加刑という）と、7種類の刑を定めています。刑の軽重は、死刑が最も重く、以下、この順で刑は軽くなります。ただし、無期の禁錮は有期の懲役より重刑です。なお、没収は、犯罪行為に関係した物（殺人に使われたナイフや拳銃、犯罪対象となったポルノ写真など）を取り上げる処分ですが、これは単独で科されることはありません。あくまでも、懲役や罰金など他の刑を言い渡す場合に限り、あわせて科されるものです。また、贈収賄事件では「追徴金100万円」などという判決が出されますが、この追徴も没収に準じた処分です。

懲役と禁錮には無期と有期があり、有期は原則1月以上20年以下（最高30年まで）です。どちらも刑務所（監獄）に収監され拘置する刑（身柄を拘束されるので自由刑という）ですが、懲役刑の受刑者は所定の作業をさせられます（禁錮刑の受刑者も希望すればできる）。

なお、有期刑を受けた被告人が、起訴後保釈されず勾留されていた場合（未決勾留という）、その勾留日数は一定の条件により、その刑期を務めた日数として算入できます。たとえば、懲役1年6月の判決を受けた場合、未決勾留日数のうちの30日分が算入できるとすると、残りの刑期は30日だけ短くなるわけです。

懲役と禁錮の他、受刑者の身柄を拘束する刑に拘留があります。これは、軽犯罪などに科せられる刑で、1日以上30日未満拘留場に拘置されます（容疑者や被告人の身柄を拘束

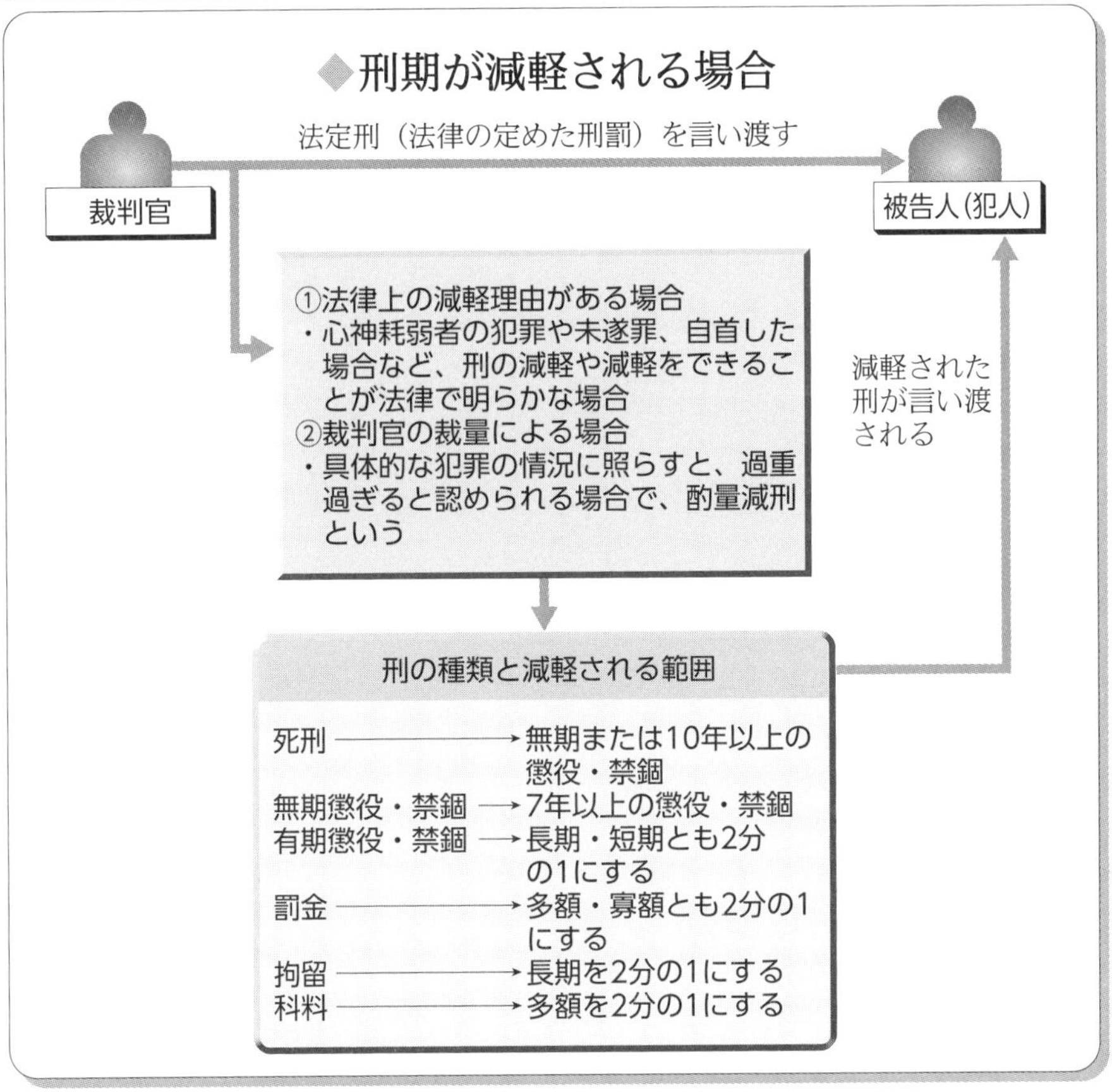
◆刑期が減軽される場合
法定刑（法律の定めた刑罰）を言い渡す
裁判官
被告人（犯人）
①法律上の減軽理由がある場合
・心神耗弱者の犯罪や未遂罪、自首した場合など、刑の減軽や減軽をできることが法律で明らかな場合
②裁判官の裁量による場合
・具体的な犯罪の情況に照らすと、過重過ぎると認められる場合で、酌量減刑という
減軽された刑が言い渡される
刑の種類と減軽される範囲
死刑 → 無期または10年以上の懲役・禁錮
無期懲役・禁錮 → 7年以上の懲役・禁錮
有期懲役・禁錮 → 長期・短期とも2分の1にする
罰金 → 多額・寡額とも2分の1にする
拘留 → 長期を2分の1にする
科料 → 多額を2分の1にする

する勾留とは異なる）。

罰金と科料は、受刑者に金銭を納付させるものですが、罰金は1万円以上、科料（主に軽犯罪に科される。正当な理由もなく調停に出ない場合に科す行政罰の過料とは異なるので注意）は1000円以上1万円未満です。なお、この罰金や科料の納付を怠ると、受刑者は労役場に留置され、その金額に該当する日数分だけ作業（労役）をしなければなりません（留置期間は原則、罰金は2年以下、科料は30日以下）。

執行猶予が付くと原則自由になれる

懲役刑や禁錮刑を言い渡されても、比較的短い刑期で、しかも十分に後悔しており、再び犯罪を犯す恐れのない被告人には、その刑の執行を一定期間猶予することもできます（執行猶予という）。

　被告人が政治家で逮捕後辞職した場合など、すでに社会的制裁を受けているという理由で、裁判所が執行猶予をつけることも少なくありません。執行猶予の付いた被告人は刑務所に収監されずに済み、一般社会で原則自由に暮らせます（執行猶予が付かない場合は実刑という）。

　この執行猶予期間（1年以上5年以内）を無事過ごすと、受刑者に対する刑の言渡しはなかったことになります。しかし、その期間中に、また犯罪（罰金以上の刑）を犯すと、通常執行猶予を取り消され、当初の刑を執行されます。

　執行猶予を付けられる被告人の条件は、次の通りです。

　①初犯者（禁錮以上の刑を受けていない）か、禁錮以上の刑を受けても執行後5年以上が経過している被告人の場合

　3年以下の懲役または禁錮、50万円以下の罰金を言い渡すときは、裁判官は情状により執行猶予を付けることができます。

　②今までにも、執行猶予付で禁錮以上の刑を受けたことがある被告人の場合

　1年以下の懲役または禁錮を言い渡すときは、①と同様に執行猶予を付けることができます（執行猶予中で、保護観察が付いている場合に犯罪を犯した場合は付かない）。

　なお、3年以下の懲役または禁錮の言渡しを受けた被告人には、その刑の一部について執行猶予を付けることもできます（刑法27条の2）。

日本の刑罰には終身刑はない

　犯罪者の身柄を刑務所や拘留場に拘置し、その自由を奪う刑には、懲役と禁錮、それに拘留があります。

　受刑者はその刑期を終えるまで、刑務所や拘留場に拘置され続けるのが原則です。しかし、懲役刑と禁錮刑の受刑者には、真面目に服役し、犯した罪を反省して悔い改める態度（改悛の情）が見られる場合、一定の条件（保護観察官の許可なしに転居しないこと、正業に就くこと、犯罪者や不良者との交際をしないことなど）を付けて、刑期満了前の出獄（仮釈放という）を認める場合もあります。ただし、有期刑については刑期の3分の1を経過した後、無期刑は10年経過後でなければ、仮釈放の審査手続きは始まりません。拘留の場合も、仮出場といって同様の制度がありますが、とくに経過刑期などの制限はなく、情状により適宜認められます。

　なお、仮釈放して、残りの刑期に相当する期間を無事過ごすと、刑の執行を終えたものと見なされます。しかし、その期間中に再び罰金以上の刑を受けたり、条件違反などがあると、仮釈放を取り消されます。

◆刑期が加算される場合

① 一つの犯罪を犯した場合

窃盗罪：懲役10年以下・罰金50万円以下(法定刑)

法定刑の範囲で刑言渡し

被告人(犯人)

② 犯罪の手段や結果の行為が、他の罪になる場合（牽連犯）
〔例〕他人の家に入り込み、物を盗んだ場合

窃盗罪：懲役10年以下・罰金50万円以下

重い方の刑を言い渡す

住居侵入罪・懲役3年以下
罰金10万円以下

窃盗罪の牽連犯

③ 二つ以上の犯罪を犯した場合（併合罪加重）
〔例〕窃盗と横領を別々に犯した場合

重い方の法定刑の１倍半までの刑を言い渡せる

窃盗罪：懲役10年以下・罰金50万円以下　法定刑の1倍半＊

横領罪：懲役5年以下

＊30年を超えてはならない（例の場合は15年が最高）

※一つの刑について、死刑、無期懲役または無期禁錮に処する場合には、原則として他の刑を科さない

④ 懲役刑の執行を終えた日、または執行を免除された日から5年以内に再び犯罪を犯し、懲役刑になる場合(累犯加重)
〔例〕５年以内に新たに窃盗を犯した場合

法定刑の２倍までの刑期を言い渡せる

窃盗罪：懲役10年以下・罰金50万円以下(法定刑)　法定刑の2倍以下＊

＊通常なら最高でも懲役10年だが、累犯の場合は最高20年まで刑を加重できる（ただし、30年を超えた有期刑は科せられない）

犯罪捜査と刑事裁判の手続き 7

■犯人を裁けない場合

犯人を裁けない場合や処罰できない場合もある

▼公訴時効と責任無能力者の犯人が問題

■犯罪の成立要件は、①構成要件該当性（その行為や事件が犯罪として法律に規定されたものであること）、②違法性、③有責性です。どれか一つ欠けても、犯人を処罰できません。また、たとえ犯罪が成立しても、公訴時効、刑の時効、執行猶予や刑の免除など、犯人が刑を免れるケースもあるのです。

時効が成立すると犯人を裁けない

犯罪が成立しているのに、犯人を処罰できない場合があります（次ページ図参照）。たとえば、飲酒運転で人身死亡事故を起こした場合、その加害運転者（犯人）がまともにハンドル操作できないほど酩酊していれば、犯人は危険運転致死罪に問われます。しかし、その犯人が逃走し二〇年間逮捕されずに逃げ切ると、その後は罪に問うことができません（処罰されない）。これを公訴時効といい、時効完成後は、たとえ真犯人でも起訴（公訴）し、刑事裁判にかけることはできないのです。

なお、殺人の時効は法律が苦手な人にもよく知られていますが、平成22年4月に刑事訴訟法が改正され、25年だった殺人の公訴時効期間は廃止されました（193ページ参照）。

また、刑事裁判で判決が確定後、犯人が逃亡した場合も、一定の期間逃げ切ると時効が成立し、刑の執行そのものが免除されます。公訴時効に対し、これを「刑の時効」と言います（刑法31条、32条）。

犯人に責任能力がないと処罰できない

犯人を起訴しても、裁判所が犯人の行為は法律上罰せられないもの（たとえば正当防衛）と判断すると、無罪が言い渡されます。

また、犯罪の事実があっても、犯行時に心神喪失の状態にあった犯人は刑事責任を問えず、法律上罰することができません（刑法39条1項）。心神喪失であったかどうかは、被告

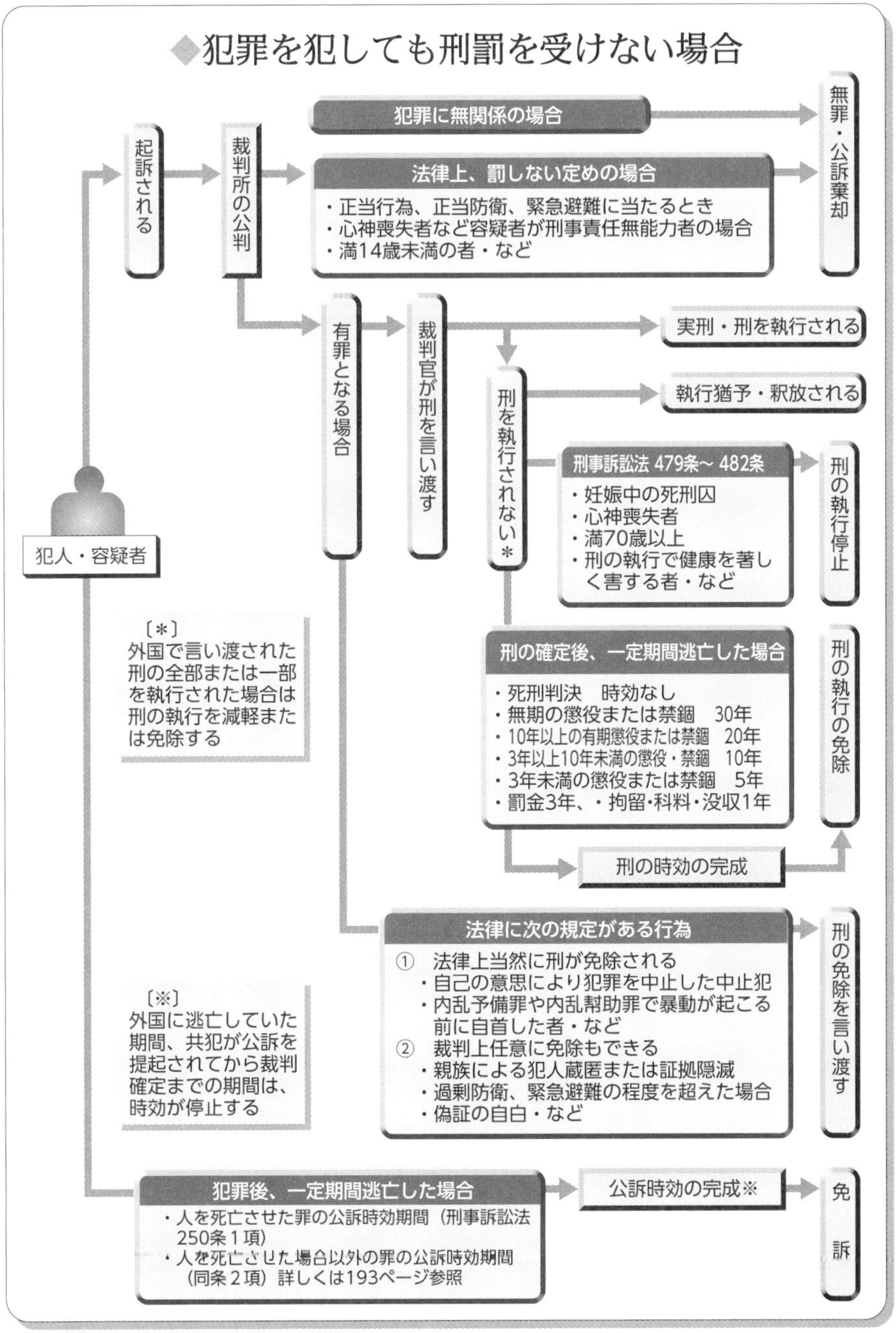
◆犯罪を犯しても刑罰を受けない場合
犯人・容疑者
起訴される
裁判所の公判
犯罪に無関係の場合
法律上、罰しない定めの場合
・正当行為、正当防衛、緊急避難に当たるとき
・心神喪失者など容疑者が刑事責任無能力者の場合
・満14歳未満の者・など
無罪・公訴棄却
有罪となる場合
裁判官が刑を言い渡す
実刑・刑を執行される
刑を執行されない＊
執行猶予・釈放される
刑事訴訟法 479条～482条
・妊娠中の死刑囚
・心神喪失者
・満70歳以上
・刑の執行で健康を著しく害する者・など
刑の執行停止
刑の確定後、一定期間逃亡した場合
・死刑判決 時効なし
・無期の懲役または禁錮 30年
・10年以上の有期懲役または禁錮 20年
・3年以上10年未満の懲役・禁錮 10年
・3年未満の懲役または禁錮 5年
・罰金3年、・拘留・科料・没収1年
刑の時効の完成
刑の執行の免除
〔＊〕
外国で言い渡された刑の全部または一部を執行された場合は刑の執行を減軽または免除する
法律に次の規定がある行為
① 法律上当然に刑が免除される
・自己の意思により犯罪を中止した中止犯
・内乱予備罪や内乱幇助罪で暴動が起こる前に自首した者・など
② 裁判上任意に免除もできる
・親族による犯人蔵匿または証拠隠滅
・過剰防衛、緊急避難の程度を超えた場合
・偽証の自白・など
刑の免除を言い渡す
〔※〕
外国に逃亡していた期間、共犯が公訴を提起されてから裁判確定までの期間は、時効が停止する
犯罪後、一定期間逃亡した場合
・人を死亡させた罪の公訴時効期間（刑事訴訟法250条１項）
・人を死亡させた場合以外の罪の公訴時効期間（同条２項）詳しくは193ページ参照
公訴時効の完成※
免訴

人の精神鑑定（起訴前の捜査段階で行う場合もある）の結果により判断されます。

なお、この場合、被告人は治療などのため、病院への入院措置が取られることもあります（心神喪失等の状態で重大な他害行為を行った者の医療及び観察等に関する法律＝平成17年7月15日施行・など）。

この他、被告人が裁判中に心神喪失になった場合や病気等で出頭できない場合には、その状態が解消されるまで、公判手続きを停止することになっています。

また、実刑判決を受けても、被告人の健康状態などの事情で、刑を執行されない場合もあります（前頁図解・刑の執行停止）。

たとえば、死刑囚が妊娠している場合や心神喪失の状態にある場合は、死刑の執行が停止されます（刑事訴訟法４７９条）。この他、懲役や禁錮、拘留の言渡しを受けた者が、70歳を超えている場合や出産後60日を経過していない場合など、一定の事情があると、検察官はその者への刑の執行を停止することもできます（同法４８２条）。

裁判所が刑の免除を言い渡す場合もある

被告人は有罪判決を言い渡されても、刑の時効を完成させると、刑の執行を免除されるということは、すでにお話しました。

しかし、裁判所が被告人に対し、初めから「刑の免除」を言い渡す場合があります。これは、犯罪が成立し、被告人の刑事責任能力も十分だが、その犯罪行為に対しては、法律で刑の免除を言い渡すことになっている場合です。法律上当然に刑が免除される場合と、裁判官が任意に免除できる場合とがあります。たとえば、過剰防衛（刑法36条2項）や、犯人の親族が犯人を匿った場合（刑法１０５条、１０３条）などが、後者の典型例です。

このように、犯人が刑罰を受けないで済む場合は様々です。一口に「罰せられない」とは言っても、法律的な内容やその適用を受けられる場合はまったく異なるということだけは覚えておいてください。

なお、刑事責任を免れても、民事上の責任までなくなるわけではありません。

たとえば、ひき逃げの公訴時効は7年です。しかし、民法上、不法行為に対する損害賠償請求権の時効は、その被害や加害者がわからない場合、その行為時から20年です（民法７２４条）。この場合、犯人は裁判所から刑の免除は言い渡されても、被害者側からの損害賠償請求は20年経過しないと免れません。

このように、刑事責任と民事責任は別の問題です。

◆公訴時効…殺人には時効がなくなった

平成22年４月27日、参議院本会議で、殺人の公訴時効をなくす**刑事訴訟法**の改正案が可決成立し、即日施行されました。主な罪の時効期間は次の通りです。

なお、施行日に公訴時効が未完成の過去の事件にも、改正法が適用されます。

①人を死亡させた罪の主な公訴時効（刑事訴訟法250条１項）

・死刑に当たる罪（殺人、強盗致死、強盗強制性交等致死など）…………時効なし
・無期の懲役・禁錮に当たる罪（強制性交等致死、強制わいせつ致死など）…30年
・長期20年の懲役・禁錮に当たる罪（傷害致死、危険運転致死※など）……20年
・上記以外の罪（過失運転致死※、業務上過失致死など）……………………10年

②人を死亡させた場合以外の主な犯罪の公訴時効（法250条２項）

人を死亡させた罪であって禁錮以上の刑に当たるもの以外の罪の時効期間は、各罪の法定刑（長期）により、最長25年から最短１年まで次の７つに分かれます。

・**死刑に当たる罪**（死亡者が出なくても最高刑は死刑）……………………25年
　内乱罪（首謀者）、現住建造物等放火罪など
・**無期懲役または無期禁錮に当たる罪**……………………………………………**15年**
　強制性交等致傷罪、強制わいせつ致傷罪、強盗致傷罪、汽車転覆罪、身代金目的誘拐罪、通貨偽造・同行使罪など
・**長期15年以上の懲役または禁錮に当たる罪**………………………………**10年**
　〔最高刑20年〕 強盗罪、強制性交等罪、所在国外移送目的略取・誘拐罪、国外移送目的人身売買罪など
　〔最高刑15年〕 傷害罪、危険運転致傷罪※
　※自動車運転死傷行為等処罰法
・**長期15年未満の懲役または禁錮に当たる罪**………………………………**７年**
　〔最高刑10年〕 強制わいせつ罪、営利・わいせつ・結婚目的の誘拐罪、営利・わいせつ・結婚目的の人身売買罪（買受け）、公文書偽造罪、有価証券偽造罪、支払用カード電磁的記録不正作出・同供用罪、偽証罪、窃盗罪、詐欺罪など
・**長期10年未満の懲役または禁錮に当たる罪**………………………………**５年**
　〔最高刑７年〕 特別公務員暴行陵虐罪、受託収賄罪、過失運転致傷罪※、逮捕監禁罪、不同意堕胎罪、未成年者誘拐罪など
　〔最高刑５年〕 業務上過失致傷罪、収賄罪、横領罪、保護責任者遺棄罪など
・**長期５年未満の懲役または禁錮または罰金に当たる罪**…………………**３年**
　〔最高刑３年〕 強制執行妨害罪、名誉毀損罪、住居侵入罪、器物損壊罪など
　〔最高刑２年〕 わいせつ物陳列罪、暴行罪、脅迫罪など
　〔最高刑１年〕 信書開封罪、堕胎罪、遺失物等横領罪など
　〔最高刑６月〕 公然わいせつ罪
　〔最高刑罰金〕 失火罪、過失致死罪など
・**拘留または科料に当たる罪**……………………………**１年**　侮辱罪など

犯罪捜査と刑事裁判の手続き

8

少年犯罪の裁判手続き

少年の犯した犯罪はどんな手続きで裁かれるのか

▼家庭裁判所での審判が主体

■犯罪白書によると、令和元年中に検挙された少年刑法犯は、2万6076人と、平成16年以降減少し続けています。

少年犯罪は年齢により処分が異なる

満20歳未満の少年による犯罪には少年法が適用され、成人と同じ刑事処分手続きは原則適用されません（民法改正により令和4年4月から成人年齢が18歳に引き下げられるが少年法の現時点での適用年齢は20歳のまま）。少年は家庭裁判所の審判に付され、処罰より性格の矯正など少年の健全な育成を図る保護処分が下されるのが普通です。ただし、殺人など凶悪事件を犯した少年は刑事処分相当と判断されると、検察官送致（逆送）され、成人と同様に刑事裁判で裁かれることもあります。

なお、少年の凶悪事件が後を絶たないこともあり、保護一辺倒だった同法も、被害者の権利を著しく制限し、事件解決を遅らせるような規定は少しずつ改正され、少年に対する刑事処分も重罰化されています。

近年の改正では、検察官が審判に関与できる罪の範囲を拡大させた他、少年に適用する有期刑や不定期刑の上限を引き上げました。また、被害者に保護事件の記録開示や重大事件の傍聴も認められています。

少年法では、家庭裁判所の審判に付す少年少女を、その年齢や非行の程度により次のように区別します。

①犯罪少年　罪を犯した満14歳以上満20歳未満の少年

②触法少年　法に触れる行為をした満14歳未満の少年

③ぐ犯少年　犯罪のおそれがあり、正当な理由なく家に帰らず、いかがわしい場所に出入りする少年。

家庭裁判所の審判で保護処分が下される

家庭裁判所では、少年が検察官や児童相談所長などから送致されると、少年の非行事実や生活環境を調査し、

◆少年犯罪と裁判手続き

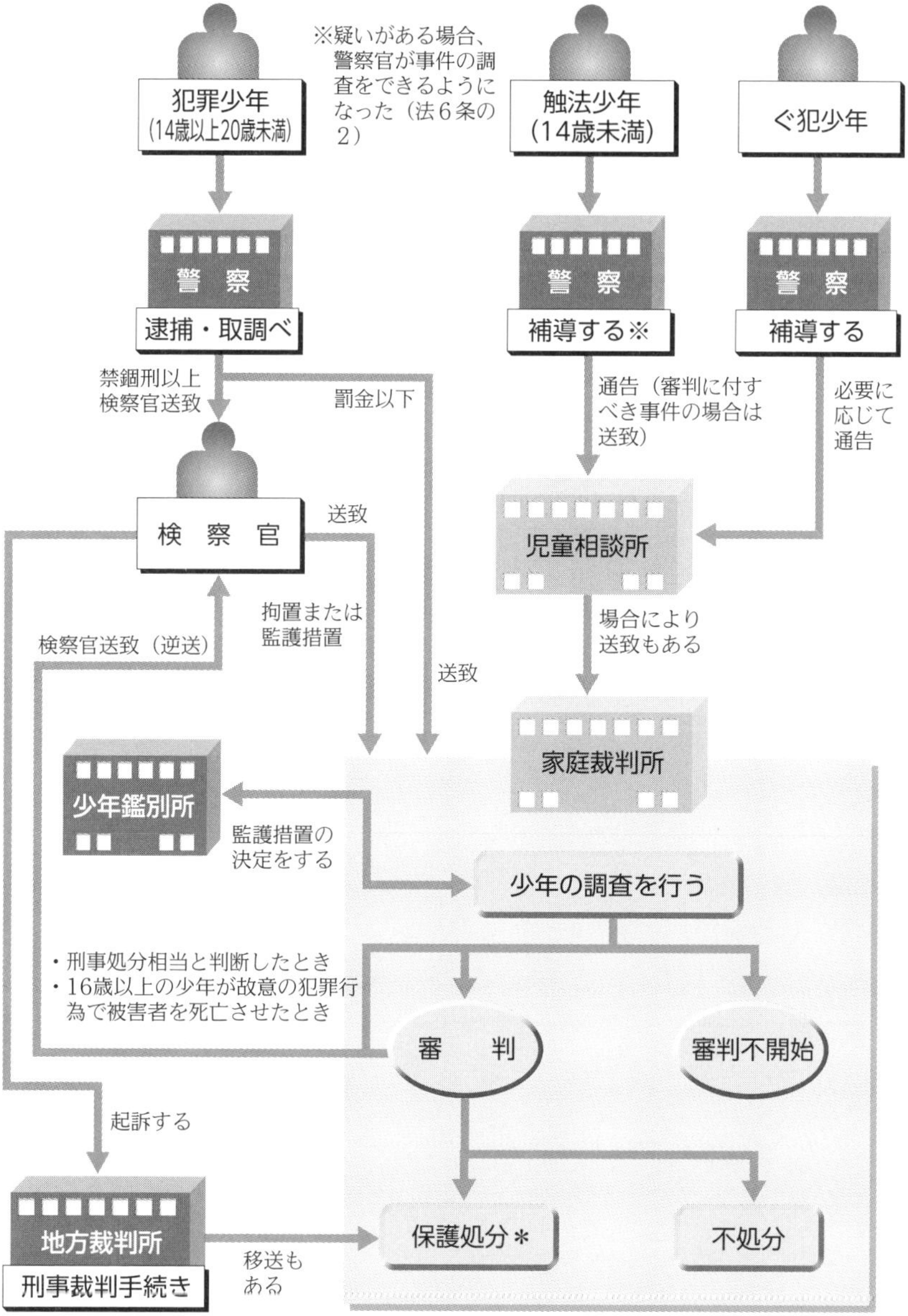

＊少年は、保護処分に不服な場合には抗告ができる。

必要があれば審判を開始します。審判は原則非公開で、必要な処分が決められます。ただし、触法少年と満14歳未満のぐ犯少年については、都道府県知事か児童相談所長からの送致がなければ審判に付すことはできません。なお、家庭裁判所は必要があれば、少年を審判の日まで少年鑑別所に収容することもできます。

少年に対する保護処分には、次のような処分があります。

①**保護観察**　保護司の指導・監督を受け、月2回程度の報告が義務付けられますが、家に戻れ、学校生活なども普通におくれます。

②**児童自立支援施設・児童養護施設送致**　親がいなかったり、親が十分な面倒をみることができない少年は、ここに入れられます。

③**少年院送致**　繰り返し罪を犯すなど非行が進み、親も十分な指導ができない少年は、ここへの入所が言い渡されます。少年院には第1種（12歳以上）、第2種（凶悪事件や再犯を繰り返す少年で原則16歳を超えている者が対象）、第3種（旧医療少年院）などがあります。

④**試験観察**　しばらく少年の生活態度を観察してから最終的な処分を出す方法で、親元に帰す場合と委託先に預ける場合があります。数か月間の試験観察の後、再び審判が開かれ、少年の処分が決められます。

なお、保護処分に不服がある場合、少年は抗告および再抗告ができます（検察官はできない）。ただし、保護処分が確定すると、成人の刑事裁判手続きの再審にあたる制度がないため、冤罪を晴らすことができないという不合理さもあります。

凶悪事件は刑事処分を受ける場合もある

審判の結果、家庭裁判所が、少年には保護処分より刑事事件が相当と考えると、検察官にもう一度送致します（逆送という）。

検察官送致ができるのは死刑、懲役または禁錮以上の事件の場合です。また、満16歳以上の少年が故意の犯罪行為によって被害者を死なせた場合（殺人、傷害致死、強盗致死など）は、原則逆送です。審判に付さずに逆送することもあります。

逆送されて、検察官が起訴すると、その少年は成人と同じ刑事裁判手続きにより裁かれることになります。裁判は地方裁判所で行われ、審理は公開です。ただし、犯行時に満18歳未満の少年に対しては、死刑判決はありません。

また、刑が確定した場合、少年刑務所に収監されますが、満16歳未満で懲役または禁錮の言渡しを受けた場合、16歳に達するまでは、少年院（第4種。少年院法4条）に入所させることもできます。なお、判決に不服な場合には、上訴もできます。

裁判員制度とは

▼一般国民がプロの裁判官と共に被告人の量刑まで決める

国民が刑事裁判の審理に参加し、裁判官とともに被告人の有罪・無罪や量刑を決める裁判員制度が、平成21年5月21日から始まりました。

アメリカなどの陪審員制度に似ていますが、裁判員は事実認定（有罪・無罪）までの陪審員（適用条文や量刑は裁判官が決定）とは違い、法律のプロである職業裁判官とともに被告人に言い渡す判決の量刑まで決めるという点が大きく異なります。

ここでは、裁判員制度について、簡単に説明します。

★裁判員制度は重大事件に適用

この制度について定めた『裁判員の参加する刑事裁判に関する法律』は、平成16年5月28日に公布されています。これにより、地方裁判所で審理される一定の刑事裁判は、職業裁判官と国民の中から選ばれた裁判員の参加する合議体で行われます。

裁判員制度の対象となる事件は、死刑または無期の懲役もしくは禁錮に当たる事件、故意の犯罪行為により被害者を死亡させた事件で、具体的には、殺人、強盗致死傷、傷害致死、危険運転致死、現住建造物等放火、身代金目的誘拐、保護責任者遺棄致死といった重大事件です。

令和2年2月までで、7万3022人の国民が裁判員として、全国の地裁・支部で被告人1万5010人の刑事裁判に参加しました。ただ、審理回数の多い裁判もあり、その負担も少なくありません。

★裁判員はくじ引きで選ばれる

裁判を審理する合議体は、裁判官3人、裁判員6人が原則です（公判前の整理手続きで被告人が公訴事実を争わないと認められる場合などは、裁判官1名、裁判員4人でよい）。

裁判員は、衆議院議員の普通選挙権を有する者で市町村の選挙人名簿記載の国民の中からくじ引きで選ばれ、事件ごとに、その名簿登載者の中から再び候補者を選び、事件関係者等（被告人や被害者の関係者、不公平な裁判をするおそれがある人など）を除外した後に、最終的に裁判員（または補充裁判員）として選任されます（次頁図解参照）。

なお、満70歳以上、地方自治体の議員、学生、重い病気やケガ・家族の介護で裁判所への出頭が困難な人、父母の葬儀など期日を変更できない社会生活上の重要な用務がある人、本人が抜けると事業に著しい損害が生じると認められた人以外は原則として、裁判員や補充裁判員を辞退できません。

ただし、裁判員と補充裁判員には、一定の日当、旅費、宿泊費が国から支給されます。

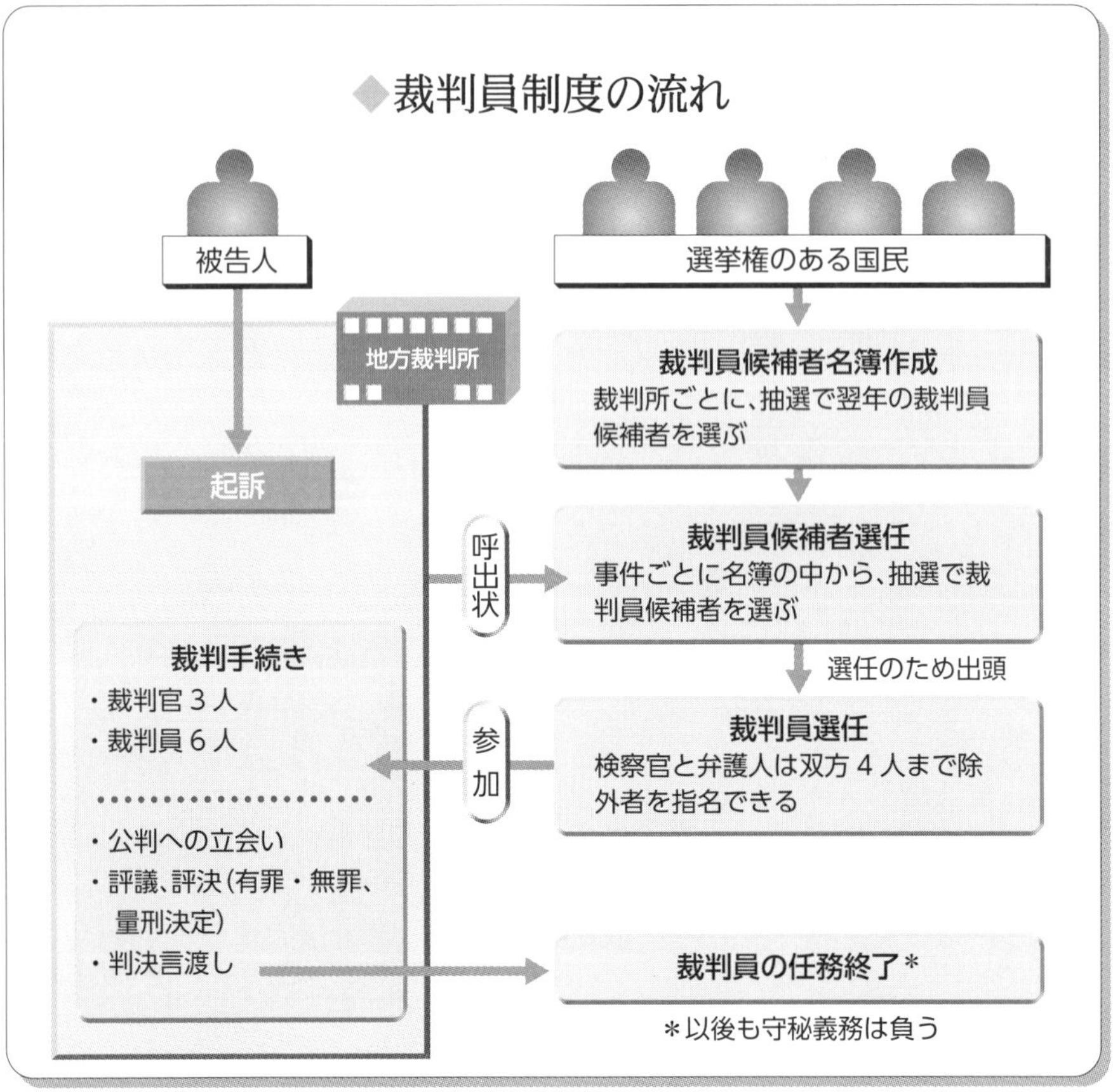

★量刑は多数決で決める

　裁判員の仕事は、選任された事件の裁判に実際に立ち会い、被告人に対する①事実の認定（有罪・無罪）、②法令の適用、③刑の量刑を、裁判官と合議で決めることです。裁判員と裁判官の権限に差はなく、最終的には多数決で決めることになります（過半数の意見に職業裁判官全員が反対の場合は除く）。ただし、法令の解釈、訴訟手続きは、裁判官だけの判断です。

　なお、補助裁判員は裁判員が出廷できない場合、代わりの裁判員として合議に参加するため、法廷での事件審理には裁判員と同様、立ち会うことになっています。裁判員の仕事は、裁判長が事件の被告人に判決を言い渡せば、そこで終わりですが、判決後も、裁判員としての守秘義務は継続します。法廷外で行われる評議内容などについて公表することはできません。違反者には罰則もあります。

第2部 PART 4

権利の確保に役立つ 裁判前後の手続き

内容証明・支払督促から強制執行まで

◆ただの言葉や普通の手紙で相手に請求しても限界があります。そこで、公的な証明力や相手への威嚇力を備えた装置が用意されています。それが内容証明や支払督促です。

◆また、せっかくの勝訴判決も、その後に被告が現実に支払わなければ、ただの紙切れです。紙切れにさせない強制執行の方法をダメ押しの手として知っておきましょう。

裁判をしないで解決する法的手続き

裁判前・裁判後に取れる権利保護の手続き

◆貸金のトラブルや遺産分割をめぐるトラブルなど、いわゆる個人間のトラブルは話し合いがダメなら、最終的には民事裁判を起こすしかありません。しかし、裁判は時間と費用がかかります。また、勝訴判決を得ても、相手が素直に判決に従わない場合もあります。この章では、裁判の前や判決後に、その権利を保護するための手続きを紹介します。

●内容証明郵便と公正証書の利用とその効果

■債権者がその債権を確保するため、もっとも良く使われる法的手続きが内容証明郵便と公正証書です。この両手続きを上手に利用できれば、債務者から債権を確実に回収できます。

1 貸金など、契約上のトラブルがある

公正証書を作成していない

→ 内容証明郵便で支払いを請求

- 時効が6か月間だけ一時的に完成猶予される
- 相手方が債務履行に応じない場合

→ 裁判で勝訴判決をとる

- 判決は債務名義
- 必要があれば、執行文を付けてもらう

（公正証書を作成していない場合）

- 金銭債権以外の請求の場合
- 強制執行認諾約款を付けていない場合

→ 裁判で勝訴判決をとる

公正証書を作成してある

- 金銭債権の請求であること
- 強制執行認諾約款が付いていること

→

- 必要があれば、公証役場や裁判所で、執行文を付けてもらう

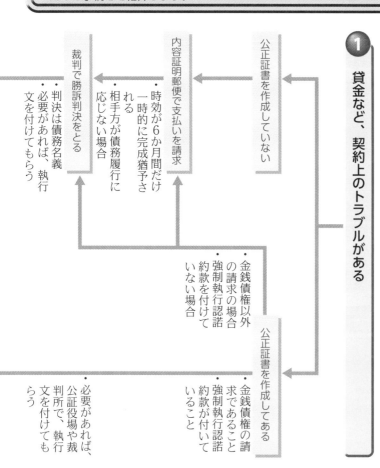

■内容証明による時効完成を止める効果■

貸金や売掛金、未払い給料などの債権は、一定期間請求せず放っておくと、消滅時効が完成して相手に請求できなくなってしまいます。この時効期間は、令和2年4月から「権利を行使できることを知った時から5年」に統一されました。この時効の進行を止める方法の一つが、内容証明郵便です。

ただ、その効果は一時的なもので、相手方が債務を払うか、その支払義務を認めた場合（債務の承認という）を除けば、請求後6か月以内に裁判などを起こさないと、時効の進行を止める（時効の完成の猶予という）ことはできません。また、6か月以内に繰り返し内容証明郵便を出しても、時効の進行を止める効果はありません。

■公正証書と強制執行の効果■

強制執行をするには、債務名義（債権者が債権回収のため、債務者の財産に対し、強制執行ができることを法律上認められた公文書）が必要です。債務名義には、判決、支払督促、調停調書などの他、公証役場で作成した公正証書があります。ただし、強制執行認諾約款が付いていない公正証書は執行証書にはなりません。また、貸金や未払い賃金などの金銭債権なら公正証書で強制執行ができますが、それ以外（たとえば土地や家屋の明渡しなど）の場合には、判決や裁判所で和解調書を作成することなどが必要で、公正証書があっても強制執行はできません。

2 裁判所に強制執行を申請する

・送達証明を申請する

3 債務者側（債務者・連帯保証人など）に公正証書を送達する

4 債務者側の資産に強制執行する

・資産を差し押さえる
・実際の強制執行は、裁判所やその執行官が行う

5 債権者に債権額が支払われる

※執行官（裁判所）により差押えをされた債務者側の資産は競売などに掛けられ、その売却代金の中から執行費用などを差し引いた後、債権者に支払われます。その上で、残金があれば、その残金は債務者に戻されます。

★内容証明郵便の費用はいくらか

・内容証明料―１枚４４０円（2枚目からは1枚ごとに２６０円増し）
・書留料―４３５円
・通常郵便物料金―定型25ｇまで84円（定型・定形外・重さで異なる）
・配達証明料―内容証明差出時に依頼３２０円（差出後は４４０円）

＊速達で出す場合は、速達料も必要

●公正証書作成にかかる費用

内容により異なるが、証書の作成費用や認証費用の他、公証人の日当もかかる
・一般の法律行為の証書作成料は
目的価格１００万円以下　５０００円
２００万円以下　７０００円
５００万円以下　１・１万円
（以下省略）

＊公証人手数料令による

裁判前・裁判後の権利保護の手続き

1

■内容証明の書き方

内容証明は、どんなときに有効に使えるのか

▼内容証明の書き方にはルールがある

■返済期限はとっくに過ぎたのに「今は金がない」と言うばかりで、何度催促しても一向に借金を返そうとしなかった借主に、貸主が「返済しなければ法的措置をとる」との文言を入れた内容証明を送りつけた途端、借金をそっくり返してきたという話は良く聞きます。

内容証明は、いつどんな手紙を出したかの証明

内容証明には、その文書を受け取った相手方に、心理的な圧力をかけるプラスの効果があります。

しかし、内容証明（郵便）というのは、法律的にいうと、

①どんな内容の手紙を、

②いつ相手に出したかを、

郵便局（郵政事業会社の使用人で総務大臣が任命した郵便認証司）に証明してもらうものです。また、相手方に確実に届いたことの証拠にもなります。たとえば、相手方に借金返済を求めたり、クーリング・オフなどにより契約の解除を通告する場合、口頭でしたり、普通のハガキや手紙を使う（速達でも同じ）と、後から争いになったときは「聞いた、聞かない」「送った、受け取ってない」と、その到達をめぐって、水掛け論になることも少なくありません。

内容証明郵便にしてあると、郵便局の郵便認証司という国の任命した職務者が、差出人が書面に書かれた内容を通知する法律行為を行ったことと、その日付を証明してくれるのですから、裁判になったときなど、有力な証拠として使えます。

内容証明の書き方には一定のルール（次ページ参照）がありますが、文房具店で市販の用紙を買えば面倒がありません。

なお、その内容は、どんなことを書いてもかまいませんが、無駄な修飾文言は避け、必要なことだけ簡潔に書くのがベストです。ただし、相手方を強迫するような内容や誹謗中傷するような文言は書いてはいけません。裁判では、逆に差出人側に不利な証拠となってしまいます。

◇内容証明郵便の書き方

内容証明郵便は、一定のルールさえ守れば、誰でも簡単に書くことができます。ただし、相手に対する心理的な効果を狙うなら、やはり弁護士の名前が入っている方がより効果的です。

タイトルは、あってもなくてもよい

㊞ 四字加入

㊞ 二字削除 三字加入

訂正した行の上に何字直したかを書き、印を押す
★文末に書く場合は何行目を直したかも明記

差出人の住所と名前を書く

通　知　書

私は、令和〇年八月一七日、JR東中野駅前で、貴サロンの勧誘員［田中雪子］の勧誘を受け、左記のエステ契約をしましたが、この契約を~~止め~~解除します。

契約名　らくらくエステコース

価　格　三二万五〇〇〇円

なお、契約に際し、お支払いした金一万円を返金するよう請求します。

以上のとおり通知します。

令和〇年八月二一日

東京都杉並区高円寺東三丁目四番五号

山田　花子

東京都中野区本中野六丁目二七番八号

第九ビル

株式会社サンバレーサロン

代表取締役社長　谷岡陽子殿

この郵便物は令和〇年8月21日第35号書留証明郵便物として差し出されたことを認証します

郵便認証司の署名（記名）と認証印の押印

誤った文字を2本線で消して、その横に正しい文字を書く
★誤った文字を、絶対に塗りつぶさないこと

1字1マスを守れば、書き方は自由である

数字は漢数字でも算用数字でもいいが、1字1マスは守ること

相手方の住所氏名を書く
★相手方が会社の場合、できれば代表取締役の名を調べて、その相手に送ること

持って行った郵便局で書いてもらうこの文言と日付入りの印が重要
★同じ印は、欄外の訂正個所にも押される

＊なお、わかりやすく解説するために、各サンプルでは、差出人や相手方の具体的な住所、人名、会社名、学校名などを使っていますが、これらはすべて架空のものです。

●内容証明郵便の書き方のルール

・1枚に書ける文字数は決まっている

市販の用紙でなくても、原稿用紙やマス目のない便せんなどでもかまいません。ただし、1枚の紙に書ける文字数は決まっています。

〔縦書きの場合〕

1行20字以内、1枚に26行以内

〔横書きの場合〕次のいずれかです。

1行20字以内、1枚に26行以内

1行13字以内、1枚に40行以内

1行26字以内、1枚に20行以内

この文字数以外で書かれたものは内容証明郵便とはなりません。

・句読点や記号も1文字である

内容証明郵便には、ひらがな、カタカナ、漢字、数字が使えます。また、個人の名前や会社名、地名や商品などの固有名詞は英字も認められ、単位記号やカッコなども使えます。

(1)(2)などのカッコ付数字、「。」や「、」も1文字として数えますが、カッコは上下（横書きは左右）合わせて1文字です。

・内容証明郵便は何枚になってもいい

内容が複雑だったり、相手方が多い場合、どうしても長文になります。しかし、どんなに長文になってもかまいません。ただ、2枚以上になったときは、ホッチキスなどでとじ、そのつなぎ目に、本文に押した印を使って、割印をします。

なお、訂正方法の仕方もルールがあります（上のサンプル参考）。また、鉛筆で書いたものは内容証明郵便として認められません。

同じ内容のものを3通用意し、郵便局に出す

内容証明郵便は、まったく同じ文言の手紙を3通用意しなければなりません。ただし、コピーで十分です。後は、その3通の書面と相手方の宛先（本文に書かれている相手方の住所氏名と同じもの）を書いた封筒を持って、内容証明郵便を取り扱う郵便局に行きます。

この場合、本文に押した印鑑（認印でよい）も念のため持参してください。書き方（字数・行数）などに間違いがあると、正しく書き直すか、ルールに従って訂正しない限り、郵便局では内容証明郵便としては受け付けてくれません。印鑑があると、訂正で済む場合は、その場で訂正すればよく、二度手間になりません。

3通ともルール通りに書かれていることが確認されると、それぞれの末尾余白に、郵便認証司の認証文言と日付印が押され、その1通は郵便局員の立会いの下で、差出人（内容証明郵便を出す人）が封筒に入れて封をし、郵便局員に渡します。残りの1通は、そのまま郵便局に保管され、後の1通が「書留郵便受領証」とともに、差出人（または郵便局に行った人）に戻されます。

なお、相手方に届いたことを確認するため、必ず配達証明付にしてください。

内容証明は、パソコンで出すこともできる

内容証明はすべての郵便局で取り扱うわけではありません。しかも、差出人（または使い）がわざわざ出向いて手続きをするしかなく、近くに取扱局がない場合には意外に手間がかかります。

しかし、平成13年2月から運用が開始された電子内容証明を使えば、差出人は郵便局の窓口に行く手間がいりません。インターネットに接続したパソコンさえあれば、いつでも、どこからでも、内容証明を差し出すことが可能です。

差出人は、電子内容証明取扱郵便局（新東京郵便局）のホームページにアクセスし、パソコンの画面上で作成した文書などデータを送信するだけです。後は、郵便局が自動的に相手方に内容証明を届けます。ただし、電子内容証明を出すには事前に利用者登録し、利用者IDをもらう必要があります（次頁図解参照）。

IDが交付されたら、右のホームページからダウンロードしたマニュアルに従って、差出人の住所氏名、内容証明の本文、受取人の住所氏名、その他、必要事項を入力するだけでOKです。

後は、郵便局から受取人に、封入・封かんされた内容証明の文書が配達

◆電子内容証明手続きの流れ

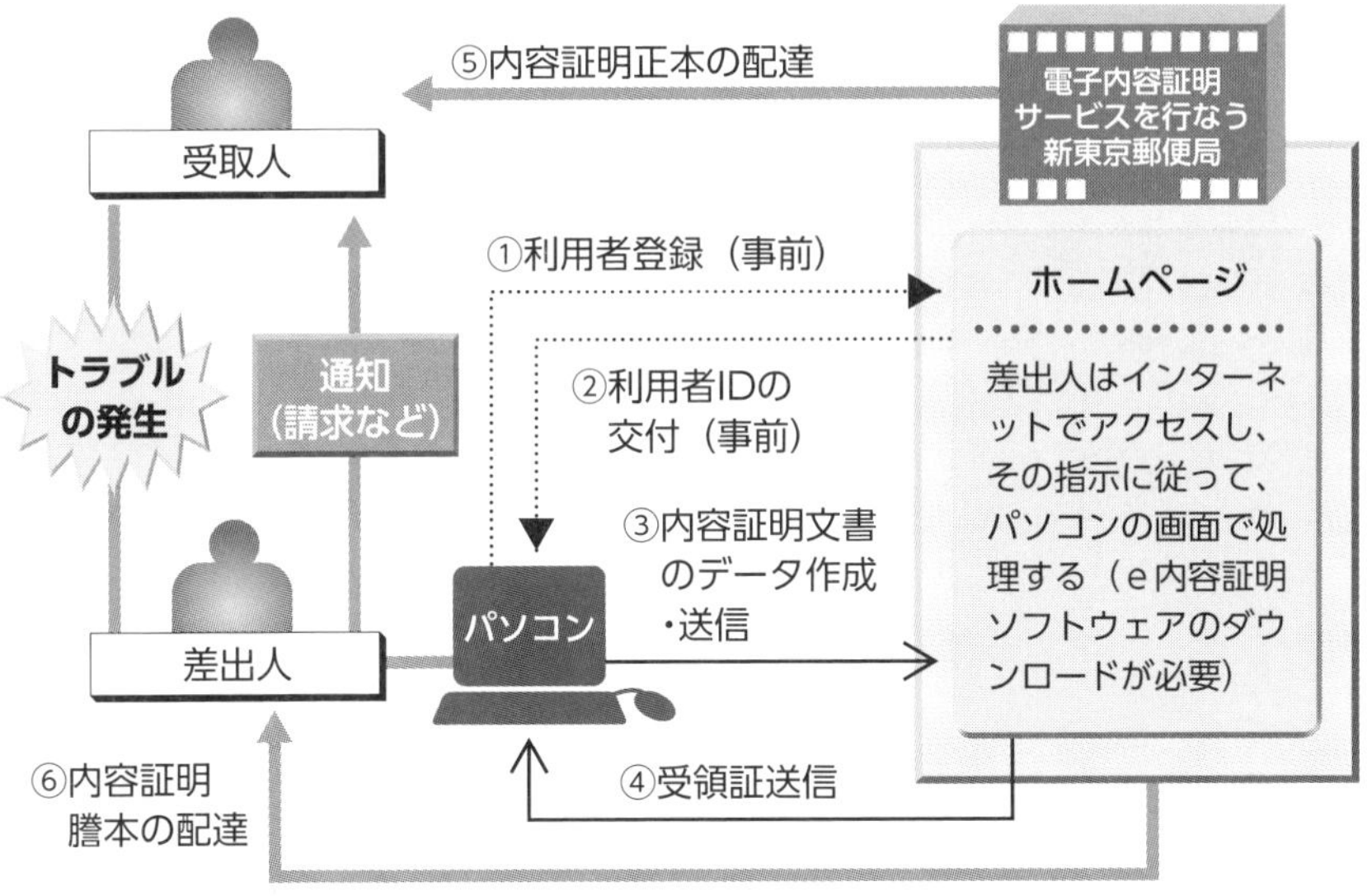

＊料金の支払方法は、⑴クレジットカードの利用、⑵料金後納、の２つの方法があり、利用者登録の際、どちらで決済するか登録しなければなりません。

⑴クレジットカード利用者 —— 同時にカード番号を登録するだけですむ。

⑵料金後納を利用する場合 —— ホームページの登録の他、希望する郵便局（他局差出特例承認局）に料金後納の申請、審査を経ないと利用できない。

されます。差出人にも、同じ内容の謄本が配達されますが、できれば配達証明付きにしておくといいでしょう。

なお、電子内容証明には、１頁の字数制限はありませんが、代わりに使える文字の大きさや種類の制限があります。用紙もＡ４サイズと決められていて、文字面（文書の書ける範囲）の上下左右には一定の余白を残さなければいけません。ただし、従来の内容証明のように、同じ文書を３通作ることも、受取人の宛名を書いた封筒を用意する必要もないので便利です。

ところで、この電子内容証明も、法律的には、従来の郵便局の窓口に出す内容証明と、何ら効果は変わりません。どちらが便利かは、料金も異なり、また利用者の事情にもよるので一概に言えませんが、自宅からでも簡単に内容証明が出せるということも覚えておいてください。

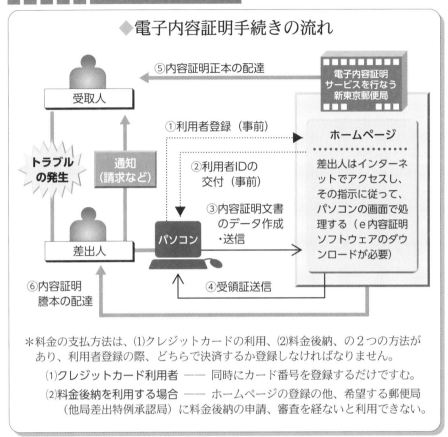

内容証明郵便のサンプル

相手方に手紙を確実に送り、その証拠も残しておきたい。そんな場合に使われるのが内容証明郵便です。203ページにも、クーリング・オフのサンプルを掲載しましたが、ここでも具体的なケースに即した内容証明郵便のサンプルを紹介しますので、参考にしてください（次ページ以下参照）。

内容証明は誰でも書けます。個人的な貸金やアパートの部屋の明渡しなどを請求する文言は、そう難しくはありません。その手続きも、同じ内容の手紙3通と相手方に送るための封筒、認印、それに内容証明郵便の費用（201ページ参照）を持って、取り扱う郵便局に行くだけです。

ただし、請求する内容やその原因が複雑な場合、また相手方が差出人の請求内容を無視するおそれがあるような場合は、弁護士に依頼した方がいいでしょう。差出人の名前の脇に代理人として弁護士の名前があると、そんな相手には効果的です。

また文章の最後に、差出人と受取人の住所や氏名を書きますが、その際、わざわざ差出人（または通知人）とか受取人（または被通知人）とか、肩書きを付ける必要はありません。

なお、内容証明郵便は決められたルールで書かれた手紙文以外の物、たとえば契約書や資料、写真などは送れません。そこで〔例1〕の場合、正式な金銭消費貸借契約書でなくても、メモ程度の借用書を相手方（受取人・債務者）からもらっていて、それを証拠として相手方に示したいという場合に、内容証明郵便にすることはできないのです。この場合は、「疑問があれば、借用書のコピーを差し上げます」という文言を入れておけばいいでしょう。

ところで、貸金の返済時期（弁済期という）を決めていない場合には、内容証明郵便を出すことでその時期が決まります。たとえば、「本書面到達後10日以内に元利金をお支払いください」という文言があれば、返済期限は受取人が書面を受け取ってから10日後となります。ただし、この場合には相当の猶予期間（1週間～10日間程度ならOK）を与えるべきで、「到達後即日」などという請求はできません。

また、B社はA社に債務があるが、C社には債権を持っているという場合、それぞれの債権債務関係を個々

〔例1〕貸金債権返済要求の場合

通　知　書

私は貴殿に対し、令和〇年七月七日に金一〇〇万円を、利息年一割、返済期限を令和〇年八月七日と定めてお貸ししましたが、現在に至るも返済されておりません。

つきましては、本書面到達後一週間以内に金一〇〇万円に貸出日から完済日までの利息を付けてお支払いくださるよう、ご請求いたします。

万が一、右期間内にお支払いいただけない場合は、遺憾ながら訴訟、強制執行その他の法的手段をとらざるを得ませんので、ご了承ください。

令和〇年八月一五日

差出人（貸主）の住所氏名と押印

受取人（借主）の住所氏名

〔例2〕部屋の明渡し要求の場合

通　知　書

私は貴殿に対し、所有する後記アパートの一室を月家賃金六万五〇〇〇円、前月末までに翌月分を支払うという条件で賃貸しておりますが、貴殿は令和〇年五月分から四か月分の家賃、合計金二六万円の支払いを怠っております（物件所在等省略）。

つきましては「三か月分以上滞納した場合には、なんらの通知催告をせずに賃貸借契約を解除できる」という特約に従い、貴殿との建物賃貸借契約を本日付で解除いたします。

本書面到達後ただちに建物を原状に戻して明け渡してください。なお、その際、明渡しの日までの延滞家賃全額をお支払いくださるよう、お願いいたします。

令和〇年八月一五日

差出人の住所氏名と押印

受取人の住所氏名

〔例3〕債権譲渡の通知をする場合

債権譲渡通知書

当社は、令和〇年六月三〇日貴社に売り渡したレトルト食品の売掛代金三〇〇万円の債権を、本日付で、東京都中央区銀座四丁目一〇番六号株式会社〇〇社に対して譲渡しましたので、ご通知申し上げます。

令和〇年八月二四日

差出人（譲渡会社）の住所

同会社名

代表取締役の氏名押印

受取人（債務会社）の住所

同会社名

代表取締役の氏名

に清算をせず、B社が自社のC社に対する債権をA社に譲渡するという債権譲渡により清算することは珍しいことではありません。もっとも、

この場合、最終的な債務者（C社）に無断で行うことはできず、C社に必ず債権譲渡の通知を送らなければならないのです。

この債権譲渡の通知は、確定日付のある証書により通知をしないと、第三者に対する対抗の効果はありません。この確定日付のある証書とい

◆内容証明郵便のサンプル（横書きの場合）

〔例4〕売掛金の請求をする場合

通　知　書

貴社ますますご繁栄のことと、お慶び申し上げます。

さて、弊社が貴社に対し、令和○年５月３１日に販売し、同日納品いたしました事務用デスク、事務用椅子などの代金合計５５万円を、代金決済約定日の令和○年７月３１日が過ぎた現在まで支払っていただいておりません。

つきましては、本書面到達後７日以内に、上代金５５万円をお支払いくださいますよう通知いたします。

なお、万が一、上期間内にお支払いがない場合は、遺憾ながら、訴訟、強制執行その他の法的手続きをとらざるを得ませんので、ご了承ください。

令和○年８月５日

差出人（販売会社）の住所と社名

代表取締役の氏名と押印

受取人（購入会社）の住所と社名

代表取締役の氏名

約定の日が過ぎても、何度請求書を送っても、代金を支払ってもらえない。そんな場合には、売掛金支払いの請求を内容証明郵便で送ります。

そのタイトルは、「通知書」でも「売掛金請求書」としてもいいでしょう。

なお、何種類もの商品を販売しているような場合には、何の代金の請求かが、はっきりわかるように、「いついつ販売した商品何々の代金」などと詳しく書いてください。

また、支払期限が決まっている場合は、遅延損害金を請求する文言を入れてもいいでしょう。

〔例５〕欠陥商品の取替えを請求する場合

通　知　書

私は、令和〇年８月１日、貴社より東西電気製のパソコン（７０ＦＳ型）１式を購入しました。

ところが、このパソコンには、ディスクドライブ部分に欠陥があることがわかりました。

つきましては、本書面到達後７日以内に、該当部分の欠陥の修理あるいは欠陥のない完全なパソコンとの交換を、ご請求いたします。

令和〇年８月５日

差出人（消費者）の住所と氏名と押印

受取人（販売会社）の住所と社名

代表取締役の氏名

商品の引取りと代金の返還を求めることもできる。

〔例６〕借家明渡しに対する回答書

通　知　書

私は、貴殿からの令和〇年７月３１日付内容証明郵便に対し、次の通りご回答いたします。

私は、貴殿から賃借するこの建物に１０年前から家族と居住しており、簡単に転居することはできません。今回の賃借契約期間終了にあたっても契約を更新いたしたく、貴殿からの借家明渡しのご要求には応じられません。

令和〇年８月１５日

差出人（借家人）の住所と氏名と押印

受取人（大家）の住所と氏名

大家からの借家明渡しの請求も、内容証明郵便で来るのが普通です。それに対し、明け渡す意思がなければ、速やかに上のような回答書を内容証明郵便で送ることです。

うのが、内容証明郵便です。

また、債権譲渡の通知は、債権を譲り渡す譲渡人（B社）が出します。譲り受けるA社が出しても、法律上は債権譲渡の通知をしたことにならないのです。もっとも債務者（C社）が債権譲渡を承諾していれば（承諾したという内容証明郵便をもらう）、この通知はいりません。

なお、差出人や受取人が複数の場合には、郵便局に必要な通数を確認してください。

裁判前・裁判後の権利保護の手続き

2

■公正証書の利用法

公正証書は、どんなときに利用できるのか

▼証明力が高く裁判抜きの強制執行も可能となる

■公正証書とは「公証人が契約の成立や一定の事実を、当事者からの聴き取りなどにより確認し、それに基づいて作成された書類」のことです。公証人は、裁判官や弁護士経験者、公証人審査会の選考を得た人から任命される公務員で、公証役場で職務を行います。

なお、公証人の作成しない書類が私製証書です。

公正証書は法律行為と私権の得失に関係するものだけ

公正証書には、①法律行為に関するものと、②私権の得失変更の事実を証明するものとがあります。一般的には、債務確認および弁済契約書、金銭消費貸借契約書、賃貸借契約書、そして遺言書などを作成する際に、公正証書が利用されることが多いようです。

これらは、必ずしも公正証書にする必要はありませんが、公正証書とすることで高い信用力、証明力を得ることができます。金銭消費貸借契約書では、「強制執行認諾約款」（返済が滞ったときには直ちに強制執行を受けてもかまわない旨の条項）を入れれば、裁判に訴えて債務名義を取る手間を省くことができます。

ただし、①および②以外のものは公正証書にすることができません。また、法令に違反した事項、無効の法律行為、当事者が制限能力者であることを理由に後から取り消すことができる法律行為は、公正証書の作成が禁止されています。

公正証書は、原則として作成を依頼する人（嘱託人という）が公証役場に出向いて作成します。

たとえば、金銭消費貸借や賃貸借の場合、当事者（貸主と借主）が双方そろって行かなくてはなりません。この場合、本人でなく代理人でもかまいません。また、遺言書を作成する場合は、嘱託人本人の他、必要とされる証人2名も一緒に公証役場に出向くことになっています。なお、当事者が病気で公証役場に行けない場合、たとえば公証証書遺言作

◆公正証書の作成手続き

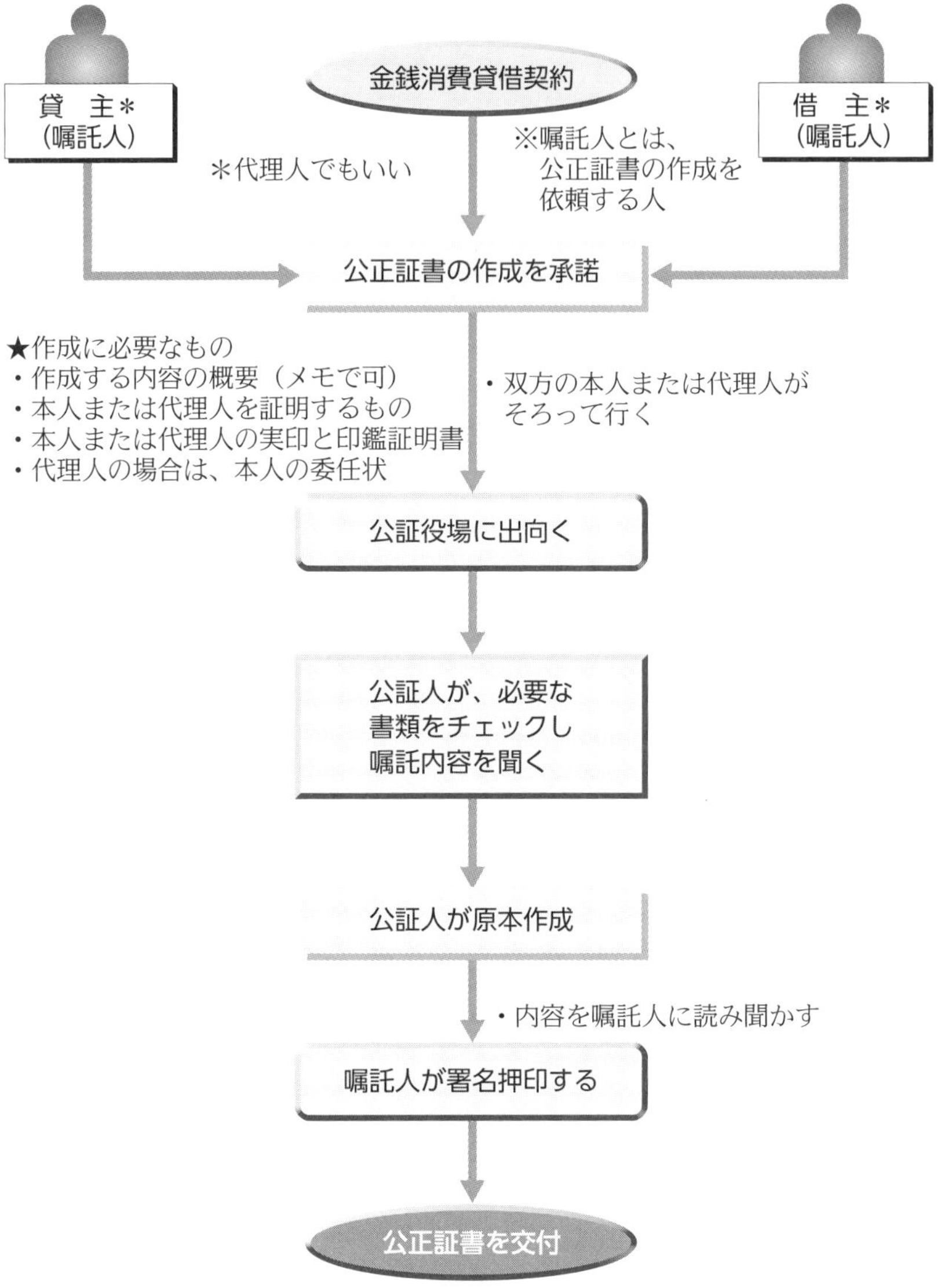

〔注〕金銭消費貸借契約書などを公正証書にする場合は、強制執行認諾約款を必ず付けておくこと

成のため公証人が病院や療養中の自宅に行くということも可能です（日当や旅費の実費は嘱託人が負担）。

嘱託人からの聞き取りで公証人が作成する

公証役場に行く場合は、①公正証書にしてもらう概要をまとめたもの（メモ程度でいい）、②嘱託人の印鑑証明書など、本人であることを証明する確実な身分証明書（運転免許証やパスポート、マイナンバーカード、など、当事者が法人の場合は商業登記簿か資格証明書）、③実印、④費用（公証人の手数料など）を、あらかじめ用意しておく必要があります。嘱託人本人でなく、代理人が出頭する場合は、代理人の印鑑証明書と実印、それに本人の印鑑証明書を付けた委任状も必要です。

公証役場では、公証人が嘱託人から作成の内容を聞き取りして、公正証書を作成します（左頁）。作成された公正証書には、①証明が必要な契約書や遺言書などの全文、②公正証書の正本であること、③交付を請求した者の氏名、④作成年月日と作成した公証役場の住所と名称が記載されています。なお、公証人が嘱託人本人と知り合いの場合には、本人を証明する書類はいりませんが、その代わり、公証人が本人を見知っていることを公正証書の「本旨外要件」（証明する内容以外の要件、嘱託人や公証人の名前などが書かれている）に記載します。

証拠能力、心理的圧力、それに強制執行もできる

公正証書には、①証拠能力、②強制執行が認められる債務名義（他に判決などがある）としての効力、そして③相手方に心理的圧力を加える効果があります。

ただし、債務名義として認められるのは、一定額の金銭支払いについての公正証書（たとえば、金銭消費貸借契約書や家賃の支払いを約する契約書など）だけです（借家明渡しなどは公正証書による強制執行はできない）。

また、金銭支払いの公正証書でも、強制執行認諾約款（一般的に「本契約による金銭債務を履行しないときは、ただちに強制執行に服する旨陳述した」という文言が書かれる、サンプル3条参照）が付いてないと債務名義にはならず、公正証書があっても、それだけでは直接強制執行はできません。

なお、公正証書を使って強制執行する場合、相手方に公正証書の謄本を送達したり、執行文をとったりと、その手続きはなかなか複雑です。本人でもできないわけではありませんが、弁護士に依頼した方が安心でしょう。

◆公正証書のサンプル

金銭消費貸借契約公正証書

本職（公証人のこと）は当事者（債権者・債務者のこと、嘱託人という）の嘱託により下記の法律行為に関する陳述の趣旨を録取して（聞き取り、記録すること）この証書を作成した。

第１条　債権者甲野太郎は、令和×年１０月１６日、金１００万円を貸し渡し、債務者山川一郎はこれを受け取り、借用した。

第２条　債務者は次の事項を履行することを約した。

　１　元金は令和○年１月から令和○年１０月まで毎月末日限り金１０万円宛計１０回の分割払いにて返済すること。

　２　利息は年６％と定め、毎月末日限りその月分を支払うこと。

　３　期限後または期限の利益を失ったときは以後完済に至るまで年８％の遅延損害金を支払うこと。

　４　次の場合には債権者からの催告がなくとも当然に期限の利益を失い直ちに元利金を完済すること。

　　①　約定の返済金あるいは利息を期限に支払わないとき。

　　②　他の債務につき強制執行を受けたとき。

　　③　他の債務につき競売、破産手続き開始または民事再生手続きの申立があったとき

第３条　債務者は、本契約による金銭債務を履行しないときは、ただちに強制執行に服する旨陳述した。

〔以下、本旨外要件省略〕

注１　第３条を「強制執行認諾約款」といい、この文言があると、債権者は債務者の資産にすぐに強制執行が（執行裁判所に申し立てる）できますが、付いてないと、強制執行をするには改めて裁判で確定判決を取らなければならないのです。

注２　本旨外要件には、次のような事項が記載されます。

・当事者（債権者・債務者）の住所氏名、公証人との面識の有無

・この証書が法定の方式に従って作成されたこと、作成年月日、作成場所（必ずしも公証役場とは限らない）

・所属法務局の住所、法務局名、公証人・債権者・債務者の氏名

・この正本は嘱託人の請求により、原本に基いて作成された公正証書であることを証明する文言

・所属法務局の住所、法務局名、公証人の氏名と署名押印

注３　公正証書には、必ず「令和○年○○○○号」という証書の番号がふられていますので、後日法務局に問合せする場合には、その番号で照会するといいでしょう。

裁判前・裁判後の権利保護の手続き
3

■督促命令の利用法

支払督促とはどのようなものか

▼債権取立ての有効な手段となりうるが弱点もある

■近年、ＮＨＫが受信料不払者に対し、この手続きを利用したことが、テレビや新聞などで大々的に取り上げられたので、記憶に残っている人も多いと思います。ここで紹介する支払督促（督促手続ともいい、支払命令とも通称される）の手続きは、簡便で迅速な債権回収方法の一つです。俗にいうサラ金やカード会社など小口の貸付けをする消費者金融会社がよく利用すると言われています。

請求金額に関わりなく簡易裁判所に申立て

支払督促は、原則として、債務者の住所を管轄する簡易裁判所（訴額１４０万円以下の通常訴訟、60万円以下の少額訴訟を取り扱う）に請求額に関わりなく申し立てます。必要な書類や手数料などの費用に間違いがなければ、裁判所は債権者の申立てを受理してくれますし、また通常の裁判のように債務者側の言い分を聞くということもありません。

裁判所では、提出された支払督促申立書（２１８ページ以降のサンプル参照）だけを審査し、記載事項の矛盾や法令違反の請求などがなければ、支払督促を出してくれます。ただし、支払督促の送達を受けた債務者が、その到達から2週間以内に異議を申し立てれば、支払督促の効力はなくなり、その請求事件は通常訴訟（正式な裁判）に移行することになります（次ページ参照）。

債権者は、貸金を返してもらってないなど、その請求の趣旨、原因を記載すればよく、証明の必要はありません。また出廷の必要もなく、申立手数料も正式な裁判の2分の1で済みます。債務者が「請求の原因」となる事実関係を争わない場合、債権の回収にはこの支払督促手続きが簡便で便利です。

なお、申立書や書き方のサンプルは、簡易裁判所の相談窓口に揃っています（裁判所のホームページからダウンロードもできる）。申立費用と認印、借用書の写しなどを持って

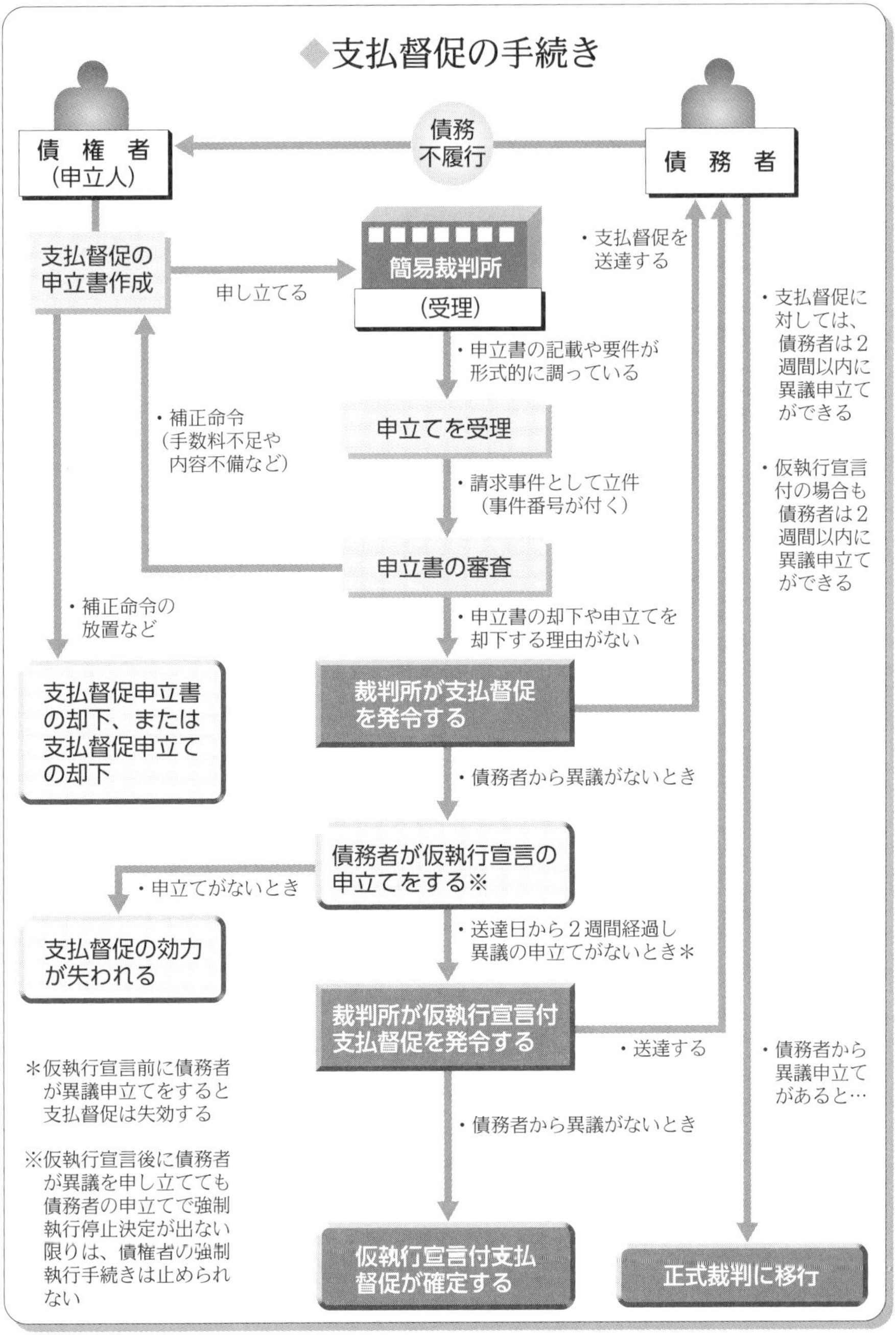
◆支払督促の手続き
債権者
(申立人)
債務不履行
債務者
支払督促の申立書作成
申し立てる
簡易裁判所
(受理)
・申立書の記載や要件が形式的に調っている
申立てを受理
・請求事件として立件(事件番号が付く)
申立書の審査
・補正命令(手数料不足や内容不備など)
・補正命令の放置など
支払督促申立書の却下、または支払督促申立ての却下
・申立書の却下や申立てを却下する理由がない
裁判所が支払督促を発令する
・支払督促を送達する
・支払督促に対しては、債務者は2週間以内に異議申立てができる
・仮執行宣言付の場合も債務者は2週間以内に異議申立てができる
・債務者から異議がないとき
債務者が仮執行宣言の申立てをする※
・申立てがないとき
支払督促の効力が失われる
・送達日から2週間経過し異議の申立てがないとき＊
裁判所が仮執行宣言付支払督促を発令する
・送達する
・債務者から異議がないとき
仮執行宣言付支払督促が確定する
・債務者から異議申立てがあると…
正式裁判に移行
＊仮執行宣言前に債務者が異議申立てをすると支払督促は失効する
※仮執行宣言後に債務者が異議を申し立てても債務者の申立てで強制執行停止決定が出ない限りは、債権者の強制執行手続きは止められない

行くと、混み合っていない限りは、その場で申立書の作成指導をしてくれる場合もあるようです。また、東京簡裁のようにインターネットによる申立ても受け付けてくれる裁判所もあります（ネットの場合、債務者の住所が管轄外の地域でも受け付ける場合もある）。

金銭の支払いを求める債権回収の手続き

支払督促は、どんな請求事件にも使えるというわけではありません。原則として、金銭の支払いを請求する場合にだけ利用できます（民事訴訟法382条）。たとえば、建物の明渡しなどには使えません。

また、たとえ金銭の請求でも、ギャンブルの掛け金の請求とか、利息制限法違反の高利の請求など、違法または公序良俗違反の請求をする支払督促は認められません。その他、期限未到来の債権の請求にも利用できません。裁判所は、これらの申立てを却下します。

なお、申立書の審理で、納付した申立手数料が違っていたり、請求の趣旨と原因の記載が食い違っているなど、その内容にあいまいな点があると、その間違いを直して、正しく記載するように裁判所から求めてきます（補正命令という）。この補正命令に従わないと、申立書そのものが却下されます。

異議申立てがあると正式裁判に移行する

審理が終わって、支払督促が出されると、その支払督促は簡易裁判所から債務者宛に郵送されます（送達という）。ただし、支払督促は債務者にキチンと渡されるというのが原則ですから、相手方が夜逃げなどで行方不明になってしまったという場合、裁判所の掲示場に張り出すことにより相手方に届いたと同じ効果を認める公示送達の方法は使えません。

債務者から異議の申立て（裁判所から債務者に送達される支払督促の書類の中に、異議申立てができる旨の説明も書かれている）があると、支払督促の効力は失われ、請求事件は正式な裁判に移行します。

なお、支払督促送達後2週間を過ぎても、債務者からの異議がなければ、債権者は支払督促に仮執行宣言を付けてくれるよう裁判所に申立てをします。

裁判所が、仮執行宣言付支払督促を債務者に送達し、それに対して債務者が2週間以内に異議申立てをしなかった場合に初めて、強制執行の執行力の付いた支払督促になるのです（強制執行の手続きは、220ページ以下参照）。

★支払督促に必要な書類

支払督促の申立てに必要な書類

は、次のとおりです。

なお、申立ての際、必要な書類が不足していると、裁判所は受理しませんから、申し立てる簡易裁判所に事前に、どんな書類が必要か、申立費用がいくらかなどを、電話などで確認しておくといいでしょう。

①支払督促申立書 1通

申立書は、「当事者目録」と「請求の趣旨及び原因」も含めたものです（218ページサンプル参照）。

②申立書のうちの「当事者目録」「請求の趣旨及び原因」のコピー（印を押してないもの）

当事者の数に1を加えた通数

③資格証明（当事者が法人の場合）

商業登記簿謄本または登記事項に変更なきことの証明書 1通

④官製はがき（宛先に債権者の住所氏名を書いたもの） 債務者の数

裁判所が、債務者に支払督促正本が送達できたかどうかなどを債権者に通知するために使います。

この他に、所定の収入印紙（申立書に貼る）や郵便切手も申立ての際に必要です。また、手形金や小切手金の請求では、債務者が異議申立てをしたら手形訴訟による審判を求める申述をする場合には、手形や小切手の写しを債務者数に1を加えた通数を提出しておきます。

★支払督促にかかる費用

申立て手続きにかかる費用は、次のとおりです。債権者は一般的に、この費用も債務者に対する本来の請求額に合わせて請求します。

①申立手数料

請求額により異なりますが、所定の金額の収入印紙を支払督促申立書に添付して、裁判所に納めます。

・請求額が100万円までの部分
10万円までごとに500円

・100万円を超え500万円までの部分
20万円までごとに500円

（以下省略）

②支払督促発付通知費用

債務者に支払督促正本が届いたかどうかを、裁判所から債権者に連絡するための費用です。

③支払督促正本送達費用

支払督促の正本を債務者に送達するための郵便費用です。債務者の数が増えるほど多くなります（債権者に支払督促発布を通知する切手代を含む）。なお、仮執行宣言付支払督促をもらう場合、その申立てのときに、また郵便費用がかかります。

④申立書提出費用

一律800円を請求できます。

⑤資格証明手数料

債権者または債務者が法人で、商業登記簿謄本などの資格証明を申立書に添付した場合は、その交付費用を請求できます。

なお、支払督促は一般の人でも利用しやすい手続きですが、自分で申立てをする場合、弁護士や司法書士に相談してもいいでしょう。

◈支払督促申立書の書き方のサンプル

支払督促申立書

貸金　請求事件

当事者の表示　　別紙当事者目録記載の通り

請求の趣旨及び原因　別紙請求の趣旨及び原因記載の通り

「債務者は、債権者に対し、請求の趣旨記載の金額を支払え」との支払督促を求める。

□手形（小切手）訴訟による審理及び裁判を求める。

申立手続費用　金　　　円

内　訳

申立手数料	円
督促正本送達費用	円
支払督促発付通知費用	円
申立書書記料	円
申立書提出費用	円
資格証明手数料	円

送達場所の届出

債権者に対する書類の送達は次の場所に宛てて行ってください。

□当事者目録記載の債権者の住所

□債権者の勤務先

名称

住所　〒

電話

□その他の場所（債権者との関係　　　　　　）

住所　〒

電話

□債権者に対する書類の送達は次の人に宛てて行ってください。

氏名（債権者との関係　　　　　）

令和　年　月　日

債権者

印

○○簡易裁判所　御中

価　額	円
貼用印紙	円
添付郵券	円
はがき	枚

〔別紙〕当事者目録

当事者目録

〒　　住所

（電話番号　　　　　　　　　　）

債権者氏名

〒　　住所

債務者氏名

＊申立書は、A4の用紙に横書きで書けばいい。簡易裁判所によっては、貸金請求、売掛金請求など、その種類ごとに用紙を用意してあるところもあるので（左の書式もその例）、その場合には、その用紙を使うと便利である。

・内訳および総額を計算して書き込む。

・該当個所の□に印を付けて必要な事項を書き込むこと

・申立日と債権者名を記載し個人は認印、会社は代表者の印を押すこと

・法人の場合には、社名と代表者名を記載する

◆請求の趣旨及び請求の原因の書き方

申立書と当事者目録は、どの支払督促でも原則同じです。ただし、請求の趣旨と請求の原因については、請求する内容により異なります。

① 返済時期の決まっている貸金の請求をする場合

債権者が、1年間（たとえば、令和○年11月1日から令和×年10月31日まで）の約束で50万円（利息年10%）を貸したが、債務者は期日が過ぎても一向に返してくれないケースは次のように書けばいいでしょう。

〔別紙〕請求の趣旨及び原因（貸金の請求）

> ## 請求の趣旨及び原因
>
> **請求の趣旨**
>
> 1　金５５万円（貸金元金、利息金）＊
>
> 2　上記金員の内金５０万円に対する令和○年１１月１日より支払い済みに至るまで年２０％の割合による遅延損害金
>
> 3　金×××××円（本件申立手続費用）※
>
> **請求の原因**
>
> 1　債権者は債務者に対し、次の通り金員を貸し付けた。
>
> ⑴　貸付年月日　令和○年１１月１日
>
> ⑵　貸付金額　年５０万円
>
> ⑶　弁済期　令和×年１０月３１日
>
> ⑷　利息　年１０％
>
> ⑸　利息支払期　弁済期に一括して支払う
>
> ⑹　その他の特約　期限後損害金２０％
>
> 2　債務者は弁済期に、元利金とも全く支払わない。
>
> 3　よって債権者は、債務者　　　に対して請求趣旨記載の金員の支払いを求める。

＊弁済期に、債務者が利息だけ入れている場合には「請求の趣旨」の1を「金50万円（貸金元金）」と変え、2は「の内金50万円」を削除します。

また「請求の原因」の2も「債務者は弁済期に利息を支払ったのみで、元金については全く支払っていない」と変えたらいいでしょう。

※申立書（右ページ）の申立手続費用と同じ額です。

② 返済時期を決めない貸金の請求をする場合

いわゆる「ある時払いの催促なし」という貸金で、友人間の小口の貸し借りでは、このケースが多いと思います。

①と同じ50万円を「期限なし」「利息なし」で貸したが、債権者がその金を必要とする事情が出来たため債務者に請求したが、なかなか返してくれないので支払督促を申し立てたという場合には、次のように書けばいいでしょう。

〔別紙〕請求の趣旨及び原因（貸金の請求）

> ## 請求の趣旨及び原因
>
> **請求の趣旨**
>
> 1　金５０万円（貸金元金）＊
>
> 2　上記金員の令和○年１２月１日より支払い済みに至るまで民事法定利息の年５％の割合による遅延損害金
>
> 3　金×××××円（本件申立手続費用）
>
> **請求の原因**
>
> 1　債権者は債務者に対し、次の通り金員を貸し付けた。
>
> ⑴　貸付年月日　令和○年１２月１日
>
> ⑵　貸付金額　年５０万円
>
> ⑶　弁済期　令和×年１１月３０日※
>
> ⑷　債務者は弁済期に、元金を全く支払わない。
>
> 3　よって債権者は、債務者　　　に対して請求趣旨記載の金員の支払いを求める。

＊友人同士など、いわゆる私人間の貸し借りの場合、契約で「利息を支払う」という取決めをしなければ、利息を請求できません。ただし、弁済期を過ぎた場合の遅延損害金については、民事法定利息３％の請求が認められます。なお、片方が商人の場合、令和２年４月１日以降の貸し借りは民事法定利息と同じ３％です（それ以前の契約は商事法定利息５％）。

※返済時期を決めてない貸金は、いつでも返済を請求できます。しかし、債権者が債務者に返済を求めた（催告という）後でないと、支払督促の申立てはできません。一般的に、その弁済期は、催告後相当の期間が経過したとき（債務者に対して即日返済を請求するのではなく、１週間程度余裕を与えて請求するのが普通）です。

裁判前・裁判後の権利保護の手続き

4

■強制執行

強制執行はどうやって利用すればいいのか

▼判決から現実の利益を引き出す強制手段

強制執行とはどのようなものか

判決（または和解調書など…以下、ただ判決と書く）を受けた被告が、その内容を素直に履行しようとしなければ、執行機関による強制執行をするほかありません。強制執行の申立者を「債権者」、相手を「債務者」といいますが、金銭の取立ては、債務者に現金があれば、これを取り上げ、現金以外の財産なら差押えのうえ競売して、現金に替えて支払いを受ける手続きとなります。

一口に財産と言っても動産、不動産、債権（預金の引出し権や給与の受取権など）があり、それぞれ強制執行のやり方が違います。

強制執行の種類別と手続きのしかた

▼動産への強制執行

動産つまり家財道具、機械、商品などに対する強制執行の執行機関は、裁判所の執行官です。したがって執行申立ては執行官に対してします。執行のやり方は裁判所によって差異があって、執行官と打ち合わせた方法でやることになります。

法律により差押えのできない物（最小限の生活必要品など）もありますが、債務者の所有物は原則として差し押さえることができます。販売店に納入前の商品なども押さえることができ、これが最も有利です。現金を押さえたらそれで支払いを受けますが、現金以外のものは競売にかけ、売却代金を受けとります。

▼債権への強制執行

債務者に債権（預金や貸金など）があれば、これを差し押さえて取り上げます。執行方法は、裁判所による差押命令です。第三債務者（銀行など、債務者に対して返済［預金払戻し］をすべき者）に対し、債務者への支払い禁止が命じられ、債権者による取立てが指示されます。

このほか、転付命令という方法もあります。第三債務者に対する債務

◆強制執行手続きの流れ

▶通常はまず債務者あてに債務名義と執行文を送り、確かに送った旨の送達証明書を裁判所に出してもらってから、強制執行の申立て手続きに入ります

▶仮差押え・仮処分

正規の債務名義（確定判決など）を得るまで強制執行を待たされては債務者の財産が散逸してしまう恐れのあるようなときは、仮差押え（金銭債権を仮に差し押さえる）や仮処分（不動産の譲渡を仮に禁止するなど）の手続きがとれます（保全手続き…民事保全法）。スピーディな処理が取り柄ですが、裁判所が債権者の一方的な言い分を聞いてする処分なので、必ずあとで正式の裁判にかけなければならず、債権者が負けた場合の債務者への賠償金を確保するため、債権者は担保を立てなければなりません。

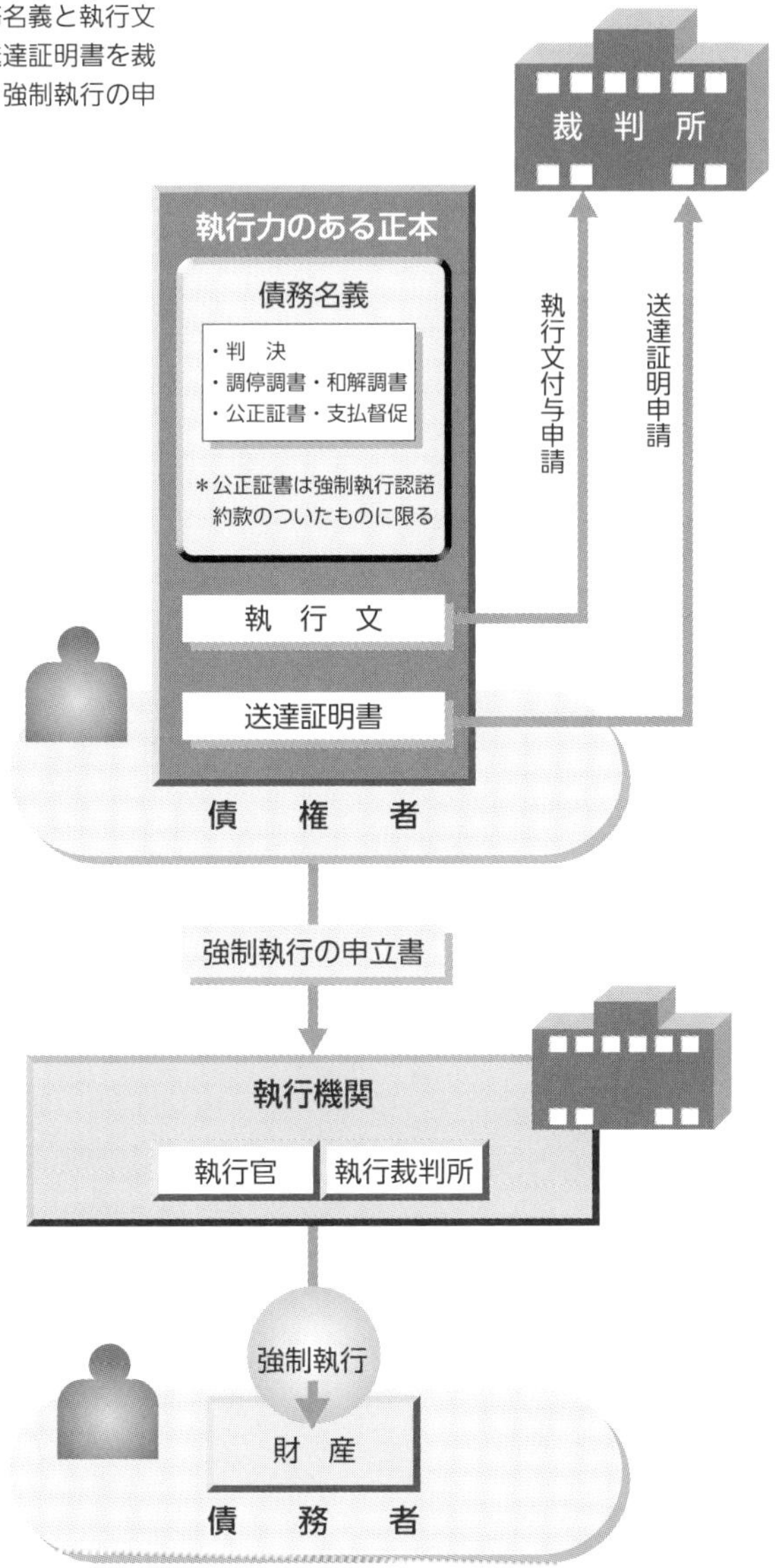

者の債権、つまり銀行預金の権利などを直接債権者に移してもらう方法です。ただしその債権が不良債権であったときは、取立不能のリスクを負わなければならない方法です。

▼不動産への強制執行

不動産に対する強制執行は、申立てにより裁判所が競売開始決定をします。この決定は登記簿に記入され、その不動産の差押えの効力を生じます。次いで競売期日が指定され、入札で最高の値をつけた者が、競落(買受)人と定められ、裁判所の売却許可決定により売却が決定します。その代金から、債権者は支払いを受けます。

登記手続きについては、確定判決を提出すれば、本人の署名や押印がなくても登記所は登記をしてくれますから、特に強制執行の登記をする必要はありません。

家の明渡しは、裁判所の命令により執行官の立会いで明渡しなどを実行します。土地に建物が建っているときは、その建物収去土地明渡しの訴訟をした裁判所に建物収去命令を申し立て、その命令を得て、建物を取り壊します。そして空地になった土地を債務者に引き渡すのです。

強制執行には「債務名義」と「執行文」が必要

まず、債務名義が必要です。上訴がなく確定した判決あるいは仮執行宣言のついた判決、裁判の中で判決前に和解が行われた場合の和解調書、民事調停で話がまとまったときの調停調書、債務者から異議の出なかった支払督促や、強制執行認諾条項のついた公正証書などがこれです。

その内容は「金□万円を支払え」あるいは「支払うものとする」、「家屋を明け渡せ」あるいは「明け渡すものとする」といった、一定の命令でなければなりません。また、公正証書（執行認諾約款つき）は、金銭の支払いなどについて強制執行ができるだけで、土地家屋の明渡しなどには使えません。

なお、判決などの債務名義のみで強制執行ができるわけではありません。強制執行ができるという奥書、「執行文」が必要です（支払督促は例外で、執行文がいりません）。

執行文は、その訴訟記録のある裁判所（書記官）に請求して手に入れます（調停調書や和解調書も同じ）。

なお、訴訟のあと被告が死亡したなどの場合は、相続人に対する「承継執行文」を得ることになります。

執行文を手に入れ、執行する相手に債務名義を送りつけるのです（送達）。判決その他の債務名義（および執行文）は、事前に債務者に送達が必要で、不意打ちはできません。

判決は裁判所から職権で送達されてきますが、和解調書や調停調書は裁判所の職権送達はないので、送達申請書を書記官室に提出します。公正証書は、公正証書を作成した公証人役場へ申請します。正本には執行文を受けて裁判所への執行申請用にし、謄本を相手方に送達することになります。送達を証明するため、送達証明書を申請し、これを強制執行申請書に添付します。

強制執行と財産開示手続き

財産開示手続きとは、債務者に財産目録を提出させ、または財産開示期日に裁判所に債務者を出頭させて、自らの財産がどこにどういうかたちであるのかを開示させることを請求する手続きです。

この手続きは民事執行法の中に設けられ、令和2年4月1日から従前の手続きよりも債務者への強制力の強い改正規定が施行されました。

まず、債務者が裁判所からの呼出しを無視したり虚偽の陳述をしたりした場合の制裁が重くなりました（6か月以下の懲役または50万円以下の罰金）。

また、債務者本人ではなく第三者（債務者の預貯金は銀行など、不動産は登記所、給与を支払う勤務先は市町村や年金機構）に対して差押えなどに必要な情報提供を裁判所に命じてもらうことができることになり、債務者本人に対してするよりもスムーズに財産の内容がつかめることになりました（ただし勤務先については養育費や身体への侵害による請求の債権者に限られ、通常の貸金や代金などについては不可です）。

★強制執行にかかる費用はどれくらいか

金銭取立ての場合、動産に対する手続きは比較的に少額ですみます。執行官に対し費用の予納をしますが、数万円（6万円程度）です。ただし執行の立会人や錠前店などを頼めば、かなりの費用となります。

債権差押えは最も少なく、裁判所への手数料（収入印紙）は4000円。ただし債権の所在が不分明だと、調査に大きい費用がかかりがちです（右の「財産開示手続き」参照）。

不動産の執行は、かなりの費用となります。不動産鑑定士などに不動産の調査や評価をさせるための予納金も高額（30万円程度）であり、しかも競売開始決定の登記手数料（収入印紙）として登記所へ納める高額の費用（数十万円になる）が必要です。競売の期間も2、3年かかったりもするので、かなり高額の債権取立でないと実行できません。

建物収去・土地明渡しの手続きでの建物取壊しの費用は、収去命令をもらう際に裁判所に申し立てて、債務者が必要な費用を支払うようあらかじめ命令してもらうことができますが、これも取立てができるかどうかは債務者の資産によります。

●監修者紹介

國部　　徹（くにべ・とおる）
昭和35年12月９日生。東京大学法学部卒。弁護士（東京弁護士会所属）。一般民事・家事事件をはじめ、労働事件や倒産事件、刑事事件など日常の出来事全般を取り扱う。

●執筆者紹介

飯野　たから（いいの・たから）
昭和27年、山梨県生まれ。慶応義塾大学法学部卒業。フリーライター。著書に『男の離婚読本（共著）』『著作権のことならこの１冊（共著）』『戸籍のことならこの１冊（共著）』『マンガでわかる・女が得する相続術（原作・解説）』（以上、自由国民社）などがある。

内海　　徹（うつみ・とおる）
昭和16年、宮崎県に生まれる。早稲田大学法学部卒業。法律ジャーナリスト。著書に『債権回収のことならこの１冊（共著）』『面白くて役に立つ・生活実用法律事典（共著）』（以上、自由国民社）などがある。

真田　親義（さなだ・ちかよし）
昭和24年、熊本県生まれ。熊本大学法学部卒業。生活と法律研究所所長。著書に『遺産分割のことならこの１冊（共著）』『著作権のことならこの１冊（共著）』『面白くて役に立つ・生活実用法律事典（共著）』（以上、自由国民社）などがある。

訴訟をするならこの１冊《いっさつ》

2005年12月30日　初版第１刷発行
2021年５月７日　第７版第１刷発行

監修者　　國部　徹
執筆者　　飯野たから／内海 徹／真田親義
発行人　　石井　悟
本文DTP　㈲中央制作社
印刷所　　横山印刷株式会社
製本所　　新風製本株式会社
発行所　　株式会社自由国民社
〒171-0033 東京都豊島区高田3-10-11
販売部　TEL 03-6233-0781　　編集部　TEL 03-6233-0786